高等学校广告学专业教学丛书暨高级培训教材

广　告　管　理

包淳一　编著

中国建筑工业出版社

（京）新登字035号

图书在版编目（CIP）数据

广告管理/包淳一主编. -北京：中国建筑工业出版社，1999

（高等学校广告学专业教学丛书）

高级培训教材

ISBN 7-112-03686-0

Ⅰ.广… Ⅱ.包… Ⅲ.广告-管理-高等学校-教材 Ⅳ.F713.8

中国版本图书馆CIP数据核字（1999）第45544号

高等学校广告学专业教学丛书暨高级培训教材

广　告　管　理

包淳一　编著

*

中国建筑工业出版社出版、发行（北京西郊百万庄）

新华书店经销

世界知识印刷厂印刷

*

开本：850×1168毫米　1/32　印张：9½　字数：252千字

1999年9月第一版　2003年5月第二次印刷

印数：2001—3000册　定价：**24.00**元

ISBN 7-112-03686-0

J·20（8965）

本书为高等学校广告学专业教学丛书暨高级培训教材之一。书中依据《中华人民共和国广告法》，从理论和实践结合上，阐述广告经营管理、广告主管理、广告内容管理、广告活动管理、广告媒体管理、特殊商品广告管理、广告违法行为及查处和广告行业自律与社会监督等内容，并收集了国家工商行政管理机构对广告管理的若干规定，力求使读者对广告业的管理有全面的了解。本书体系完整、结构合理、内容翔实、通俗易懂。

本书可作为大专院校、中专、职业学校及培训班广告专业的教材，也是广告从业人员及管理人员的参考书。

* * *

责任编辑　沈元勤

高等学校广告学专业
教学丛书暨高级培训教材编委会

总　序

广告是商品经济发展的产物，同时广告的发展又促进了商品经济的发展。在现代社会中，广告业的发展水平已成为衡量一个国家或地区经济发展水平的重要标志之一。

随着我国改革开放的深入和社会主义市场经济体制的逐步建立，广告正发挥着日益重要的作用。作为现代信息产业的重要组成部分，广告不断实现着生产与生产、生产与流通、生产与消费，以及流通与消费之间的联系，成为促进商品生产和商品流通进一步发展的不可或缺的重要因素之一，推动着现代社会再生产的顺利进行。这种作用随着社会化大生产的发展及商品经济的发展将会变得越来越明显。

正因为如此，改革开放以来我国广告业有了十分迅猛的发展。截止1995年底，全国广告经营单位已有4.8万家，从业人员47万人，全年广告营业额273亿元。

但是，应该看到，我国广告学研究和广告专业人才的培养工作还远远跟不上广告业迅猛发展的实际需要。一则，作为人才密集、知识密集、技术密集型产业的广告业对专门人才有着大量需求，而目前的实际情况是，广告教育投入还比较薄弱，广告人才极为缺乏。再者，广告学作为一门边缘性、综合性的独立学科，国内的研究只能说是刚刚兴起。还有，为了适应整个广告业向产业化、科学化、规范化的方向发展，无论是广告从业人员的政治素质和业务水平，还是各种广告作品的思想性与艺术性，都亟待提高。

有鉴于此，在中国建筑工业出版社的支持下，我们组织编写了这套适合于广告学专业需用的系列教材，全套共十四本。《广告学概论》阐述广告学的研究对象、理论体系、研究方法等基本原理，及其在广告活动各个环节中的运用原则。《广告创意》在总结国内外大量成功的创意典范基础上，对广告创意作了系统、深入的理论探讨。《广告策划》结合中外广告策划案例分析，从文化、美学的层面上，重点论述广告策划的内容、程序、方法与技巧，揭示了广告策划的一般规律。《广告设计》、《橱窗设计》、《广告制作》不仅论述了广告设计、橱窗设计的一般程序、广告插图、广告色彩的表现形式和处理方法以及主要媒体的广告设计原则，而且还对不同种类的广告制作的材料、工具、方法、步骤等逐一进行阐述。《广告文案》在分析鉴赏中外广告大师杰作的同时，对广告文案的特征、功能、风格及其文化背景等问题展开研究。《广告传播学》全面系统地论述了广告传播原理、功能、传播过程、传播媒介、传播效果及传播媒体战略和国际广告传播。《广告心理学》阐述了广告心理学的基本理论及其在广告计划、广告作品、媒介计划等广告活动中的具体运用。《广告艺术》阐述了广告作为从现代艺术中分离出来的一种独特形式而具有的自身特点、表现形式和发展规律。《广告管理》结合我国国情，就广告管理的结构、内容、方法、及广告法规、广告审查制度和责任、广告业的行政处罚和诉讼等问题展开论述。这套系列教材中还包括《企业经营战略导论》、《企业形象导论》及《广告与公关》，分别对企业的总体战略及相应的职能战略、企业形象的要素和企业形象的传播与沟通，以及广告与公关的区别与联系等诸多问题作了系统的、详细的探讨。

统观这套系列教材，有三个明显的特点：其一，具有相当的理论深度。许多理论融中外广告大师的学说于一体，又不乏自己的独有见解，澄清了许多虽被广告界广泛运用却含义模糊的概念。其二，操作性与理论性兼备，相得益彰。系列教材集中外广告大师杰作之大成，又凝结着著作者的广告实践经验和智慧。其三，具有系统性。全套教材从广告学基本理论、到广告活动的各个环节，以及广告学与相关学科的关系，作了一一论述。它的内容不仅覆盖了广告涉及的各个方面，而且有着较强的内在逻辑联系，构成了一个完整的体系。

在系列教材编写过程中，由于广告专业这个门类正在随着实践的发展而不断深化，加上作者水平所限，编写的系列教材中不当之处在所难免，恳望同行专家、学者和广大读者批评指正。

高等学校广告学专业

教学丛书暨高级培训教材编委会

目　录

第一章 绪　论

第一节　广告概念及要素

一、广告的概念

感觉到了的东西，我们不能立刻理解它，只能理解了的东西，才能更深刻地感觉它。在不能了解“广告”之前，人们看到一个老农在街上卖瓜，逢人便夸其瓜之甜，水分之多，此时人们所知道的只是一种“王婆卖瓜，自卖自夸”的现象，却未意识到其实是一种广告形象。因此，认识一种事物的现象，不能脱离历史去认识它，否则，对现状的认识是不深刻的，对未来的预测也是不深刻的，对问题无法提出一个完善的解决方案。

基于此，我们回顾一下“广告”这一词的来源。广告是外来词，是英文“Achortising”的英释名，据考证，广告一词源于拉丁语“Adverture”，其含义为“通知，诱导”，中古时期传入欧洲，演化为英语的“Advertise”，其含义拓宽为：“使人注意到某件事”或“通知别人某件事”，以引起他人的注意。直到产业革命后，社会生产的迅猛发展，大规模的商业活动开始，“广告”由原来带有静止的意义名词被赋于了现代的意义。进而演变为英文的“Advertising”。此时，它具有活动的色彩，“广告”已不单指某一个广告，其更多的是指一系列的广告活动。

广告的概念，随着社会经济、政治的发展而变化，而又因为许多广告专家和学者所处的位置和工作性质不同，处理广告问题的角度各异，因而对广告所下的定义也不尽相同。有的人从广告的本质出发所下的定义为："广告是把商品或劳务向人们宣告，以说服其购买的传播技术"。有的经营学者认为："广告是好商品、劳务、程度、创意、制度等，以非面对面的销售形式向潜在的消费者指示，使其对广告产生好感，并对广告主心存爱顾，显示喜好"。而美国市场营销界对广告下的定义是："广告是由特定的广告主以付费的方式通过各种传播媒体，对药品、劳务或观念等信息进行的非人员介绍和推广。"这种定义只是强调广告和人员推销的营销手段不同，它是一种有别于人员促销的非人员促销。另外美国广告主协会认为："广告是付费的大众传播，其最终目的为传递情报，变化人们对广告商品之态度，诱发购买行动而使广告主得到利益。"这一定义由于过分地强调盈利做的广告，而忽略了非盈利性质的广告，因此具有片面性。

种种说法和定义，虽然都不失其正确性，但却如盲人摸象，只摸到了大象的一部分，而不是整个外貌。一个完整意义的广告概念，不仅能概括其现象所包涵的要素内容，还应体现出其本质的内涵。因此，广告的科学定义为："广告是广告主以有偿的方式，通过媒介，向公众传递某种商品、服务和观念等内容的宣传活动。"这一概念，概括了广告的种种特征。

二、广告的特征

（一）广告的主体是广告主

在早期，广告主似乎和广告概念的发展过程一样，被认为是泛指工商企业主，到了现代，随着对广告现象本质的认识和加深理解，广告主的范围除了工矿企业这个经济圈外，还包括政府部门、事业单位、宗教团体、群众协会，乃至个人。如美国的竞选活动，候选人用大笔的钱买下特定的播段，大力"推销"自己的倡导和主张，从而期望观众投其一票。此时可以认为是个人作为广告主。又如，为帮助希望小学而进行的公益性宣传，通过各种照片、图片等真实写照和广播的宣传，情感式的评说，赢得了社会公众的理解、相助，这时的广告主就是政府部门。

（二）广告是有偿的

广告主要想对自我形象和产品进行宣传，则必须委托广告公司为其代理广告业务，并付出一定时间和空间的媒体费用进行广告发布。费用的高低取决于发布时间的长短。例如有 3 秒广告、15 秒广告等。费用高低还取决于发布的时机，次数，频率及画面的大小等。此外，费用的高低还因不同的媒介而异，如电视、广播、报纸、杂志等。一般来说，电视的广告费用偏高，而报纸的广告费用则偏低。因此广告主到底采用什么样的广告形象，应视其所希望达到的效果和市场目标及企业、个人自身的营业状况而定。

（三）广告是通过的媒介实现推销产品、服务与观念

因广告主的目标市场不同，或因考虑其自身的状况，或因不同的广告媒体所起到的效果不同，经过周密的调查与策划，从而选择最佳的传播渠道和方式。对不同的产品、服务、观念进行全面的宣传，以求取得良好的广告效应和经济效应。例如，某些生产所需的机床广告，由于其使用者仅限于某行业当中，诉求对象的面很窄，因此，无需采用收视率较高的电视或广播作为广告发布的媒体，只需采用特定的行业杂志就能达到令人满意的效果。此外，对日常消费品的宣传，一般采用电视广告。电视、报纸、杂志、广播发布范围广，消费者接触面广。

（四）广告是广告主为达到一定的目的而作的宣传

随着产品生命周期的不断缩短，企业主慢慢地开始意识到新的竞争不仅是发生在各个公司，或他生产的产品中，而是发生在其产品能提供什么附加利益，如包装、服务、广告、顾客咨询、资金融通、送货、包储及其他的形式中。一个企业，如果善于开发适当的附加商品，就必定能在新的竞争中立于不败之地。而广告在所有的附加产品中起到的效应是最显著的。

现在，让我们来做一个小小的实验。比如，你打算去商店去买洗面奶，挑来挑去，站在柜台前仍举棋不定，在你感到迷茫之时，你最终的决策是选择一个你从未听说过的牌子，还是更多地想到广告上的那个清新亮丽的演员形象，从而联想到自己也会因为使用这个牌子的洗面奶而可爱的样子，也许此时不知不觉中握

在手中的就是广告上所推销的牌子。广告主之所以愿意付费做广告，目的就在这：Produce a atstomer for a product more than producing a product for a customer.

在产品生命周期的不同阶段，例如，产品的引入期，由于消费者对产品不了解、不熟悉，也就无从谈起信任感和发生购买行为，此时做广告的目的，是向消费者或确切地说是向潜在的购买者介绍新产品的特点、性能、功效、品质等个性特征，突出其与众不同的优越性，以及它给购买者带来的满足感。此时，可通过对比性的广告来吸引人的注意。例如，黑与白、红与黑、红与绿等的对照，颜色组合，但须注意的是对比的强度必须与商品调和。此外，还可通过夸张的手法，拟人的手法，一些与常理不同的现象加以形象化的表现手法，以引起受众的注意力，从而对产品产生兴趣，到趋好、到购买。

在产品的成长期、成熟期、衰退期内，由于不同的市场情况，竞争对手情况，以及销售情况，应针对性的寻找一个说服目标消费者的理由，通过创造性的表现，以唤起目标消费者的认识与共鸣，促成其购买行动，以达到广告的目的。

（五）广告是一种有责任的信息传播活动

权利和义务，往往是一件事情的两个方面。广告主有权通过广告去推销产品、思想和观念。但广告主也有责任和义务对广告所做出的承诺给予保证。广告费用的最终负担者是消费者，他们有权要求广告主对他的产品质量和服务质量负起法律责任。因此，广告人为广告主向受众提供的广告信息，必须是真实、合法、健康、明白的，必须具有可识别性，并能使公众清晰地辨明广告主。所以，广告不仅服务于广告主，还服务于消费者，潜在的购买者及其他类型的目标受众。

三、广告的分类

广告的分类方法很多，从不同的角度划分，有不同的分类方法。各种分类的类别之间是相互交叉的，而非彼此孤立。例如，按广告的制作方式来分，可分为促销式广告、指名式广告、心理式广告、提示式广告、比较式广告。按所推销产品的生命周期的来分，又可分为开拓性广告、竞争性广告、维持性广告。一般开拓性广告，通常采用比较式的创作方式，而维持性广告采用提示式的创作方式。

下面从广告监督管理工作的目的出发，对一些常用的分类方式加以阐述。

（一）按广告的最终目的来分，可分为盈利性广告和非盈利性广告。

商品广告、劳务广告和文化娱乐广告是典型的盈利性广告，这类广告以盈利为目的，传播的信息，主要是向目标市场介绍产品的品牌、质量、价格、生产厂家、销售地点及产品能给消费者带来的好处。非盈利性的广告则包括节日民俗广告、个人广告、公益广告、社会活动广告、政府公告广告等。这一类型的广告又称之为公共关系广告，不以营利为目的，而旨在提高广告主的社会声誉，塑造广告主的良好形象，或向社会提出一种建议。从长远利益考虑，这是一种行之有效的广告形式。一般来说，任何商品要在短时期内促进市场的销售，宣传性质的传播要比公共关系性质的传播有效，但是，无论是什么商品，如果从企业长期发展的目标来看，公共关系性质的传播手段是比较稳定的手段。

（二）从广告的覆盖范围来分，可以分为国际性广告、全国性广告、区域性广告以及地方性广告。

国际性广告是指具有国际性影响力的媒介所发布的广告。随着跨国公司的不断涌现和全球性经济一体化的趋势，国际性广告在广告中的比例不断有所增加。这类广告一般指跨国发行的报刊、杂志或国际广播电台等发布的广告。

全国性广告是指利用全国性媒介发布的广告，如全国性的报纸、杂志、电台、电视等在全国范围内发布的广告；广告的产品多数是通用性强、销售量大、选择性小的商品，如低档日常消费品，或专业性强、使用区域分散的商品。

区域性广告则指区域性媒体发布的广告。如："北京日报"、

“南方周末”、“新民晚报”等，其传播面在一定的区域范围，广告多数是为配合差异性市场营销而进行，广告的产品也多数是一些地方性产品，销售量有限，选择性较强。

地方性广告较之区域性广告传播范围更窄，选用的媒体多数是地方性媒体,广告多数是为了配合密集性市场营销策略的实施，广告宣传的重点，是促使人们使用地方性商品或认店购买。

（三）从广告媒体来分，可分为印刷广告、电子广告、交通广告、邮寄广告、户外广告、人体广告、包装广告等。

印刷广告指报纸广告、杂志广告、挂历广告、传单广告等。

电子广告指电视广告、广播广告、电影广告、录像广告、幻灯广告等。

交通广告指利用交通工具的空间所做的广告，如公交车身广告、地铁车身广告、飞机舱内广告等。

户外广告是指利用各种户外媒介进行宣传的广告，包括路牌广告、招贴广告、霓虹灯广告、壁面广告、旗帜广告等。

人体广告是指利用人体为媒介所做的广告，如运动员所穿的李宁牌的运动衣等。此外，服装展示、服装表演也可视为人体广告。

包装广告，主要指手提包、包装纸、书刊封面、购物袋上所做的广告。

（四）从广告诉求对象上分类，可分为消费者广告、工业用户广告和商业批发广告。

消费者广告是最终直接对消费者发布的广告，广告宣传的商品多是为日常生活用品；

工业用户广告是针对生产原材料、机械、零件等工业用户产品宣传的广告；

商品批发广告是指由生产企业的商业批发和零售企业发出的广告或批发商之间的广告，它的受众对象是商业企业。

第二节　广告的功能

有信息源，则必然会有信息的接收者，而不同的信息接收者，由于其知识结构、情感倾向的不同，必然从不同的角度去吸收和理解信息，因此同其他的传播方式一样，广告作为一种大众传播活动，对所传播的对象、环境以及政治、经济、社会、文化、科技产生一定的影响和作用。这种作用就是广告的功能。在当今社会，广告潜移默化的影响作用是不可忽视的。因此，根据广告自身的特点和一般学科对广告的功能的分类标准可将广告的功能分为：传播功能、经济功能、教育功能、心理功能、美学功能等。

一、广告的传播功能

初生的婴儿，来到世界的第一声是向世界宣告："我来到这个世界了，我将成为人类当中的一分子，将会在关爱中慢慢长大……"这一切的表白是通过哭声来表诉的，而新产品的问世，由于它自己本身不会大喊大叫，无法向他人陈述事实与自身的作用。这一切唯通过媒体，借助媒体来传达。因此，广告的基本作用和功能首先表现在向消费者介绍产品的成分、质地、技术、性能、规格、特点上，以及传递各种文化、社会服务、劳务等信息。广告的传播功能是为了让潜在消费者加深对产品、劳务、观念的印象，从而去接纳它并完成最后的购买行为。

此外，由于商标意识，CI 策略的观念形成，产品或企业的更名或重组要通报消费者，产品在包装方面的变化要通报消费者，产品的改进也要通报消费者，这些都得通过广告来实现。

随着生产与生活的竞争越来越激烈，一件在不同的地方同时研制成功的产品，却因不同时间的广告传播，很可能销售业绩截然不同，致使多年的辛勤研制一无所获或损失严重。

随着信息时代的到来，懂得利用媒体来传递和交流信息变得越来越重要。任何广告传播功能的最终目的还是为了说服受众，感化他去购买或接受新的观念与意义。对于观念性的东西，使受众打破思维定势，产生情感上的共鸣是尤为重要的。一位服装设计师曾说过，“我们虽然设计的是服装，然而我们推销的却是一种潮流，我们设计的目的是使消费者接受我们的穿着理念或穿着潮流观念。因此我们通过各种服装发布会和服装展示会，让受众在美的享受中接受我们的观念或理念，从而引导消费潮流。”

二、广告的经济功能

广告传播大众信息，但更重要的是传播大众性经济信息，从而引导消费，刺激需求以及推动竞争。据悉，一个人脑海里存有一个观念的时候，往往不是马上付之于行动，如果此时有人在旁不断提醒，其行动的速度或对事情的重视度会提高 90%，这无形中说明了广告做为一个催促者和提醒者的角色，往往在让人们了解商品的同时，还起了引导消费者的消费和刺激消费的作用。

优胜劣汰，适者生存。不仅适用于自然界，同样适用于商业社会。在许多的经验与教训中人们意识到不能通过“价格大战”来推销其商品或劳务，因为价格的低下往往让人们联想到劣质的商品，这就是所谓的“好货不便宜，便宜没好货”之说法。因此，一个企业要在企业界和商业界的竞争中处于不败之地，其一，它必须重视产品的内在质量竞争和服务质量竞争；其二，必须加强广告宣传方面的竞争，然而这两方面的竞争是相辅相成的。也就是说，企业对这两方面应给予同样的重视，特别是在意识到品牌效应之后，企业在竞争方面应不断的采用广告来树立企业形象和创名牌。

三、广告的教育功能

广告不仅服务于广告主，而且须对社会，对消费者负一份责任。广告在宣传过程中，不仅是宣传商品的特点、性能、用途，其中也是思想性、政策性、艺术性，无形之中通过语言、画面、形象、文字等形式以及艺术的感染力去影响社会，教育于人民。例如，公益性广告就是劝告公众遵守社会道德、行为规范。如：“为了你的家庭幸福，请遵守交通规则。”另外又如：摩托罗拉传呼机的电视广告，在一片绿色的田野里，一只可爱的乌龟慢慢地爬行，忽然遇见一个传呼机，正感到奇怪的时候，天下起了小雨，乌龟把头缩了回去，之后又伸了出来，再一次好奇的盯着“嘟、嘟、嘟”作响的传呼机……。“摩托罗拉传呼机，随时随地传信息”，生动的画面，简洁而有节奏的语言文字，使人们产生联想，联想到商品名称的同时，通过软性感化的方式使人们对“摩托罗拉”传呼机产生好感和兴趣。

四、广告的心理功能

消费者是一群有感情，有理性，以及有警觉心理的大众，又由于人类是群居动物，常常受外界的影响，普遍存在从众心理。因此，在广告制作的过程当中常常采用各种艺术的表现手法，引起消费者的兴趣、欲望与购买。一般说来，日常生活用品，价格适中或便宜的大众用品，购买随意性大，采用情感诱导，容易激发购买欲望；而技术性强，价格高的特殊用品，则应采用循序渐进的理性引导，一些高科技新产品的广告宣传，更应以理性引导，以解除使用高科技产品特殊的心理障碍。无论如何，广告的最终目的是说服消费者采取行动去购买或接受其观念和想法。

五、广告的美学功能

广告是一门复杂、生动的视听艺术，它在传播经济信息的同时，也以其艺术魄力对社会产生潜移默化的文化艺术的薰陶作用。例如，音乐通过听觉的效应使人产生感情上的共鸣，舞蹈通过身体语言的视觉效果使人悲与喜，快乐与痛苦。美术通过画面的颜色和图形组合传达爱与恨的情感世界和思想感情。而广告却是一种集音乐、画面与各种艺术表现形式于一身的宣传方式。因此说，一件具有高度思想性、科学性以及艺术性的广告作品，实际上就是一件精美的艺术品。

在我们的生活中，常常看到，一首优美的广告歌曲、一幅精致的广告图画、一首动人的广告诗歌、一条撼人心灵的广告标语会给人们带来美好的艺术享受。所以说，广告的美学功能是巨大的，它通过商品、劳务、观念等信息的艺术性介绍，使人们能更好地认识世界、美化生活、陶冶情操、振奋精神。

绘画艺术与广告作品的区别

项目 \ 区别 \ 类型	一般绘画艺术	广告作品设计
性　质	精神财富的创造	商业促销宣传的设计
指导思想	接受某种艺术流派的指导	塑造和宣传企业形象和商品形象
基本功能	供人欣赏，满足人的精神需要	引导消费，繁荣商业文化，加快商品流通
目标人群	没有特定的目标人群，为社会大众而创作	有明确的市场定位和目标人群，针对目标公众而创作
内容范围	表现内容一般没有限定范围，但受艺术流派影响而有所选择、侧重	表现内容受制于创意和主题，一般离不开具体企业信息和商品信息
表现自由度	表现形式比较自由，但受制度于艺术流派的风格	一般没有十分自由的创作余地，受到商品信息，广告文案的严格限制，不能随意发挥
评估标准	思想性与艺术性的完美统一	除思想性和艺术性外，侧重宣传效果，强调实用性（表现商品）和有用性（促销）的统一

第三节　广告与历史

广告依时代趋势而迁变，随历史进程而发展。广告的历史和人类社会发展的历史不可分割，广告的产生是在有了商品生产和商品交换的前提下形成的。最早的广告形式是吆喝型的口头广告，以后有了实物广告、招牌广告等等，随着印刷术的发明，出现了报纸广告、杂志广告等印刷广告。进入 20 世纪后，由于无线电和电视的发明，相继出现了电台广告与电视广告。诚然，在不同的时期，广告都有其自身的特点和存在的意义。

一、早期广告

早期的广告，其原意多为“广而告之”或“告之于众”，这一时期的广告特点是：

从内容上讲更多地包含着社会文化信息，广告宣传或以现场宣传为主，或借时间长期诉成，在很大程度上或更大范围内，除了商品经济代偿意义外，更融进了民族的习俗。同时，在观念和价值意识的表现方式上也集中体现了信息传播的性质。如〈元曲·后连花〉，其中说：“酒店门前三尺布，过来过往寻主顾。”显而易见是指借助酒旗为传播酒和店的信息。今天，我们仍然可以看到其中所包含的基本要素：广告的主体、广告的对象，广而告之所托借的手段和工具，告知的内容及告之于众后达到的效果。例如，古代雅典的一首有关化妆品的叫卖诗：“为了两眸晶莹，为了两颊绯红，为了人老珠不黄，也为了合理的价钱，每一个在行的女人都总买埃斯克里普托制造的化妆品。”以及古罗马时期的一则广告：“在阿里奥、鲍连街区，业主克恩·阿累尼乌斯·尼基都斯，梅乌有店面和房屋出租，二楼的公寓，皇帝也会在意，从7月1日起出租，可与梅乌的奴仆普里姆斯接洽。”凡此种种的早期广告以口头叫卖、实物、标记广告为主，形式比较简单。叫卖广告或口头广告，是最原始，又最简单的广告形式。记忆里我们都曾似乎见过一种情景，一个卖杂货的商贩，敲着钢鼓沿街吆叫，而引来一群孩童的围观。几千年前世界文明的古国埃及、巴比伦、希腊、罗马大街上就允许边吆喝，边贩卖商品以及奴隶、牲畜等。实物广告，即通过实物模型来展示商品，这种方式在现代被更多的应用。例如，街边的巨形可口可乐，服装模型，如日本一家运动鞋生产厂曾把两只巨大的充气鞋模型放飞于东京街头上空，鞋下挂着该厂名称的巨大条幅，喻其质量高且轻便。

其后，随着商品生产的集中和市场的分散，出现了一些专业的固定的广告，为了保持信誉，以利交换，就产生了标记。最初是打在产品上，如陶器、花瓶、景泰篮上的刻的铭文、年号，目的是表示私有权和纪念意义。在此形式上发展起来，成为今天的商业标记。大多数是表明其出产处，其实无形之中就如名牌标志着商品的质量好，信誉好一样，古代时期的商业标记也起到了这个作用。后来又产生行铺，专门经营某些东西，为了区别，就开始使用职业化的具体标志作为广告。如在英国，一只挥动锤子的金手臂表示金匠，在我国，酒店门口挂酒葫芦，中药店挂药葫芦等等广告形式至今依然可寻其踪迹，理发店门前的三色灯即是其一。

早期广告除了口头广告、实物广告、标记广告，还有旗帜广告，它主要用于酒店，又称为酒旗广告，起初酒旗用青白两色，周围是锯齿的长条布子做成，后来发展到了五颜六色，有的还绣上图案或店号，高挂于店外，非常引人注目。另外，还有楹联广告，一种由招牌广告演化过来的独特广告形式，以其意境之美，而深受人们之喜爱。如清代文人李静人为北京王麻子剪刀店编写了一首诗："刀店传名本姓王，两边更有"万"同"汪"，请公试目分明认，头上三横看莫慌。"一首广告诗的四方传播，使王麻子的剪刀生意兴隆至今。此外，灯笼广告、印刷广告也是当时常见的广告形式。

综合上述，古代广告因受当时地理环境、自然条件和人文条件的制约，在广告的目标上侧重于短期效应，从事直接销售，做小本生意。在内容上侧重直接介绍商品和刺激公众的需求欲望，在宣传方式上更注重平铺直露的"王婆卖瓜"式的推销。如"世间无此酒，天下有名楼"。"未晚先投宿，鸡鸣早看天。"因此，人们的广告观念或意识，仅仅是把公众作为被动接受影响的对象，并不关注信息传递过程中的加流性或反馈性。

二、中期广告和现代广告

中期广告以报纸广告、杂志广告为典型代表，由于印刷术的发明，使广告有了更大的延伸空间，广告接触面增大，其效能也增大，从此广告事业进入了一个新的阶段，报纸广告、杂志广告逐渐成为主要的广告形式。

值得一提的是，我国的报纸广告不是自发出现的，而主要是在外国列强的刺激下发展起来的。当时正处于鸦片战争前后，侵略者在我国创办报纸，不仅进行文化侵略，而且还大量刊登广告，借助报纸传递快、影响广的优势，宣传他们的商品，以适应他们进行经济侵略的需要，19 世纪末，我国民族资产阶级开始办报，也刊登国货广告，先后创办了“昭文新版”、“维政日报”、“苏报”、“湘报”等报刊。

这一时期广告的特点是：广告内容日益充实、多样，且带有极强殖民地色彩。由于帝国主义的入侵，内地与沿海地区经济发展的不平衡性导致了广告发展的不平衡，形成了先进的广告媒介与传统广告媒介并存的局面，广告活动还具有一定的反帝性。

进入 20 世纪后，随着生产和科学技术的发展，广告事业也日新月异，电视、报纸、杂志、广播发布的范围越来越广，诉求对象的层面也越来越宽。在 20～30 年代，广播是发展最快的广告媒体。广播广告是指依靠广播传播，诉诸人的听觉的广告。电视广告作为后起之秀，兼有报纸、电影、广播的视听特色，因此也发展得相当快，更由于这一时期商品经济的发展，广告活动逐渐构成企业经营活动的重要组成部分。人们开始对广告有了全新的认识，对其在商品经济和新的社会形态中的地位与功能有了更深入的了解和把握，逐渐形成了现代意义的广告概念。

今天，现代广告以开拓和巩固厂商的目标市场为前提，重视广告带给人们生理或心理感觉的长期综合效应，不再局限于产品的推销和介绍，而是更加注重商品的品牌信誉和厂商自身的良好形象，强调双向的理解，沟通和共鸣，从而促进销售，以形式上的情感诉求，引导消费者的行为或改变他们的消费习惯。

三、当代广告和展望

第二次世界大战后，营销理论被引入广告活动中，其中影响最深的是广告定位观念中的市场定位论。市场定位理论是西方市场学理论进程中一朵时代性的浪花，是市场学理论发展链条上的一个环节，它的生成和存在具有针对性和时代性。

从卖方市场转换到买方市场，不再是“我推销什么就能达此目的。”市场经济的变幻莫测使企业主和广告商不得不重新开始思索，按照消费者的需求为中心，组织产品的设计，生产与销售，采取适应消费者口味来组合营销措施，以实现经营目标。正如美国市场营销学者菲利普、利特勒认为，现代市场营销的职能，就是“识别目前未满足的需要与欲望，估量与确定需求量的大小，选择本企业能最好地为它服务的目标市场，并且决定适当的产品，服务和计划，以便为目标市场服务。”现代市场学理论被引入广告实践中，是一种对传统广告观念的超越与摒弃，是一次广告创意思维方式的大转换。

随着时代的呼唤，以及对新的问题的思索，有远见的、明智的广告经营者，其不应再重申广告市场应怎样组合归类，向何种市场采取策略与命题，而应站在更高更新更宽的角度去看待一个广告现象，并赋予自身更高的追求。

随着时代步伐的不断加快，都市中的人们对着五光十色的霓虹灯广告、招牌广告，已习以为常，许多情感的诉见式广告，求新、求异的广告也已不再象以往那样冲击人们的心灵，疲惫的心灵开始寻求“返朴归真，宁静与温馨。”这两年服装的设计、制作和推崇，大量采用模拟树皮、树根、自然的花草树木的颜色做为时装的潮流色彩。因此，当代广告寻求这样一种目标和宗旨，使广告的内容不仅显示商品本身的特点，更重要的是要展示一种文化，标举一种期盼，表示一种精神，奉送一片温馨，提供一种满足。因为现代生活中的人们，不仅在挑选广告，挑选商品，更是在挑选着某种文化。正如一个广告人所说：“香水制造技术的优劣和品位的高低奠定了一家化妆品公司的市场地位，虽然香水类型的喜好纯属个人行为，但是，化妆品公司出售的并不是香水，而是某种文化、某种期待、某种联想和荣誉。”

在这种文化定位思想的影响下，当今世界经济一体化的趋势、跨国公司的不断出现、企业和产品的竞争，都已表现为品牌的竞争。“创名牌”的呼声在中国的大地上不断响起。品牌已经成为某种产品，区别于其他同类产品的重要标志。例如：在汽车行业，奔驰就意味着质量、安全性；卡迪拉克就意味着豪华、舒适、贵族气派；丰田就意味着节油、轻便。然而品牌竞争的最后便是质量之争、技术之争、广告和营销技巧之争，最终是市场份额之争。其中广告的作用是不容忽视的。有人说："没有广告就没有品牌，"一个品牌的知名度在很大程度上是由拥有该品牌的广告投入资金数量，策划设计、媒体刊放的频率所达到的视听效果来决定的。因此，在这种条件下产生了广告的品牌定位，它将顾客心目中潜在的购物欲望挖掘出来，使这种欲望转化为一种购物动力，这种动力就是受了广告定位内容的宣传煽惑的。因此，定位的基本方法，不是去创作某种新奇的或与众不同的事项，而是去操纵已经存在心中的东西，将这种存在于心中的意识对象化为广告所传播的品牌。

综上所述，无论是市场定位论，文化定位论，还是广告的品牌定位论，他们都不是孤立存在的，而是你中有我，我中存你，彼此渗透交叉。因此在现实的广告创作中，好的作品决非能轻而易举的得到，然而历史的点点滴滴终究还是给了我们继承的空间，联想的空间和实践的空间。

在中国经济腾飞的今天，广告行业已成为越来越重要的第三产业，因此更加要求广告界、企业界在理论和实践中，对广告业的未来提供更多、更新的想法和做法。

第二章 广 告 主

第一节 广 告 主

在广告活动中，广告主的意识往往就是广告宣传的导向。

广告主是广告活动的委托人和直接受益者。一方面，他们利用公开付费的方式,委托广告经营者为其设计制作和发布广告,另一方面又通过广告的发布与消费者建立沟通信息的关系。

一般来说,广告活动应按照广告主的要求和意愿进行策划,所以广告主的经营思想和广告观念会在很大程度上对广告活动的质量产生影响。从传播学的角度讲，广告主处于信息源的位置，它决定了广告信息的基本内容和广告基本诉求，广告的表现形式和传播手段只能保证这一信息内容得到准确和完善的传递，并力图使广告主的广告诉求得以实现，因此，广告主的经营思想对广告活动的实际效果会产生很大影响。从某种意义上说，广告效果的优劣，并不完全取决于广告策划和设计的成功与否，而更取决于广告主的广告观念和经营思想。

由此可见，广告主在整个广告活动中的地位显得举足轻重。

按照广告主意愿进行设计制作的广告常常会直接涉及到消费者的切身利益，社会影响面很广，因此，为保障消费者的利益和权利，为使广告在商业活动中能公正、公开地参与竞争和保证广告经营向健康方向发展，必须加强对广告主的监督管理。

一、广告主概念

广告主，也称为广告客户。

它的概念是：为自己推销商品或服务，自行或委托他人发布广告的公民、法人和其它经济组织。

它的范围是：持有营业执照的企业，持有单位、街道或当地派出所证明的个人，以及经过政府批准设立的单位。

只有通过批准，取得合法地位，才有发布广告的资格和权力；而没有合法地位，从事非法经营者，一律不允许发布广告，其刊登、播放、张贴、设置、陈列广告均视为非法。

二、广告主分类

广告主名目繁多，种类各异。一般来说，可以分为两类：国内广告主和国际广告主。

（一）国内广告主

国内广告主是国内有合法地位的各种类型的广告主。它包括：

1. 工商企业

工商企业必须具备法人资格，它包括各种组织形式，如企业、公司、集团，各种所有制形式，如全民所有制工商企业、集体所有制工商企业、私营企业等。在国内广告主中，工商企业是最大的广告主。

2. 个体工商户

3. 各类机关团体

各类机关团体主要指事业单位，如学校、医院、卫生单位、体育单位、文艺单位等，各类团体是指各种级别的机关、各种形式的协会、联合会等。

4. 三资企业

三资企业包括中外合资经营企业、中外合作经营企业、外商独资经营企业。

5. 外国驻华机构

外国驻华机构包括外国企业常驻代表机构，来华作广告的外国公司、外国工商企业等。

6. 公民和个体

（二）国际广告主

国际广告主一般指进行国际广告的广告主。国际广告是指在国际市场营销上所做的广告活动，其目的是将本国产品、劳务、企业信誉向国际市场推入。

国际广告主一般分三种类型：

1. 本国企业与当地代理商组合型的国际广告主

本国企业指本国进出口公司以及外贸生产企业，他们与当地代理商、进口代理商、出口代理商联合起来作国际广告主。这种形式有利于扬长避短，各尽所力，其广告费一般由双方共同承担。

2. 生产企业直接作国际广告主

有的生产企业自营出口，它们直接与广告代理商接洽，制作发布广告。这种情况下，出口商品的广告由这类广告主直接承担广告开支。

3. 外贸代理商作国际广告主

许多外贸商品在国际市场上都有代理经销商，由代理经销商实施广告宣传。代理经销商大多熟悉当地市场行情，熟悉消费者购买心理特性和购买行为，能有效地制定广告策略、运用广告策略。

第二节　广　告　计　划

广告主对企业内的广告经营活动要有一个整体计划，如同人们在对某一项事务作出决定前需要通盘考虑与权衡。

广告计划的制订，使企业的营销工作避免了盲动性，剔除不利因素的影响，把广告活动和营销策划中的失误减小到最低的程度。

一、决定广告计划

广告计划是营销计划的一部分，广告主必须了解广告并非单独存在或具有单独目标。广告是一种营销的功能，它与其他营销功能具有相对的重要性，随着不同的产品、不同的市场情况、不同的竞争对手而改变，只有在界定长期和短期的营销目标后，广告主才能制定最合乎该营销行为的广告计划。

大多数的广告主在决定计划时都会遇到以下这些基本问题：

1. 推出一种新产品或提供一项服务（系宾馆、旅游业等服务及设施）；

2. 增加既有产品和服务的销售数量；

3. 刺激或激活衰势产品与服务；

4. 改变消费者的态度。

为解决这些问题，必须先作出营销方面的打算和计划，这些计划可能只存在于广告主的心头，也可能是几页粗略的书面提要，但无论如何，它们都是在针对上述问题，收集到所有可拿到的营销资料后才拟订出来的。

这些与广告有关的营销资料，主要包括了以下五个方面：

（一）产品

我们处理的是什么样的产品或服务？它们的弱点、优点各为何？

（二）配销

我们的产品或服务采用何种配销方式？其价格及折扣架构如何？

（三）市场

这些产品适合哪些市场？这个市场是在成长、稳定还是在衰落中？我们的市场占有率如何？

（四）消费者

人们为什么会购买这种产品或接受服务？什么样的人会购买我们的产品（考虑性别、年龄、收入、教育、职业、婚姻状况以及其它人口统计变项）？在品质、耐用性、价格、形式、包装、使用方便特点上，人们对本产品的看法如何？

（五）竞争情况

竞争情况如何？这些主要竞争者的配销、定价、包装、陈列、广告的情形如何？

广告主在拟订广告计划时，必须对这些问题有较全面的认识和了解，当界定好答案之后，把广告作为营销的前延伸部分，然后再来考虑如何进行长期或短期的广告计划。

广告主的计划包括：企业营销的长远目标、短期目标、即时目标以及它们赋于广告目标的任务；市场与竞争对手状况，企业经营宗旨的广告策略；围绕广告策略而定的广告预决算方案等。

二、广告计划

在广告计划中，广告主最感困难的工作便是制定长远计划。大多数广告主每天面临繁杂的工作和来自各方面的压力，使得他们几乎没有时间来思索出一个有效的长远计划方向，但是如果广告计划是根据长远的方案制定时，广告的有效性会大为增加。

广告的长远计划大多是根据长远营销计划制定的，这类计划的基本目的就是想以广义、确定的字眼，来回答下面这个大问题：本产品在未来将采用何种方式，广告又如何配合未来的营销需要进行展开。

在制定广告的长远计划时，广告主应该注意到下面四个因素。

（一）市场情报

在制定未来的行销计划时，通常都会特别考虑以下因素：预测人口的改变、生活习惯、所得转变、家庭构成、分配方式以及其他足以影响消费者、潜在消费者和产品配销方式的重大因素。

试想过去十多年来，经济界发生了多少重大的变革，这些变革也影响了市场：如人们的收入增加、青少年市场急剧成长、教育水准提高、传播工具进步神速、休闲时间更多……等等。

因此制定长远广告计划的一个主要做法，便是和其他营销人员一起合作，试图找出这些经济趋向，并预测它们对企业、对经营业务所可能造成的影响。

（二）广告预测

作长程广告计划时，经济和社会的变迁不是唯一的考虑，广告主必须慎重预测广告在未来 5 年、10 年甚至 15 年的情形如何，因为在竞争剧烈的广告竞技场中，媒体技术几乎天天都在变化。

（三）费用提高

媒体费用不断上涨，有个著名的全国性广告主发现，在1973年要维持和1970年同样的广告档次，费用得增加30%～40%甚至更多一点。

（四）媒体

作长程计划时，另一个考虑因素就是广告媒体重要性的变化。当电视刚出现时，人们都以为广播将会被淘汰，但今天由于“汽车时代”的来临，收音机又变成了主要的媒体。同时，各大城市的高速公路网也对户外广告产生了极大的影响，而立体海报与立体定时改变画面的看板的出现，也为广告主提供了新工具。

上述因素在被广告主充分考虑和认同下，可以开始制定长远计划，广告长远计划的基本步骤是：

1. 由营销人员一起帮助拟订长程广告目标，并可简略化为文字。

2. 使该计划的执行时间和长程行销计划时间相互配合（通常是3年、5年或10年）。

3. 考虑费用、新技术、媒体变动等广告趋势。

4. 制定计划中每一年的预算。

5. 每年视情况对计划加以调整。

6. 计划及目标都得定义清楚。

长远规划如同长期预算一样，在进行广告活动、增进销售、占领市场和企业战略决策实施等方面非常有用。在广告主对长远计划达成共识的情况下，可以根据企业面临的实际情况，制定短期计划或即时计划。

三、广告计划内容

（一）广告目标

广告目标是广告主进行广告活动的主要目的。它是以企业发展的总体目标为核心制定的。

广告活动的目的主要是为推动企业的营销计划，扩大企业的销售额，实现企业的利润最大化。

通常，广告活动是按计划，分阶段进行的。每一阶段有每一阶段的具体目标，每一阶段的广告目标都不同。有时候的目标是为了提高产品的知名度，有时候的目标却是为了再次重新激活产品的品牌形象，还有的时候可能是为了和同类产品抗争，扩大市场的占有率。但是，无论在何阶段，它不可能同时实现多个目标，只能是以某些目标为主，某些目标为辅。比如，在一些新产品刚投市时，是产品广告的导入期，此时的广告目标主要是打开商品的知名度，而其它的目标就退而其次。又比如，广告主在商圈举办大型的促销公关活动时，他的广告目标就首选树立企业形象及与之关联的其它目标。

在制定广告计划时，企业应根据广告目标确定诉求对象、广告主题、广告内容、广告形式、广告媒介等等，广告目标一经确定，不宜变化过频，否则使广告活动的许多安排和举措流于失误。

那么，广告主的广告目标由哪一些具体目标组合生成呢？根据每个广告主营销的需求有所不同，广告目标也略有不同，因为广告目标是来自企业的营销计划，就广告而言，特定且可达成的目标包括：

1. 创造公司品牌或产品的知名度。知名度的高低可由广告方案（长程或短程）实施前后的测量得知；

2. 让消费者记住品牌，而不是该产品衍生功能的名称；

3. 介绍新用途、多种包装、多种规格和尺寸等，向消费者显示该产品所具有的多种使用方式；

4. 刺激行动的产生。促使消费者剪下印花寄出，要求店员展示产品，参观零售陈列处，接受免费试用等。

当然，还有许多其他目标也是广告所能达成的。重要的是：想有效地实现广告目标，必先作到以下几点：

（1）目标应以广告确实能达成的方式撰写；

（2）目标内容要可测量（如知名度提高10%，示范频数提高15%）；

（3）应建立基准资料，以测量执行结果为何；

（4）不时检验目标，以决定该广告计划是否依预定目标进行，或应做某些改变；

（5）目标应与其他部门相配合。

广告目标必须与企业的行销、制造及工程方面的目标和日程相配合，才能发挥效用。设想如果在准备好整个活动计划后，才发现工程部已对产品做修改，或生产部门无法在特定期间生产货品，这样一来，一切苦心都将白费了，广告主应和广告部门配合，彼此之间建立有效的沟通网，使他们了解企业短程及长程的广告计划，以及这项计划对广告的影响。

在那些生产品种较单一的小规模企业中，由于各部门的主管都在同一处工作，每天交换意见，彼此沟通无阻。反之，在产品种类多的大规模企业中，广告主就必须策划一种有效的沟通方式。

（二）广告进度

确定了广告目标，为广告工作打下了基础。下一步是制定广告进度表，选择广告媒体，安排投资分配。

按一般的经验，企业将有80％的费用投资于空间和时间等广告媒体中。空间载体指的是报纸、杂志或户外媒体；时间载体是指以广播、电视为媒介进行广告宣传。余下的20％投资于实际的广告制作。

然而，确切的百分比变化在很大程度上依赖于广告媒介。例如，电视广告节目，费用取决于广告在电视中出现的次数，而报纸是自由翻动，因此成本取决于印刷费用多少。

广告日程表非常有用，一个日程表足以提供各种所需信息，诸如广告媒体的安排、费用、企业的一些活动，包括企业内部机构的变更、重大活动、销售计划等等。从中广告主可以确定广告的形式和方向以及费用。

在制定日程表时，广告的企业主首先要掌握所有传统性的和可预料到的企业活动内容，如“一元商品特价日”；季节性事件，如返校日和毕业日；节假日，如“母亲节”以及一些很重要的商业机会。

另外，还要注意企业经营的波峰和波谷。一般来说，贸易活动和企业本身以往的销售情况记录可以提供这方面的信息。

最有效的广告应该随企业经营状况的变化而变动。在销售状况好时，投资应多，以利于产品占领大多数市场份额；销售状况差时应降低费用，减少资金消耗。

但是在淡季缩减广告费用的比例不应等于销售量的下降比例。广告主和企业管理者一定要做有关的努力，保持产品在市场中有个稳定的份额。两者不能很好配合，必将错过一些销售机会。

在全部的广告支出中应留有10%～15%的储备基金留作应急。这笔金额使得企业得以利用于临时事件，如特价销售等，这笔储备金将在广告媒体未预料到的涨价或激烈竞争中发挥作用。

（三）广告预算

广告预算是指企业广告活动的全面预算。是企业在一个时间段（一般为1年）内各项广告费用全面、系统的预算。主要包括业务预算和财务预算。它是以广告主的广告目标为出发点，通过对市场需求的研究和预测，以销售预算为主导，进而延伸到广告策划、广告设计、广告制作、广告发布、广告评估等方面的预算。即在预测和决策的基础上，按照规定的目标对广告活动诸方面的成本、现金流入与流出等以计划的形式具体地、系统地反映出来，以便有效地组织与协调企业的整个广告活动，完成既定的广告目标。

广告预算也是广告计划的重要内容，广告计划的实施要依靠广告预算的支持。在企业资金允许的条件下，广告预算是在广告活动的规模确定之后才进行编制。这样的广告计划，往往不受企业资金的困扰，在计划的实施过程中避免因资金困乏等经费问题造成项目中止或修改的浪费。但当有些企业的资金较紧缺时，那就又另当别论，应当审时度势，反过来以广告预算的额定数来匡算和确定这次的广告活动的规模和范围。然后再以此制定相应的广告计划。

无论预算投资多少，专家们通常给予的忠告是：将广告费作为一种固定支出，就像租金一样。切忌将其认为是一种侈奢花费。

专家认为，广告应该是经过精密构思、认真地执行，并保持连贯一致的行为。

"倾其所有"来作广告，这种说法意味着广告是一种奢移，意味着减少一部分广告投资或者砍去广告费用就可收支相抵。这种态度只能使自己在竞争中处于防守而非进攻地位。比较实用的确定预算的方法主要有销售百分比法和目标任务法等几种方法。

1. 广告费用预算方法

（1）销售百分比法

即确定每年投入多少固定的广告费，再将此数目分配于各种广告媒体中。

这种方法的实际操作是按一定的广告费用率与销售额相乘，计算出广告费用额，由于广告主的销售额有上半年完成额、本年度计划额和本年度计划增加额之分，所以就产生了三种计算方法。具体公式如下：

广告费用额＝上半年销售完成额×广告费用率

广告费用额＝本年度计划销售额×广告费用率

广告费用额＝本年度计划销售增加额×广告费用率

举例，某企业去年完成的销售额达2000万元，若以2.5%的比例编制今年的广告预算，通过上法则可得出：

2000万元×2.5%＝50万元，该企业今年的广告费用在50万元左右。

这种方法比较常见，企业也用得较多，容易获得成功，但也存在缺点，缺点是：

①使广告预算达到一个准确的百分比是件非常复杂的工作。即使在一个单一领域内，对一个企业是恰到好处的广告预算，在其他企业却不是。

②广告预算所占的百分比如果依据上一半年的销售状况来确定会被认为是倒退——毕竟，企业的经营目标是一年强于一年。然而，依据下一年的销售计划确定百分比，未免太乐观。此法估出的广告预算常随销售额的高低而增减，有时并不太合理。

③只考虑以企业本身的销售情况作为计算基础，未考虑将市场竞争者或同类竞争产品的广告策略列入一并计算。

应用百分比法确定广告预算时，企业管理者还必须考虑到所有可能变化的因素，如竞争状况、地点的改变、产品类型增减等等。

（2）目标任务法

按照企业营销流程，企业管理者首先要确定广告的要求和目标，然后估算广告要达到这个目标所需的投资额。

这种方法比较科学，能适应市场营销变化，灵活地决定预算，市场专家一般都倾向于这种方法，因为这笔广告投资有针对地投资到最需要之处，使其发挥了最大作用。据资料统计，在日本企业所采用的预算方法中，目标任务法的采用几乎占了一半。

目标任务法的操作程序如下：

①确定企业在某个特定时间内所要达到的销售目标。

②确定潜在市场并勾勒出潜在市场的特性。即潜在目标顾客对产品的了解度和熟知度，他们对产品所持的态度。

③当前产品销售情况。

④根据潜在市场的调查情况来确定产品销售的增长情况。

⑤选择、确定合适的媒体形式。

⑥计算广告实际露出次数，以确定广告目标实现所需增加的广告露出次数。

⑦确定选定的媒体形式所需广告露出次数的总和的最低费用，这个最低费用就是广告费用预算额。

当然，这种方法也有弊端，那就是往往造成投资过热。这种情况下，广告的目标一定要慎重考虑，实际投资额要略低于计划额，完成计划的时间表要订得宽松些。

同时，这种方法操作起来也有一点难度，难度在于每个目标广告费用的难测性。

（3）销售单位法

这是以每件商品平摊均分的广告费来计算的，方法也很简便，多卖掉就多拨广告费，特别适合薄利多销的产品。

它是以每件商品为单位，并规定若干广告费用，然后乘以总的销售数量，得出的结果就是广告费用预算额。

计算公式如下：

$$广告费用额=\frac{基期广告费用额}{基期商品销售数量}\times 计划期销售单位数量$$

举例，某企业去年销售自行车 20 万辆，广告费用支出 100 万元，今年计划销售 30 万辆。那么，今年的广告费是 150 万元。

$$广告费用额=\frac{100}{20}\times 30=150\ 万元$$

这种方法和百分比法构思接近，也存在相似的缺点，未考虑市场方面的因素，对于一些生产流水线的联合企业不太适用。

（4）竞争对抗法

这是一种将本身市场状况、竞争者广告支出、世界整体广告量率，与竞争者保持某种程度的动态平衡作为参照依据的预算方法，在实际操作中，常常是按照竞争对手的实际情况来定预算，而不是按自身情况定预算。是以竞争对手的广告费用作为自己制定广告预算的基础。再在此基础上加码，加多少看各广告主的实力，然后定出一个高于对手 10%或 15%的费用预算，这个方法要求企业具有良好的财政基础和销售效益。通常为实力雄厚的广告主所采用。这种方法虽然在短期有可能达到对抗的目的，但由于费用预算不从自身出发，且对竞争方的广告费用的准确性不易掌握，容易带来风险，从我国的实际情况出发，不倡导企业或广告主在广告预算中使用此法。

（5）广告收益递增法

这种方法是广告主以企业上年度的销售额和广告费为基础，根据年度销售额增长幅度来确定广告费。如本年度销售额增加 20%，则广告费也随之增加 20%。

这种方法较简便易行，但在实际应用中应充分关注市场变动状况，把市场销售环节中的所有变化考量作仔细分析。

2. 广告预算分配

广告预算的总额大致确定后，可对总预算额进行具体分析，这大都是企业广告部门或广告公司的业务，但广告主可作一点了解。

在对广告预算进行分配时，要结合考虑各种因素，如市场情况、产品特性、销售目标、销售范围、销售时间、销售对象、媒体状况等，并在整体营销战略和广告策略的指导下，统筹兼顾，协调配合，使广告预算的分配达到最好的效果。

广告预算分配可按照广告活动的内容进行分配，也可按广告媒体、广告地区、广告时间、广告对象或广告商品等不同的形式进行分配，虽然形式各异，但目的是为保证预算费用最终形成整体效益。如按广告活动的内容进行分配，广告活动包括了调查、策划、设计制作、发布、效果评估等几方面，那么，一般情况下，调整策划费用占总额的5%，设计制作的费用占总额的10%，发布费用占75%～80%，效果评估占2%，另有3%～5%的费用留作机动，从中可以看出，媒体占去了总费用的一大半，当然，这种分配并不是一成不变的，企业可以根据自己的具体情况和各种变化，灵活调整各项费用的比例。

3. 广告费用预算的基本内容

（1）广告宣传活动的各项开支，主要内容有：

①市场调研费；

②广告设计费；

③广告制作费；

④广告媒介租金；

⑤广告机构办公费与人员工资（服务费）；

⑥促销与公关活动费；

⑦其他杂费开支（如邮电、运输、差旅、劳务费用等）。

（2）广告费用三色彩单

美国的《印刷品》杂志将广告费用分为白色、灰色、黑色三种彩色单子（表2-1），对支出作出一定约束。

表 2-1

<table>
<tr><th>分类</th><th></th><th colspan="2">主 要 费 用 项 目</th></tr>
<tr><td rowspan="4">白表</td><td rowspan="4">必须作为广告费用结算的费用项目</td><td>时间空间媒介费及其他广告费</td><td>一般报纸、一般杂志、行业报纸、农业报纸、行业杂志、剧场广告、屋外广告、店内广告、新产品、宣传小册子、人名录、直接邮寄广告(DM)、报纸及标签(可用于作广告的地方,如陈列窗)、商品目录、面向商店和消费者的机关杂志、电影、幻灯、出口广告、特约经销广告、用于通信或陈列的广告复制、广播、电视、用于其他目的的一切印刷品</td></tr>
<tr><td>管理费</td><td>广告部门有关人员的工资、广告部门办公用易耗品和备用品费、付给广告代理业和广告制作者以及顾问的手续费和佣金、为广告部门工作的推销员的各项费用、广告部门工作人员的广告业务旅差费(有的公司把此项费用列入特别管理费)</td></tr>
<tr><td>制作费</td><td>有关美术设计、印刷、制版、纸型、电气版、照相、广播、电视等方面的制作费,包装设计(只涉及广告部分)、其他</td></tr>
<tr><td>杂　费</td><td>广告材料的运送费(包括邮费及其它投递费),陈列窗的装修服务费,涉及白表的各项杂费</td></tr>
<tr><td>灰表</td><td>可作为也可不作为广告费结算的费用项目</td><td colspan="2">样品费、推销表演费、商品展览会费、挨户访问劝诱费、房租、水电费、广告部门的存品减价处理费、电话费、广告部门其它各项经费、推销员推销用的公司杂志费,宣传汽车费、加价费、有关广告的协会和团体费、推销员用于广告的皮包费、工厂和事务所的合同费、推销员使用的商品目录费、研究及调查费、对销售店的协助支付的广告折扣</td></tr>
<tr><td>黑表</td><td>绝对不能作为广告费结算的项目</td><td colspan="2">免费奉送品费、邀请游览费、商品陈列所的目录费、给慈善(宗教)互助组织的捐献品费、纸盒费、商品说明书费、包装费、新闻宣传员的酬金、除广告部门外使用的消耗品费、价格表制作费、推销员的名片费、分发给工厂人员的机关杂志费、特殊介绍费、行业工会费、老主顾和新主顾的接待费、年度报告书费、陈列室租费、推销会议费、推销用样本费、工作人员生活福利活动费、娱乐费</td></tr>
</table>

(3) 广告项目预算书的基本格式（表 2-2）

广告项目预算书的基本格式，大致如下：

广告预算书

委托单位：　　　　　　　　负责人：

预算单位：　　　　　　　　负责人：

广告预算项目：　　　　　　期　限：

广告预算总额：　　　　　　预算员：

日　期：

表 2-2

项　目	开支内容	费　用	备　注
市场调研费 1. 问卷设计 2. 实地调查 3. 资料整理 4. 研究分析 5. 其他			
广告设计费 1. 报纸 2. 杂志 3. 电视 4. 广播 5. 其他			
广告制作费 1. 印刷费 2. 摄制费 3. 工程费 4. 其他			
广告媒介租金 1. 报纸 2. 电视 3. 电台 4. 杂志 5. 其他			

续表

项　目	开支内容	费　用	备　注
服务费			
促销与公关费 1. 促销活动 2. 公关活动			
机动费用			
其他杂费开支			
管理费用			
总　计			

4. 编制广告费用预算的注意事项

在编制广告活动的费用预算时，广告主应注意到以下几个问题：

(1)以广告宣传目标和广告活动规律为标准来确立经费总额，预算经费不能太少，费用削减过多，广告宣传活动就会失去经济保证，无法形成广告宣传的规模效应，达不到预期的目标。

(2) 广告活动预算费用应合理分配和科学使用，争取以最少的开支获得较好的广告宣传效果。使用经费时，一般应事先制定资金分配表和项目支出清单。

(3)广告活动费用开支时，应注意弹性而留有一定的余地，以应付突发性活动的开支需要。

(4) 经常了解、关心费用的使用情况，并作定期核对。

第三节　广告计划实施

广告计划到达实施阶段时，广告主必须明确：什么任务要做、谁来做、何时做以及什么时候必须完成。

一般来说，广告计划实施时的工作量较大，专业技术性很强，持续时间也长，广告主委托代理商执行广告计划的情况又各不相同，因此，须注意选择好广告代理商和计划实施的节奏，使广告计划在适宜时段内发挥最大效果。

一、广告代理商的选择

（一）选择代理商的标准和具体方法

在大多数情况下，广告主选择广告代理商实际表示，是要更换广告代理商，因为大部分企业已作了长时间的广告，而且也已雇请了广告代理商为他执行广告事业。

广告主在打算换代理商时，如何能确定新的代理商比原来的好？答案无法确定，但也有几个可靠的原则可以帮助他们来辨明这一点。

对任何企业的广告主而言，最困难的也是最不愉快的事，就是换掉原来的代理商，改请提供更佳服务的另一家代理商。

有时，广告主会邀请他所认识的或公司中其他人介绍的广告代理商前来比稿，邀请名单可能只有2～3家，也可能多达10～20几家，假如前来参与比稿的名单太长，可能会耗费不少时间。

因此，广告主应常准备一份详尽的评价表或问卷，请竞争的代理商先行填写，先从该问卷淘汰部分代理商，然后再行筛选。但是，有几个基本问题是广告主所必须考虑的：

1. 代理商创意工作的水准如何？

有关创意的问题通常是最容易解决的，因为每一家前来比稿的广告公司都可提出上百张样本。此外，客户很可能是由于某代理商为其它客户作过相当出色的创意工作，才邀请该代理商前来比稿。

事实上，自己的企业对目前代理商创意工作的不满，常是客户考虑更换代理商的主因，所以查看创意工作的水准，是寻找新代理商时最重要的因素。

2. 经营这家代理商的，是些什么样的人？

一般而言，广告公司推销的就是它的人员和创意。该代理商是否拥有进取、有效率的领导层，其成员是否品性好，能力强，只通过召开2～3次会议自然不易全部回答这些问题，但是广告主通常可由此形成一些重要的整体印象。

3. 负责我们企业广告业务的，将是哪些人？

许多广告主都希望得到负责本公司业务人员的详细背景资料——这群人员包括AE、撰文人员、美工人员、业务监督等。由于广告主以后必须和这群人相处一段很长的时间，他自然想了解这群人的能力和性格：他们是不是能长期维持一定的水准，能力是否足以胜任这种长期、压力又大的工作，尤其是联络人更是特别受到重视，任何一个广告主都不会委托一个不合他意的代理商替他执行广告计划。

4. 该代理商在我们企业产品及服务方面，曾经有过那些经验？

对客户产品的营销经验有时比广告经验更受到重视。该代理商是否了解本公司的配销通路、销售问题、价格问题，以及行销特点。

5. 在该代理商的客户名单上，我们这家企业的地位的重要性如何？

一家年度广告预算只有5万到10万元的公司，自然要怀疑一家拥有许多100万元大客户的代理商，是否会对本公司尽全力服务，相反的，如果本公司的预算名列该代理商客户名单的前茅时，当然较有把握使该代理商对公司业务多付出一点心力。

6. 代理商服务范围如何？每项项目如何收费？

有些广告主坚持其广告代理必须处理所有的工作，包括营销计划、刊物发行、POP材料、研究等种种额外的工作。有时，提供全套的行销、广告及PR服务，也是广告公司用以吸引那些事事希望代理商代劳的广告经理的方式之一。

7. 该代理商的顾客名单是行业中的佼佼者，还是无名之辈？

假如代理商所拥有的客户名单中，有相当著名的公司，那么广告主可以放心：这些为人敬重的公司会选择该代理商，一定有个很好的原因；反之，如果其客户名单，都是一些名不见经传的小企业，将无法使新广告主产生足够的信心。

8. 代理商能否提出可说明其能力的个案范例。

成功的例子最能带来信心，如果代理商把过去成功的案例，都作了详细的记录，将有助于说服多疑的广告主。

9. 广告主应注意避免和竞争对手选择同一家代理商。

10. 当广告主委托代理商实施其业务时，要签订书面协议或合同，明确双方的权利和义务，规定企业检查监督广告代理商执行计划情况的办法和标准，双方违约的责任确定与赔偿事项等。

与此同时，广告主还应从不同角度来看待广告代理商，其中有：

（1）其他因素

广告主所应考虑的其它因素还有经验、规模、地点、信用状况、声誉，以及代理商的附带服务。

（2）历史

如果广告代理商已成立很久，而仍保持朝气蓬勃的作风时，对它本身而言，可能是个有利的特点。假如经验、年龄带来的只是迟滞不振，那么这点将成为一个绊脚石，而以“后起之秀”姿态出现的广告公司虽大都历史短，但并不构成其生意上的障碍。

（3）规模

通常规模大是一个有利点，当其他条件相同时，大多数客户或许都会选择规模较大的代理商。作为广告主应意识到这一点。并作慎重挑选。

（4）地点

广告代理商所在地点与广告主办公地点距离较近时，将是一个明显的有利点。可以就近蹉商和讨论。

（5）信用状况

如果代理商的信用状况不稳，便显示出其经营不善，此时，广告主将不放心把业务交给财务不稳的公司。

（6）声誉

广告主只要向媒体人员、其他广告主和印刷厂探听一下，便会得知广告代理商的声誉。每个代理商可能都拥有某些方面（如创意、可靠性、行销技巧、文案或专业手法）的特殊声誉。

（7）附加服务

样品房、电视摄影棚等都是大公司所提供附加服务中的一部分，通常这一点并不会对选择产生重大的影响，但却有助于形成一种良好的整体印象。

当广告主决定要推出一个商品的时候，他必定先想到选择一位良好的商业伙伴——广告代理(或俗称广告公司)。在选择之前，以及选择过程中，他都有许多的事情要做。首先，他应当知道广告公司能代理哪些方面服务，他对广告活动存在着何种期望。最重要的是，他的代理与他应当同样将广告视作一种投资。有的广告代理商不顾客户利益，而拼命编制庞大预算，完完全全为了本身的服务费着想，这样的代理商便毫不足取。

另外，广告主挑选广告代理，还可以在广告组织上，从几个方向作选择。

（1）广告主可以选择专户代理商，综合代理商或以功能区分部门的代理商。

（2）他可以选择一个一般性质的广告代理，或特殊性的代理。正如其名，一般性质的广告代理能处理各种商品的广告，但并不太精。而特殊性的代理可能只对某些事情在行，例如有的代理便只精于户外广告或车厢广告。

（3）他面临大型代理与小型代理的选择。自然，广告主的商品庞杂、预算极大、销售渠道甚广，他便需要一家大型广告代理。

在选择的标准上，广告主往往都会考虑被委托的广告代理的观点、品性、经验、信誉、记录、人员、服务范畴、经营历史、财政状况、工作能力、现有客户与过去客户、与媒体等各方面的联系等情况。因为代理商的这些资料对广告主的广告计划的实现是一个有力的保障。但是，搜集代理商的资料并不是一件很容易的事，需要事先做好一些准备工作。

（二）搜集代理商的资料

广告主通常采取下列途径搜集这方面的资料：

1. 广告刊物关于代理商的介绍报导或广告代理本身所刊的广告。

2. 广告代理商以前的客户。

3. 使用问卷。这种方式使用最广。有的广告主可能列上数十个题目，对任何一家可供选择的广告代理作一番彻底的调查。

调查表样本：

广告代理商调查表：

广告代理名称＿＿＿＿地址：＿＿＿＿＿＿组织＿＿＿＿＿

(1) 公司人员

①贵公司主要人员及其职责为何？

姓名＿＿＿＿＿职责＿＿＿＿＿＿

＿＿＿＿＿＿＿＿＿＿＿＿＿

＿＿＿＿＿＿＿＿＿＿＿＿＿

＿＿＿＿＿＿＿＿＿＿＿＿＿

②其中何人负责本公司业务，有何贡献？

③贵公司雇用人数与整体营业额的关系如何？

全部人数＿＿＿＿总营业额 NT $＿＿＿＿＿(19＿年)

(2) 客户服务

①如果有之，上述各人员对外负责的其他客户如何？

②他们为其他客户所耗之时间量大致如何？

姓名＿＿＿＿职称＿＿＿＿其他客户＿＿＿＿＿所占其时间(%)

＿＿＿＿＿＿＿＿＿＿＿＿＿

＿＿＿＿＿＿＿＿＿＿＿＿＿

＿＿＿＿＿＿＿＿＿＿＿＿＿

＿＿＿＿＿＿＿＿＿＿＿＿＿

(3) 客户主管

①他是否是贵公司中较具经验的资深人员？

是＿＿＿＿＿否＿＿＿＿＿介乎二者之间＿＿＿＿＿

②他对本公司此类商品是否有经验？

有＿＿＿＿＿什么公司＿＿＿＿＿什么产品＿＿＿＿＿无＿＿＿＿＿

③他的能力是否与本公司的人员相当？

是________不是________

（4）创作方面

①贵公司对于本公司原有的创意及稿件的看法如何？

②贵公司是否拥有擅长处理女性商品的女性撰文员？

有________无________

（5）媒体方面

①贵公司的媒体人员是否尽职，能令本公司获得所订购的利益（例如电视插播监看）

能________不能________须加督促才可以________

②在广告活动实施后，他们是否会致力改善购买媒体的版面或时间？

会________不会________须加督促才可以________

（6）制作方面

①贵公司人员方面是否有电视、广播制作专家？

有________无________有若干________

②在所有制作工作开始之前，是否举行制作会议？

是________否________有时举行________

③贵公司制作人员是否与拍片公司、模特儿等经常保持良好关系而能应需要供给人才？

是________否________勉可________

（7）贵公司是否能在下列三个主要范围提供调查服务？

①媒体调查—视听众资料、媒体评价、收视率报告等。

能________否________

创意调查—试验、概念、创意、了解及反应。能________否________

市场调查—与公司职员共同进行。能________否________

②是否能经常提供上述服务？偶而因要求而为之？是否另外收费？

（8）会计手续

①贵公司帐单是否按时送呈？是________否________

它们是否正确？是________否________

是否附有媒体收据？是________否________

②任何由本公司负担贵公司费用，是否先呈送估价单？是________否________

③本公司是否享有应享的各种折扣(次数折扣、商业折扣)等？是________否________

④如何要收特别费用，是否能附一明细清单？

是________否________

(9) 其他客户方面

①新客户

A. 自去年到现在，贵公司是否争取到任何重大新客户？

有________无________客户名称________

B. 此事对本公司所获得的服务有无良好或不好影响？是否妨碍与贵公司主要人员的接触？贵公司是否已增加任何对我们有帮助的任何新进人员？

②其他客户

A. 贵公司所有客户数目，其主要者的业务为何？

B. 其中有否有本公司目前商品的任何竞争品？

有________无________商品名称________

C. 是否有任何客户会在将来成为本公司的竞争者？

有________无________客户名称________

D. 贵公司曾否为其他客户策划出不凡的广告活动，请述其详。

(10) 其他事项

①本公司是否可经常收到有关竞争者广告的各类资料？

可________否________

②贵公司是否派员工与本公司业务及市场人员从事实地工作，汲取第一手经验？

可________否________

（三）广告主和广告代理的关系

综上所述，广告计划的两端维系着广告主和广告代理，彼此之间的关系融洽和谐，能使广告计划执行得更加完美。广告主应如何保持与广告代理的关系？这是广告主需要深思的一个问题，除了雇佣与被雇佣的关系，还该有些什么？广告主在计划执行前应该想到，若想使其广告施行顺利及取得成果，除了选择优秀的广告代理之外，还得与后者保持友善的关系。

广告主可以采取以下措施以保持和广告代理的和谐工作氛围与友善关系。

1. 确使其本身负责与代理商联络的行政人员，具备相当的广告知识；不然的话，也可派员到短期培训班接受训练。

2. 应当将代理商看成营销上的左右臂，能够随时将有价值的情报（如年报、对内刊物、价格变更或配销方式变更之情报、包装样本、公司标准字规定等）给予代理商参考运用。也就是说要坦诚公布，彼此交换意见。

3. 在获得代理商的服务时，应知如何对代理商付款，而且最好能照规矩给付。

4. 不要将广告代理视作仆役。

5. 在适度的情况下，可容许广告代理为竞争品策划广告，诚实的广告代理，因财源增加，专户管理反而更加完善。

6. 不要经常与广告代理举行不必要的会议，也不要经常要求改稿。更不要派许多人员与广告代理的人员接洽，以免人多嘴杂，难有定论。

7. 不要滥用特权，将本身创作上或媒体上的意见施加在代理商头上，令后者接受。因为这会使广告代理变得唯唯诺诺，不敢有所建议。

8. 不要干涉广告代理的人事。一方面避免诱使广告代理商的人员离职；另一方面不要将亲友推荐广告代理，使其碍于情面不得不因人设事。

9. 在一旦对广告代理的服务感到不满，而想结束彼此间关系时，不可操之过急。因为，这样做对广告代理打击甚大，而新的广告代理可能还需时间摸索广告的一切。

10. 要信任广告代理，可能广告代理并非营销专家，但在创作或媒体等方面却有专长，应当让它们尽量发挥。

以上十点中，尤其是情报方面，以往广告主为了企业生存而保密，不愿告诉广告代理，岂不知此种作法，使类似医生的广告代理，不知类似病人的广告主的情况，则难以创作出优秀的广告。

二、广告媒介的选择

广告主对媒体的选择往往基于本身的经济基础和文化背景，基于对企业销售效果和前景的分析评估，在实施广告计划中，几乎所有的广告主都希望使用最渲染，最抢眼的媒体为自己的广告个案增色添彩，然而事实上，最贵重最抢眼的媒体不一定适合你，不一定是最好的。世上任何一物，适合就是最好的。

因此，专家告诫：广告主应采用多种标准选择广告媒体，而后排序决定最终采用哪种媒体运作您的广告。

（一）广告媒介选择方法

1. 交易范围

不同的广告主产品，有不同的流通范围，他们对媒体的要求也不同。比如，食品和工业产品就有完全不同的交易范围。有些广告媒体如电视，对前二种产品也许都不太合适，但选择一些地方性媒体，如报纸、商店的产品宣传单、招贴画等对食品却很好。另一方面，市场销售在全国范围内的制造商也可以选择商业、贸易等专业出版物作广告媒体。

2. 用户类型

媒体对广告主的适宜与否，实际上是对广告主产品类型的适宜与否，如果是一家经营唱片的商店，他的主顾主要是年轻人，那么最好采用广播作广告；而房地产业的广告则最好是由房地产主人或经理人在商业杂志或报纸上刊登或通过广告邮寄业务。

3. 预算限制

广告预算费用的多寡掌握了选择媒体的主动权，试想如果每年的广告投资还不足几万元，就别选择电视这种媒介。

4．信息的连续性

如果您的产品或服务很特别，市场有明显的局限性，那么以同样的标准在指导性或专业性的杂志上作广告是最好的办法。

对于季节性很强的产品如滑雪用具，广告应在冬季来临之前开始推出，直至顶峰，在冬季即将过去时减少宣传。

5．混合运用

广告主也可以选择两种或两种以上的媒体混合运用、交叉运用。各种广告媒体特性和媒体与媒体之间的配合，使许多企业主喜欢选择不止一种媒体来进行广告宣传，这是一种很有效的广告技巧。使用得当，广告效果非常不错。但应指出的是，广告主必须保证有足够的资金投入，以保证每种广告媒体有相应的频率，同时，所有媒体传达的广告信息必须保持一致，如产品外观的色彩、形态等，这样才能使消费者无论在哪里看到或听到都会认出是您企业的广告。

（二）广告媒体频率

从广告预算章节，我们已经知道，媒体的发布费用占去了广告费用的绝大部分，而发布费用与广告出现的频率有直接关系，那么，广告出现的频率以多少次为最佳？是否多多益善？多多虽则益善，却与资金投入成正比，但假如广告主产品每年在某媒体需要露出 10 次以上才有效果，那么他仅露出 3～5 次，岂不也是形同浪费。

不同的媒体的特性是有区别的，露出频率也不一样，比如在商业出版物月刊上作广告，每年必须露出六次以上才能有作用。一般来讲，在广播或电视中只出现过一次的商品，广告根本起不到什么效果——除非特别精彩。

第三章　广告经营者

第一节　广告代理制

一、广告代理制的概念

广告代理制是指广告主委托广告经营者（广告公司）实施广告活动计划，并通过广告经营单位和广告媒体接洽广告发布业务。广告经营者作为广告主和广告媒体的中介，为双方提供服务。

二、广告代理制的特点

广告代理制是国际上通行的广告经营机制。它的主要特点就是强调广告业内部合理分工、各司其职，互相合作，共同发展。广告公司通过为广告主和媒体提供双重的服务，发挥主导作用。

广告主、广告公司、媒介是广告市场中最基本的组成要素。在广告代理体制下，它们三者的分工是：

（一）广告主

随着科技进步和社会生产力的发展，社会产品、服务与日俱增，企业之间的竞争越来越激烈。在激烈的市场竞争中，企业要生存、发展，就必须使自己的产品或服务占领市场，而要做到这一点，单靠企业自己的力量显然是有限的，它必须依靠和委托有能力的广告代理公司，为其提供专门的广告策划和市场营销服务。

（二）广告公司

在广告代理制下，广告公司的主要职能是为客户提供以策划为主导、市场调查为基础、创意为中心、媒介选择为实施手段的全方位、立体化服务，并在整个广告流程中配以公关、展览、促销等手段与营销进行密切配合，最后还要监督制作，对反馈信息进行再度收集整理等等。从另一方面来讲，广告公司也在为媒介承揽广告业务，有实力的广告公司还可以将媒介买断。广告公司就是这样通过为广告主和媒介提供双重服务，发挥自己独特作用的。

（三）广告媒体

媒体的主要功能是发布各种真实有效的信息。在广告代理制下，媒介发布广告和向广告公司提供必要的媒介动态与刊登机会。媒介的广告收益则由广告公司保证。例如，广告主因故拖延或未付广告费，广告费的损失应由广告公司承担，媒介可以不承担经济风险。

三、广告代理制的现实意义

广告代理制的实行，是借鉴了国际广告业成功的经验和先进的运作技术，也是广告业发展到一定阶段的产物，它是衡量一个国家的广告业得否走向成熟的主要标志之一，也是迅速推进我国广告行业健康发展的必由之路。

因此，实行广告代理制具有很现实的意义和重要性。

（一）实行广告代理制是适应了广告行业的专业化发展需要。

市场经济越发展，与之相适应的行业分工也越来越细，广告行业中高度化的专业分工促进了广告专业整体水平的提高。按照广告活动的内在规律和程序，在广告主、广告公司和广告媒体之间建立的相互合作、合理分工的关系中，使广告主得到了广告公司和广告媒体双方的专业化服务，从而使广告活动的运作机制变得更加科学性和计划性。

（二）实行广告代理制是突出了专业广告公司的主导地位和作用。

广告代理制的实行使广告公司超越了不同的媒体，摆脱了媒体单位与其争夺客户而造成的广告经营秩序混乱而中介地位无法正常建立。能够使广告活动在调查、创意、策划、设计、制作和媒体计划等各个方面获得最大的效果，为广告主提供全面的优质服务。

（三）实行广告代理制改善了企业广告缺乏整体计划，广告效果差的低水平状态。

目前，企业广告的整体水平较低，主要表现在计划性差，广告费浪费、分散、失控等问题上，实行代理制后，能帮助企业合理使用有限的广告费用，按步就班地实施广告活动计划，而且还能有效地消除广告行业中的不正之风，帮助企业摆脱“人情广告”、“权力广告”、“摊派广告”、“关系广告”之苦，使广告能遵循科学的规律健康地发展。

（四）实行广告代理制保障了企业和广告主的利益。

激烈的市场竞争中，广告的成效常常关系到企业和广告主的命运。实行广告代理制后，企业和广告主可以自主选择运作能力强的广告公司作为自己的广告代理，使企业和广告主的利益得到了法律保障。

（五）实行广告代理制提高了媒体的专业素质。

实行广告代理制后，国家明确规定媒体单位不得再直接承揽广告业务，使媒体和广告公司的职责与权力得到进一步的明确，媒体单位可以安心勤业，不再为承接业务而费心劳神，可以集中精力，专注于媒体的策划、发布工作。提高媒体的发布质量和竞争力。

（六）实行广告代理制避免了媒体单位的财务风险。

媒体单位因和广告主无直接关系，使其避免了因广告主方面因素的广告费拖欠和拒付等风险。

（七）实行广告代理制杜绝了有偿新闻。

广告代理制的实行，使媒体单位的新闻源和广告源得到更好的治理，从源头开始就堵住有偿新闻的渠道，维护了媒体单位的形象和信誉，维护了新闻的公正性。

（八）实行广告代理制增强了广告行业参与国际广告业竞争的信心。

世纪末的中国广告业面临国际广告业的竞争。为走向国际市场，求得更大的发展机会，我国的广告业将抓住时机，改革现行的广告经营体制，展开与国际广告业的接触和竞争，代理制实行的举措更增强了国内广告业参与竞争的信心。

四、广告代理制的内容

（一）广告主必须委托有代理权的广告公司代理广告业务。

根据“广告代理制试点工作的若干规定”中关于：“广告主必须委托有相应经营资格的广告公司代理广告业务，不得直接通过报社、广播电台、电视台发布广告”的有关规定，广告主若有广告业务需要代理时，只能委托有代理权的广告公司，不能直接通过媒体发布广告（分类广告除外）。

广告主关于征婚、礼仪、书讯、挂失以及开业广告等发布事宜，可作为分类广告而直接委托报社、电视台、广播电台办理。

（二）兼营广告业务的媒体发布的广告，必须委托有代理权的广告公司代理。

按“规定”要求：“兼营广告业务的报社、电视台、广播电台必须通过有相应经营资格的广告公司代理，方可发布广告（分类广告除外）”，媒体单位发布的广告均应委托有代理权的广告公司代理，媒体本身不再允许直接承揽广告业务（分类广告除外）。

（三）有代理权的广告公司必须有代理广告项目的业务能力。

“规定”对广告公司的经营能力提出要求：“广告公司为广告客户代理广告业务，要为广告客户提供市场调查服务，提供广告活动全面策划报告书，并能提供落实媒介计划”。因此，接受广告主委托业务的广告公司要有为广告主提供市场调查服务、广告活动的整体方案和提供落实媒体计划的能力，同时，在其为媒体承揽广告业务时，也应有与媒体发布水平相适应的广告设计、制作能力，并能提供广告主的广告费支付能力的经济担保。

（四）媒体单位的广告公司必须公平竞争，不得垄断广告业务。

“规定”明确要求：“报社、广播电台、电视台下属的广告公司，在人员、业务上必须与媒介广告部门相脱离，不得以任何形式垄断本媒介的广告业务。”媒体单位属下的广告公司必须遵循自主经营、自负盈亏、依法纳税、承揽与发布必须分开的原则，遵纪守法，公平竞争，不准利用媒体自身的优势搞变相垄断。

（五）广告主和广告媒体对广告公司有择优选择权。

实行代理制后，广告主和广告媒体可以自主地选择服务质量佳、信息好的广告公司为其代理广告业务。

（六）广告代理费的收费标准。

根据《广告管理条例施行细则》的规定：广告公司代理国内广告业务，收取10%的代理费。目前，根据国内实情与国际代理收费标准，参照有关收费体系，经物价部门试行，国内广告代理费的收费标准改为广告费的15%。

综上所述，广告代理制具体内容中最关键的一点就是把媒体的承揽业务和发布业务分开，媒体不再直接承揽广告业务，专职广告发布业务，媒体的广告业务则全部委托广告公司代理。

目前，我国的广告代理制试行范围仅包括报纸、电视、广播三种媒体，凡在这三种媒体上发布广告讯息（分类广告除外），必须要委托广告公司代理。

第二节　广告公司经营管理

随着市场经济的进一步发展，广告业的服务领域也不断地扩大，服务功能日趋完善，广告公司处于整个广告行业的领头羊位置，为广告经营业务的开拓，广告专业人才的造就，广告理论体系的完善，广告服务质量的提高作出了重要的贡献。

据可靠的专业资料统计，近几年来，广告公司的数量正以最快的速度逐年递增，广告公司的营业额也占了全国广告总营业额的3～4成，许多广告公司的创作、设计、制作水平都有了明显的提高，一些广告作品创意新颖、定位准确、感染力强，成为广大受众欣然接受的广告作品。不少广告公司开始转向以创意为中心，策划为主导的广告总体策划，向广告主提供全方位的广告服务。

与此同时，国际广告业知名度大的广告公司也纷纷进入我国，与我们本地的广告公司建立合作关系或合资关系，带来了大量的广告新理念、新思维、新材料，把世界上许多最新最先进的创作设施、最优秀作品五彩缤纷般地呈现在我们的眼前，这使广告公司的经营管理水平、专业素质、人材培养都提高了一个层次。但是，无可否认的一面，他们的到来也加剧了国内广告市场的竞争，在这激烈的市场竞争中，如何求得生存和发展，对每一家广告公司来说，都面临着严峻的挑战。

优秀的广告公司凭借活跃的市场经济机制，坦然迎接挑战。创作了许多令人瞩目的广告作品，如有些作品经由政府利用来推展政令，倡导环境保护意识、推行各种优良产品的品牌等，都起到了很好的效果。激发了人们对社会的责任感，推动了商品经济的发展，进而产生更广泛的相关效果。

一、广告公司经营原则

广告公司是独立核算、自负盈亏、自主经营的经济组织，是企业法人。

作为经济组织，追求经济效益是它生存和发展的首要条件，当然无可非议。但是，由于广告公司本身的性质所定，它不同于其它的企业，它对社会的消费观念，伦理道德都有一定的影响和导向作用，因此，不论它的经营规模和所有制形式如何，都必须更重视法的约束和精神文明的规范，必须依法经营，坚持社会主义的经营方向，为广大消费者服务，为广告主服务，对社会负责，将经济效益和社会效益两者有机地结合起来。

（一）遵守法规、合法经营

任何企业在社会经济活动中都要受国家政策和法规的约束，广告公司也不例外。国家为了保证广告事业的健康发展，维护广告活动的正常秩序，制定了一系列广告管理的法规和规章，规定广告经营组织的权利和义务。这些法规和规章是广告公司必须遵守的。如广告公司的成立必须依法核准登记注册，领取营业执照，办理税务登记等；必须在核准的经营范围内从事经营活动；必须接受政府有关部门的监督、管理等等。广告公司作为企业法人，在经营中还必须遵守经济活动的有关法律规范，如《民法通则》规定的平等互利、等价有偿、公平竞争等原则。如有违法行为，政府有关部门将根据不同情况，给予应有的处罚；情节严重的，将被撤销经营资格。因此，合法经营是广告公司的生命，是广告公司经营的首要原则。

（二）发挥优势、重点发展

广告公司建立的基础不同，客户对广告公司也有不同的要求。对广告公司来说，应从本身拥有的专业人员、资金、装备、媒体等条件出发，充分发挥自身的优势，确定本公司的发展方向和策略，使之成为一家有自己特色和优势的广告公司，以适应不同层次的广告客户需要。基础较好、有一定实力的广告公司应向全面服务型的方向发展；对具有一项或几项特长的广告公司，如具有媒体优势、制作特长、精于广告策划、善于市场调查、长于广告印刷等，可向部分服务型的方向发展，以增强本公司在市场上的竞争能力。

（三）注重信誉、优质服务

“信誉第一，客户至上”应成为广告公司的宗旨。广告公司的信誉如何，往往是客户选择和评价主要的标准之一。在经营活动中，广告公司的每一员工对客户必须以诚相待，尽一切努力满足其合理要求。答应的事，一定要千方百计按要求完成；由于客观原因不能实现时，要向客户说明真实情况，求得客户的谅解。一时做不到的事，决不轻易许诺，要重信誉、守合同，以此赢得客户的信赖，树立公司的形象。要竭诚与客户合作，全心全意为其服务。广告是企业营销活动的重要组成部分，它把企业和广告公司紧密地联系在一起，形成共同的利益和亲密无间的伙伴关系。广告公司的有关业务人员要自觉地使自己成为所服务企业的一员，了解其产品性能、目标市场、竞争对手等情况，为客户制定广告总体策划，包括广告策略、宣传方式、广告表现形式、媒介选择、广告预算、广告效果调查、信息反馈等。同时，在条件允许的范围内，帮助企业解决其它相关问题。总之，通过广告公司提供的各项服务，使客户不仅能提高经济效益，同时也能增加企业在社会上的知名度，这样，就能巩固老客户，发展新客户，使广告公司不断发展壮大。那些靠个人关系给回扣、贬低他人等不正当竞争手段来拉客户的行为，不仅是违法的，也是不能持久的。

（四）采用新技术开拓新领域

广告业属于知识密集、技术密集、人才密集的高新技术产业。它既是第三产业中服务业的组成部分，又不同于一般的服务业。为了增强广告的宣传效果，提高广告设计、制作水平和效率，改进和完善经营管理，广告公司要注意研究广告理论，不断总结实践经验，密切注意科技动态，率先将科学技术的新成果、新发明应用于广告业。例如应用电子计算机进行业务、财务、人事管理及信息资料存贮、分析；采用电脑设计、电脑雕刻、电脑照排、电脑写真（喷绘）、电脑显示等进行广告设计、制作和发布；采用柔性灯箱材料、莹光反光材料、紫外线发光颜料材料等改造现有户外广告媒体；研制或引进图文显示屏、三面翻转路牌等新型户外广告媒体；采用现代化的通讯及办公设施等；在广告经营的某一领域形成自己的优势，在广告界居于“人无我有、人有我新”的领先地位。那种因循守旧，固守现有阵地，不思开拓创新，不积极采用新技术、新工艺、新材料、新设备的广告公司，将在激烈的市场竞争中逐步被淘汰。

（五）奖勤罚懒、合理分配

广告公司的经营，究其实质是出卖“智慧”，用其智力劳动获取报酬。一家广告公司的实力如何，从某种意义上来说，是看它拥有的人才多少和水平高低。而其经营的好坏，则决定于它能否充分调动全体员工的积极性、创造性和责任感。这涉及的因素很多，核心的问题是要有一个科学合理的分配制度，坚决打破平均主义、大锅饭，真正体现按劳取酬、多劳多得、奖勤罚懒的原则，按责任大小、贡献多少、工作艰易程度确定其应得的报酬，并与公司的经济效益挂钩。对做出突出成绩的人员，要给予重奖；对有真才实学、工作认真负责、积极肯干的人员要给予优厚的待遇；对不称职人员，经过帮助教育仍达不到岗位要求的，要予以调整和调离。公司领导要关心员工的进步成长和生活福利，为他们创造一个团结友爱、能施展其才能和良好的学习、工作、生活条件的环境。这样，全体员工就能按照公司确定的方向和目标，充分发挥其才能，团结奋战、做好本职工作，为公司的发展贡献力量。

二、广告公司的职能管理

根据广告经营活动职能机构的构成和功能来设置或划分广告公司的职能部门，是目前广告公司最为常见的一种组织型态。

不同类型的广告公司的职能机构都有各自不同的特色。例如，公司基础、经营范围、运作规模等都会影响到这些职能机构的生成和部门员工人数的比例。

但是，一般来说，绝大部分有一定经营规模的广告公司都会有这些基本的职能部分组成。

如图所示：

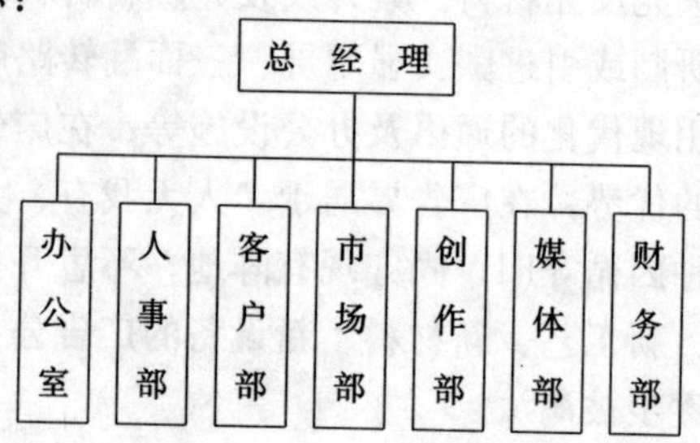

职能部门及其职责包括：

(一) 总经理

总经理是公司的法人代表，领导公司的行政业务管理工作，在经营管理中，行使下列职权。

1. 依照法律和国家规定，决定或者报请审批公司的各项计划。
2. 主持公司的经营管理工作，组织实施董事会决议。
3. 组织实施公司年度经营计划和投资方案。
4. 拟订公司内部管理机构设置方案。
5. 拟订公司的基本管理制度。
6. 制定公司的具体规章。
7. 提请聘任或者解聘公司副经理以下的部门负责人员。
8. 提出工资调整方案、奖金分配方案并提请职工代表大会审查同意；提出福利基金使用方案和其它有关职工福利的重大事项的建议，并提请职工代表大会审议决定。

9. 依法奖惩员工并提请政府主管部门审核。

10. 保证企业的运作的合法性。

11. 保证企业的安全。

12. 代表公司对外开展公关活动。

13. 塑造企业（公司）形象。

14. 执行公司章程和董事会授与的其它职权。

在市场经济的推动下，企业为立于不败之地，它将要求它的决策者和领导者具有高情商和高智商的领导艺术以及坚韧的工作作风，这样，才能适应激烈的市场竞争机制。

因此，从某种意义上说，一个企业的兴衰与成败，往往取决于经营管理者的基本素质，为此，对一个企业或一个广告公司的总经理来说，必须要具有下面的条件和素质才能将公司的经营业务规划得蒸蒸日上。

广告公司领导者的八种素质：

1. 杰出的领导者对于整个公司的成绩有直接影响力。

杰出的领导应善于激励部属，使其发挥最大的潜力；领导者的成功取决于他各方面的素质。

2. 杰出的领导者完全献身于自己的工作。

他热爱自己的工作，但可能不一定被所有的员工拥戴，但他有勇气做出不寻常的决定——包括请没工作绩效的人走开。Gladstone 曾经说过：一个伟大的总经理还必须是个称职的刽子手。

3. 好的领导者必须有果断力，他们勇往直前与困难搏斗。

广告公司一旦遇到疑难和分歧，他们的领导身先士卒，有谋有断。

4. 优秀领导者使用的工具之一是懂得欣赏部属的工作表现。

人们在愉快的工作环境中才会有好的表现。只要拥有工作乐趣，才能提高工作士气和不断创新。

5. 能够满足部属心理需求的，才是最有效的领导人。

懂得一点心理学的领导人，会在广告公司繁忙的工作中，帮助下属解脱工作心理压力。

6. 优秀的领导者从不和他的将帅分享领导权。

广告公司各级职能部门的工作应由他们自已想办法完成，领导不应越级去包办代替，各级部门越是职权明确，广告公司就越能成长茁壮。

7. 杰出的领导者喜欢挑战性的部门主管。

大多数公司都会把不合于公司传统的主管排拒于门外（少数公司除外），在那些个性强烈背叛传统的主管当中，有些人是富有创意和创新精神的，他们更会让创新成为广告公司的象征。

8. 杰出的领导者总是散发着自信的神采，他们绝不会推诿责任，在历经打击之后，他们仍然站得起来。

（二）客户部

客户部是广告公司与广告主联系的纽带，是直接与广告主接洽和联络的业务部门。主要工作是为客户的广告活动进行策划、咨询，了解广告主的要求和意图，传达广告公司的意见和看法，协调广告活动中双方的关系，并督促职能部门为客户提供优质的服务。

1. 部门本职：接洽业务，联络客户

2. 直接上级：总经理

3. 下属岗位：营销人员

4. 主要职能：

（1）联系客户、洽谈、协调

（2）签订意向意见、正式合同

（3）广告活动事前、事后的公关事务

（4）参与广告计划制定

客户部除了参与广告计划的制订，在广告计划的实施过程中，还应认真聆听客户的意见，诚恳待人，与客户保持经常的联系，做好广告公司的代言人。遇有计划执行拖沓或突发事件，应耐心做好解释与意见交换工作，为公司树立亲和与信誉的形象。在接待同类产品的客户中，严格为其保护商业机密。养成严守秘密的好习惯，常常会因此而加重你在谈判中的份量，而多话的嘴，恰恰会成为你们公司竞争对手的无形帮手。

（三）市场调查部

市场调查部门是广告公司不可缺少的部门，根据广告主的需要和广告目标的实际情况，负责对产品、市场、消费者的调查分析，为制定广告活动的计划提供决策依据。

1. 部门本职：同业情报、客户情报。

2. 直接上级：市场调研总监、市场调研主任、经理。

3. 下属岗位：调研人员。

4. 主要职能：

（1）了解、收集、整理、分析广告主所需要的基本情况资料与本企业有关的数据资料，包括有关同类组织的情况、消费者情况、市场需求状况、市场环境、市场潜力的背景资料等。

（2）了解市场分析和市场调研情况，上报主管部门。

（3）调查广告主产品在市场的销售情况（新产品除外）。

（4）为广告主提供特别信息、政策变化信息、本行业商业情况、环境变化信息及广告主特殊要求的情报。

（5）广告发布后的效果测定、评估、反馈。

（6）参与制订广告计划。（视案例情况而定）

市场调研人员的工作自始至终贯穿了整个广告活动，他们必须勤于观察、善于分析、严谨细致，人际关系中有很好的相容性，同时，他们还应具有心理学、统计学、社会学等相关知识，并能有效的应用于本职工作之中。

市场调查的实施成功与否，直接关系到下一步的调研报告的撰写和广告计划的制订，因此，调查人员除了有敬业精神之外，还必须拥有良好的业务素质和心理素质，这才是调查实施能够成功的重要保证。

调查人员必须具备以下的条件和素质：

1. 高度的责任心。

2. 热爱调查研究和市场分析工作，有兴趣愿意多了解和接触社会。

3．有较高的文化素养和必要的抽样调查知识。

4．正派、诚实、细致、耐心。

5．客观公正，不存偏见。

6．仪表大方，态度亲切，平易近人。

在市场调查的实施中，除了经常要对广告人员作一些调查技巧指导、现场问题的处理之外，还应注意以下两个问题。

1．时效性

在许多情况下，争取时效、尽快地获得所需的信息十分重要。否则，虽然最终获得了较为准确、可靠的情报，但是由于时间之故，情况已发生了很大的变化，调查结果就失去了它的即时价值和主要价值。

2．无偏性

在调查实施过程中，应谨慎仔细，防止由于人为的差错或疏忽造成偏差。比如，随意更换调查对象，放弃不愿意合作的被调查者和文化程度较低者等等；此外，回收率低，调查时有无关人员在现场、不适当的礼物赠予、调查员过多的解释或诱导、调查员的错误态度（不友好、不诚恳）、调查现场的嘈杂喧闹等等，都可能造成偏差，这时，结果的客观性和科学性就得不到保证了。

（四）创作部

创作部是广告公司的核心部门，该部门拥有创意、文案、美术设计、美工、印刷等各类设计制作人员。

通过他们的设计创作，广告物披上美好的外衣，产品加上引人注目的诉求，使商品的销售如虎添翼。

出色的创作，借着不同的表现手法，打开了广告产品的知名度，也提高了广告物本身的价值。更增进了人们对它的了解而促成销售。甚至还能引诱人们产生原来所没有的需求，听从广告的建议而完成消费行为。

1．部门本职：创意、设计、制作、管理。

2．直接上级：总经理、设计创意总监。

3. 下属岗位：美工人员、文案人员、其他制作人员。

4. 主要职能：

(1) 根据广告总体策划要求，讨论商议广告创意及文案，提供平面广告设计稿和影视广告脚本。

(2) 按照广告脚本，完成拍摄、冲印、编辑、录音、合成等工作，提供影视广告作品。

(3) 负责完成有关广告产品的包装、装潢、商标等创作延伸作业。

(4) 塑造企业形象，经由创意设计来完成大众心目中的定位。

广告公司规模越大，分工也越细。整个创作活动中，各岗位人员应有分有合、群策群力、相得益彰。无论美工、文案，还是创意指导，都须对本案工作拥有无尽止的好奇心和精益求精的工作精神。

创意总监和设计总监是广告创作中的灵魂，他们应具备的条件包括：

1. 思维敏捷、创意丰富、善于捕捉工作中的灵感。

2. 熟悉各种媒体、各创作环节的重点以及各种广告专业技术，如摄像技术、印刷制版技术等。

3. 优秀的心理素质，善于控制和调整自己的情绪。

4. 豁达大度、勇于承担责任和善于表扬与批评。

5. 工作果断、决策能力强。

6. 敏锐的观察力，懂得如何巧妙的说服人与调动别人的情绪。

(五) 媒体部

媒体部在广告活动中担当了制定和实施最有效的媒体计划的全部职能。

在广告活动中，媒体的价值往往不在媒体本身，而在于人们对媒体特性的有效把握，以及对媒体进行具有创意性的组合与运用。

媒体组织是现代广告的三大策略之一，与定位分析策略、创意表现策略结合而成为广告活动的整体。一个再好的广告构想，如果没有一套完整、合理、适度的媒体计划予以表现，其构想也只能是一种空谈。因此，媒体对广告计划的最后实施，起了奠定性的作用。

媒体部门负责为客户选择、联系、购买广告媒体。

1. 部门本职：媒体计划、组合、评估、订购、日程、安排、监督。

2. 直接上级：总经理、媒体总监。

3. 下属岗位：媒体策划、购置人员。

4. 主要职能：

（1）了解各种媒体的传播效果、特点、受众分布、影响力度和收费情况。

（2）确定媒体计划总纲提要、媒体目标。

（3）负责制定广告的媒体策略、确定不同的媒体的选择与搭配、制定最佳的媒体组合方案。

（4）负责在广告选定的媒体上发布实施与媒体日程安排。

（5）控制媒体各阶段的预算分布。

（6）负责代媒介单位收取广告费。

媒体发布是广告活动中至关重要的一个环节，是衡量一家广告公司综合经营能力的重要标志和关键因素。

因此，对媒体信息传播的可信度、真实性、艺术性和思想性的检验，实际也是对媒体人员素质的检验。

媒体人员应有以下的素质和要求：

1. 具有较强的分析和逻辑判断能力，熟悉各种媒体。

2. 熟知各类媒体的规模、效应和费用计价。

3. 保持与各类媒体良好的合作关系。

4. 有出色的谈判策略和技巧，在谈判桌上常能出其不意地短战取舍或先声夺人。

（六）办公室

办公室为公司各业务部门服务并协调各职能部门的运转。

1. 部门本职：公司的办公秩序和行政事务管理。

2. 直接上级：总经理。

3. 下属岗位：主任秘书、证照员。

4．主要职能：办公程序。

(1)各类文件的拟、收、发、存。

(2)召开会议、会议纪要。

(3)掌印：开具一切企业对外证明，加盖公章。

(4)法律事务，证照申办，地方关系。

(5)检查：检查公司的一切程序是否得到执行。

5．兼管职能：

(1)后勤:职工生活、卫生、项目组后勤、车辆司机。

(2)统计:为企业提供各项统计数字。

(3)保卫:公司的消防和安全、项目现场的消防安全措施与检查。

(七) 人事部

按照人事制度的规范，负责公司人事培训、考核等事宜。

1．部门本职：为企业及时提供合格的人才和人力。

2．直接上级：总经理。

3．下属部门：劳资组、培训部。

4．主要职能：

(1)人员招聘：安排面试、背景调查、考核、上岗。

(2)劳资管理：考勤、工资、福利。

(3)教育培训：职工教育、岗位培训、专业培训、培训计划、检查、统计。

(4)档案管理：考核和建立技术档案、员工档案管理。

(八) 财务部

认真执行国家有关财务工作的规定和公司的财务制度，为总经理决策提供依据，接受上级审计部门的监督与审查。

1．部门本职：公司的财和物的管理。

2．上级部门：总经理、董事会。

3．下属部门：财会、仓储、采购。

4．主要职能：

(1)会计：财务处理、税务、工商事务处理、应付款、信用调查、信用判断、控制、财务报表。

(2)出纳：收款、付款、报销。

(3)成本控制：寻价、比价、成本核算、监督预算、监督项目采购、合同经济条款审查、折旧、报损、检查合同执行情况、监督公司资产计划执行和往来帐目情况。

(4) 仓储：材料、设备、物品的收、发、存，公司固定资产定期盘存，物品帐目，申请大宗项目订货。

5. 兼管职能：

采购：公司所需物品采购，签订大宗项目订货合同。

三、广告公司作业流程

广告公司的经营管理系统是以总经理负责的经理负责制，在他的领导下，各职能部门按业务性质和职责，分工不分家，同心协力，各司其职。

1. 由客户部总监或客户经理（account executive 简称 AE）领头负责，安排对客户的接待，业务洽谈、承接和签订业务合同。

2. 客户部根据业务合同的规定，将有关市场调查，设计创作、媒体选择安排等工作制成简单的工作单子，分别交由有关职能部门完成，并负责督促检查工作进展情况。

3. 市场调查部按计划及客户要求收集、分析、整理有关客户产品、营销通道、消费者层面、竞争对手、市场同类产品情况的资料，并写成市场调查报告，为制定广告规划提供依据。

4. 由设计总监、创意总监（creative director，简称 CD）具体负责和有关专业人员一起讨论确定广告创意和文案，研究广告平面设计稿或提供影视广告脚本等。

同时，负责讨论有关产品广告的装潢、包装、商标等设计、制作工作计划。

根据总体策划要求，作出广告个案的整体策划。并撰写和修改策划报告。

5. 向广告主提案，并正式签约，预付部分广告费用。

6. 实施设计方案，并征得广告主的认可。

7. 实施制作方案，完成广告作品。

8. 媒体部负责制定媒体计划，包括媒体选择、评估、价格、受众状况、影响力、组合等并写出书面报告。同时，征得广告主认可并按照合同规定向客户提供刊播证明材料。

9. 媒体部负责购买媒体事项。

10. 媒体发布实施及监测广告发布情况。

11. 市场调查部收集媒体发布后的各类广告反馈信息和资料数据统计。

12. 客户部协同财务部与广告主结算，同时付清媒体费用。

13. 根据反馈信息和资料统计，进行广告效果测定，整理并写出分析报告和向广告主反馈测定结果。

14. 有关职能部门或有关专业人员讨论、评析广告个案整体情况，收集归档。

广告作业流程图见图 3-1。

四、广告公司的财务管理

为充分发挥财务部门对公司经营活动的计划、控制、预算、分析的功能和监督作用，根据国家财务制度的规定，结合公司的实际状况切实履行公司的各项财务制度和管理好广告公司的财和物。

（一）收费制度

广告公司的业务收费制度主要采用佣金制和实费制两种形式以及其他形式的收费制度。

1. 佣金制

是指广告公司为代理广告主业务订购媒体，而从媒体部门取得特定比例金额的佣金收费制度。

国内目前通行的佣金的比例为15%左右，大多数广告公司都采用这种收费方式。如某广告主在电视媒体上发布广告，广告费用为100万元，那么媒体将付给为该广告主代理业务的广告公司15%比例的佣金，即15万元。

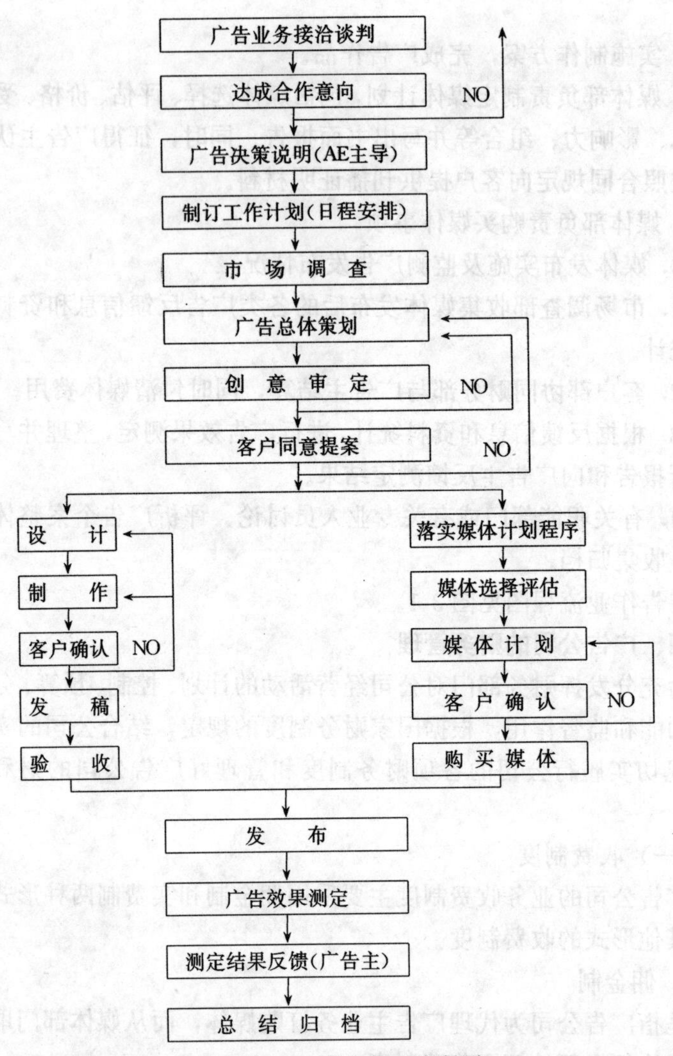

图 3-1 广告作业流程图

广告公司收入中的75%来自媒体佣金，因此广告公司佣金的管理是公司财务管理的重点，要仔细核算与规划，着重抓好媒体佣金的预算管理工作。

2. 实费制

实费制是指广告公司为广告业务实际投入多少工作量，由广告主定期付给公司相应的服务费。即广告公司按广告主所需要服务的项目实际收取费用。

实费制包括全面实费制、实费合约制、成本加费制等三种形式。

(1) 全面实费制

广告主与广告公司之间，按双方预先确定的服务项目，决定费用金额，媒体佣金也包括在实费之内。

(2) 实费合约制

广告主与广告公司之间，按计划制定广告业务合约，然后再按合约的内容，商定各种费用。

(3) 成本加费制

广告主与广告公司之间，经商议达成一定的协议，在广告公司的成本费用上加一定的报酬金额。这种报酬金额是公司应得的间接费用和利润。

3. 其他形式

(1) 目标达成方式

是指广告主与广告公司之间，先设定利润目标，对超过目标的利润，根据一定的比率，双方加以分配。

(2) 最低额方式

是指广告主与广告公司之间，事先达成协议，保证广告公司取得最低限度的佣金及费用。

目前，在广告公司的代理费的付费方式上，基本为上述几种方式，但业内人士预计，未来的广告代理费的付费方式将可能更加科学化和规范化，他们认为，代理业的收入将由三大部分组成。

1. 综合服务费

以广告公司创意策划和其他专业能力，为广告主提供各种分析、综合、建议性的服务。

2. 媒体服务费

主要是指在媒体策略、媒体组合及执行、媒体发布的信息到达率，到达频度的资讯分析等方面的服务。

3. 制作服务费

各类媒体的材料、制作物、专业技术知识及对费用评估与成本控制等专业服务。

（二）财务管理

根据国家有关财务工作的规定和公司财务制度要求，负责办理公司的财务预、决算，往来帐目及现金管理、填报各种财务报表、依法纳税、对公司的经营活动进行成本控制、监督预算、监督项目采购、合同经济条款审查、检查合同执行情况、监督资金计划执行、拆旧、损耗、报失、接受上级部门的经济审查、以及进行公司财务综合分析，为企业经济决策提供依据。

五、广告公司的人事教育管理

按照公司的人事管理制度的规定，为企业及时提供合格的人才和人力，开发和利用人力资源，负责公司的人员招聘、安排面试、背景调查、考核上岗。

在劳动工资管理中：负责考勤、工资、福利、奖惩、人员调配和任免、人员技术档案、职业教育和专业培训等。

第三节　广　告　策　划

当一个企业如果想利用广告来为自己的产品作宣传时，常常一定会作一番规划，规划的第一步就是要准确的估计企业、企业的产品、售后服务和其它一些相关因素。

有这样一个例子，很能说明问题：有家专营妇女时装的企业，它的商品价格定位在中等档次，但是，由于它在广告中，重点放在价格的宣传上，丝毫没有提及到服装的品位和品质，以至于许多顾客都误认为是一家廉价商店，当主人意识到这一点之后，赶快重新策划，重新定位，并开始在广告中强调产品的质量和款式，结果，她又赢得了大批的新顾客。

显而易见，这个例子告诉我们：在广告活动中策划的重要性。

无论你的广告投入费用多少，是1000万还是1万，广告策划的过程都是一样的，通常，在策划之前，企业要对自己顾客的大致情况有所了解，比如，他需要知道：

1. 哪一种人购买他的商品？

2. 他们的年收入多少？

3. 他们的住处距离商店多远？

4. 他们的年龄段？

5. 他们的消费习惯？

6. 他们如何评价企业的产品、售后服务？

这些问题一般都可以从企业保存的消费者档案中获取，另外，还包括了订货单、帐目记录、用户欠款、邮寄广告回执记录等等。

这就是广告策划之前的市场调查，市场调查的方法和手段很多，最直接的办法就是向用户发调查表。一位经验丰富的广告专家曾讲过：你可能不相信，在许多的企业管理者之中，很多人根本不了解他们的最佳用户的具体想法。当浏览完他们的用户调查表，调查结果常常令他们大吃一惊。

当掌握了用户的情况之后，企业的主人应该思考和分析一下他们的市场和竞争对手，这时候往往需要了解的是下面一些问题：

1. 在这个商业范围内谁是主要竞争对手？

2. 在竞争中本企业所占份额多少？

3. 用户为什么会在众多部分对手中选择本企业的产品？

4. 竞争对手作了什么样的广告？投资多少？

这些问题的提出和分析有助于企业管理者确定企业未来的广告方向，有助于企业在竞争中稳操胜券。

同时，企业对自己的广告目标也要有一非常明确的界定，并在广告策划中给予充分的体现，那就是你的企业和别人的企业有哪些明显的区别，而以示区别的就是这些不同的广告目标，这些广告目标带有你的企业的特征，是别人所没有的。比如：

1. 扩大销售量；

2. 向用户推荐新产品；

3. 改变公司形象；

4. 让用户记住公司的名字；

5. 向用户强调你的服务：比如随意退换、送货服务等；

6. 利用产品的季节性；

7. 采用独特的诱导方式去“推荐”产品；

8. 提供有关产品和服务的数据及价格信息。

一个企业在一年之内常常可能不止一个广告目标，但是无论多寡，确定一个明确的目标是企业广告成功的最关键因素。

企业管理者在确立企业广告的方向和目标时牢记：目标应越明确越好！

一、广告策划概念

广告策划是指广告公司根据广告主的意愿和要求，对广告活动进行整体策划的过程。

广告策划，可能分成两种。

一种是单项广告方案策划，是为完成某项单独的广告活动的策略规划。

另一种是总体广告方案策划，是为企业在某一时期的总体广告活动进行策划。主要是为完成企业广告活动总体的、综合的、全面的策略规划。

二、广告策划的特性

广告策划，是从广告主的意愿、广告主的产品、广告主的市场、广告主的实力等方面出发，来考虑和确定广告的目标、广告的创意、广告的媒体等一系列策略问题。

基于此，广告方案策划就应具有针对性、计划性、统一性和有效性。

（一）针对性

应针对不同类型的消费者，运用各种广告手段（包括感官的、心理的、直接的、间接的、即时效用的或未来获益的等等），向他们展示并回答他们所要了解和关心的，以及感兴趣的有关广告产品的所有问题从而激发起他们的消费欲求。

（二）计划性

按照消费者接受广告信息时的认识和心理反应，激发诉求对象的认同感，按照广告商品推出的不同周期和进入市场的次序、时机等特点，有计划有步骤地实施广告方案策略，使消费者在广告商品推出后的不同时段内都能感受到广告宣传的影响，提升了人们对广告产品的追求欲望。

（三）统一性

广告产品在媒体组合运用时，要注意到统一性。否则会造成同一广告产品却给人风马牛不相及的效果。为了防止在不同的媒体发布同一广告信息时容易发生广告受众对产品产生不统一的体验感，必须在广告策划时对产品的形象和企业的形象的创意、策略有个统一的规划，这个规划是从根本上保障了各媒体之间、各创意之间、各设计主张之间的统一性。

（四）有效性

对任何一个广告作策划时，都应考虑到广告辅助销售的实际效果。对成功的策划来说，不仅是能见到广告的即时效果，更应预计到尚未显现的潜在效果。

应该说，在销售量因广告而增大的同时，生产量也变大，成本随之减少，利润就会提高，价格也会下降，消费者就能以较少的钱购买到同样的商品，而启动这种良好的连锁反应的推动力就源于最初的成功策划。

三、广告策划的作用

广告策划是广告创意、广告设计的基础。按照策划，界定广告的目标范围，收集广告的各项背景资料，帮助广告创作按特定的规划完成并达到最佳的效果。

广告策划的作用有：

（1）明确广告主的意愿，确定广告工作的范围。

（2）提供有关广告产品和广告主的所有背景资料，为下一步的广告设计和制作指出最正确有效的方向。

（3）避免了广告活动中的盲动性，能有效的检查在广告活动中各阶段的预期目标的落实程度和情况。

（4）提高广告经营者的应变能力，遇有突发事故，可及时按策划要求调整步骤和技术人员力量，将不利因素的影响缩小到最低的限度。

广告策划的范围广，内容多。包括了广告目标、广告主题、广告对象、广告表现、广告时机、广告预算、广告媒体、广告效果等一系列关系到广告成败的决策问题。

在诸多需要解决的问题面前，我们需要一个什么样的思路呢？基于此，我们提出这样几个问题：

1. 为何目的作广告？

2. 广告的传播对象是谁？

3. 广告的传播信息是什么？

4. 广告的表现形式有哪些？

5. 广告发布时的媒体空间和时间如何确定？

6. 广告的预算经费是多少？

当能清楚和确切地回答这几个问题时，广告策划的运作才能滑入最正确最有效的轨道。

1. 为何目的作广告？

任何一个商业广告，都是为了配合营销，促进销售。但每一个产品广告都有其真正的目的隐含，或者是为打开产品的知名度，或者是为建立恒久的品牌形象，或者是为攻击竞争对手，维护市场的占有率。出发点不同，目的就不同。

2. 广告的传播对象是谁？

广告需经传播后才能发挥功效，所以必须先定出明确的诉求对象范围，针对他们的特点和需求，考虑选用何种沟通的渠道、方式或语言，以确保广告效果的发挥。

3. 广告传播的信息是什么？

广告传播的信息无非就是广告产品及相关因素的推及，这些信息或许是让广告产品带给消费者的实质利益，或许是为了加深产品在消费者心中的印象，举不胜举，但不论是哪一种，在策划时，均应找出传播对象最能接受的信息，找出他们对信息的最高关心点，然后斟酌运用于广告之中，才能达到广告的目的。

4. 广告的表现形式有哪些？

广告的表现形式和手段很多，在广告策划中，应事先评估这些表现方式和手段对广告个案的适宜度，以保证最后的广告效果。尤其值得注意的是，广告创意不能偏离广告策划的宗旨，凡是不符合广告策略的创意表现均应删除，以免流于为创意而制作广告。

5. 广告发布时媒体的空间和时间如何确定？

广告媒体在组织运用中的空间和时间的确定应视广告个案的具体性质而定，包括发布费用的可支配数、发布时段、版本等，通常是由媒体专业人员作出计划。

6. 广告的预算经费是多少？

广告预算实际上是广告策划最初考虑的首选因素，广告目标大，则预算费用多，相对而言，广告效果的达成率也高，制定预算牵涉到的项目多而复杂，方法不一，除了科学的合理分配和精打细算外，负责预算的专业人士的经验和运作技巧是其中的关键。

四、广告策划的内容

广告策划是广告活动的内核，以它为中心的一切经营活动虽无一定的标准，但尚有一些基本的指导原则可以参考运用，这些原则的内容包含了下面几条：

（1）广告背景资料分析；

（2）广告问题分析；

（3）广告目标确定；

（4）广告目标消费群设定；

（5）广告主张确认；

（6）广告表现要素；

（7）广告预算分析。

（一）背景资料分析

1. 产品分析

（1）产品本身的特点，尤其是区别于其他同类产品的独特优点，是广告表现中经常被强调的内容。该特点或特色所能给消费者功能或心理上的利益。

（2）产品在过去几年内市场上的营业额，占有率等考量的变化，分析和检讨产品成长或消退的原因。

（3）广告产品与市场同类产品相比，价格的高低和营销方式等。

根据商品客观存在的优缺点和上述三条，来分析该产品目前在广告上的优势和问题所在。

2. 企业分析

了解广告主企业的发展方向、企业独具的功能、企业的经营理念、企业在社会上的地位、声望和形象等，经策划分析，找出企业的特色，以供广告设计时运用。

3. 市场分析

（1）分析市场的购买能力和主要产品的占有率。产品在市场的潜在购买力、季节性、生命周期等资料。

（2）分析市场上重要的发展趋势和变化，如经济、文化、消费习惯、消费群落等。

4. 消费者分析

剖析消费者的行为，如购买次数、密度、购买数量、购买场合、时间等情况。

了解影响消费行为发生的因素，如购买商品的推荐者、使用者、决策者，以及彼此之间的关系，了解他们与和媒体的接触程度、他们的生活方式、他们对商品价格的看法、认同度与重复购买的频度等个人资料。

对消费者进行分析，需借助市场调查和数据分析，分析得越详细，广告运作越顺利。

5. 竞争者分析

（1）分析竞争者在市场中的地位和发展趋势。竞争产品和企业的强弱点，所占的市场份额、广告费用等以及竞争企业的规模、营销策略、产品特质和消费者对竞争产品的认同度等具体项目的研究。

（2）全面分析和掌握竞争对手的各种强弱优劣的状况，并将它与自己的产品加以比较，找出自己的强项和对方的弱势，应用于广告的运作之中。

6. 销售渠道分析

分析产品有哪些销售渠道，销售渠道是否通畅，销售人员对产品的看法，有没有必要对销售渠道和销售方法作改进。

7. 广告分析

（1）产品本身的广告情况，过去曾经做过何种广告，包括广告费用、媒体运用策略、刊播时段与版面、表现手法、诉求重点、以及消费者对这些曾已发布过的广告的了解程度和评判意见，探询广告成功或失败的原因何在，以往的广告有无累积效果等等。

（2）进一步检视诉求对象对广告媒体的理解度、记忆度等情况，有助于在新的广告中，使之得到改善或维持原有风格。

8. 广告主要求

详细了解广告主对本次广告活动还有什么其它要求，是否合理，企业现阶段的营销目标和目标达成率如何，广告之后，将如何调整现行营销策略或措施方面的不足之处等等。

（二）广告问题分析

通过上述情况的系统分析，了解广告所要宣传的产品将面对怎样的消费者，他们有些什么共同点，哪些媒介为他们熟知或信任，广告主所认定的消费者需求和消费者自己的需求有什么差异等等，进而找出导致消费者和企业主之间沟通的障碍因素，找出广告产品目前最迫切需要解决的问题。

查明广告问题的真正所在，是整个广告运作成败的关键。许多广告活动失败并非广告本身不好，而是因为广告的主要问题发生界定错误，消费者和广告主的认知有差异，广告的主要问题不解决，后面的一切运作徒劳无益，形同浪费。

那么如何找到广告的主要问题呢？首先，可以通过背景资料分析，获取第一手的情报讯息，加上客观辅助资料的配合，寻找问题的症结。在寻找和查阅资料的过程中，可以先找出关联性较高的问题排队分析，以减少问题的数量和种类，然后再按问题的轻重缓急，先后顺序，逐一归类合并、排序，便可获知广告的主要问题。

（三）广告目标确定

广告的目标，就是整个广告活动要达到最终目的。

在广告策划工作中，确定广告目标是至关重要的起步性环节，是为整个广告活动定性的一环。目标不明确，广告的作业运行，将难以做好，确定广告目标的几点要素如下：

1. 以数据明示问题

针对消费者问题，重点列出希望广告解决的问题和程度，说明问题的方式须具体，最好以数字和数据来表达，如市场占有率的百分比是多少，知名度提高了多少比例等等。

2. 目标统一

由于广告目标隶属于企业整体目标，因此在制定时应考虑它与市场营销等各方面的因素协调，以保证企业总体利益的目标不出偏差。

3. 目标集中

市场多变，消费者的意识也呈波动状态，一次广告活动所能发挥的功能又很有限，但要求广告活动解决的问题却往往很多，因此会造成广告目标树立过多，达成率却很低的情况。专家告诫：同次广告活动的目的最好勿超过三个，集中力量和广告资源，全力以赴，这样才能达到事半功倍的效果。

4. 目标的可行性

广告目标应具有可行性，只要是加以努力必能达成的。

广告目标不可订得太高，过高则使人可望不可及，尤其是在广告费用难以支持下的广告目标，即使创作人员勉强完成全部作业，也会因广告品质逊色而成效极差。所以，在确定广告目标时宜参考各种辅助资料，合理确定。

确定广告目标的项目包罗万象，较常见的如下：

(1) 引起消费者注意和兴趣。

(2) 创造或提高产品知名度。

（3）改变消费者对商品的认知。

（4）增强消费者对产品的好感。

（5）引诱消费者由别品牌转换至本品牌。

（6）寻求高素质的经销商的响应，以便从中择优进行合作。

（7）让消费者相信广告所显示的优点。

（8）鼓励非使用者采用。

（9）延长时令性商品的使用期，引导消费或增加消费量。

（10）提高社会对企业的好感或美化企业形象。

（11）促成消费者的直接购买行为。

（12）纠正消费者对本企业产品存在的误解，清除销售环节的阻碍。

（四）广告目标消费群设定

广告所要说服的对象是消费者，每个广告都有自己的目标消费群。广告内容应针对他们的喜好而设计，才容易被人接受。因此，目标消费者的范围须清楚界定，明确找出他们的特点和共同点，让广告就这些特点、共同点去发挥创意，去设计创作。目标消费者应有的特点分析包括以下项目：

1. 个人资料

包括年龄、性别、教育程度、婚姻情况、职业、收入、社会阶层等等。

2. 居住特性

包括居住地点、住家环境、住宅类型、出行交通是否便利等等。

3. 生活习性

包括饮食起居、嗜好、个性、喜好色彩、娱乐品位、休闲方式等等。

4. 消费行为

包括购买力、购买频度、商品使用情况、对商品的认知、品牌偏好度等等。

5. 媒体习惯

目标消费者的媒体使用习惯，包括平时爱好的报纸、杂志、电视节目、几点钟看电视、看多久，常常看的报纸是哪几种等等，主要是因为由媒体习惯分析可得知目标消费者平时接触媒体的种类、频率与时间等状况。

（五）广告主张确认

何谓广告主张？广告主张就是指它带给目标消费者的特定承诺和利益。这些利益无论是实质性的还是心理上的，无论有形还是无形，必须具有不同于其他广告所能给予的那种特色。

广告主张应从产品可给予消费者的利益点着眼考虑，毕竟消费者购买产品并非完全为了产品本身，主要在于它的功能，例如购买一些实用家电，并不很在乎它的外观造形，主要还是为了它的实用功能。

广告主张应做到使消费者感兴趣和引起重视，这样才能说服他们接受你的主张。但企业主或厂商和消费者之间的意见常常不合，因此，广告人员在确认广告主张时，不要站在厂商的立场，提出厂商对消费者的利益，而应站在消费者的角度，为消费者着想，找出他们想要的利益。

广告内容表现应较单纯化，才能发挥效果。一般，一个广告只提一种主张，给予消费者一种利益或一个承诺。不同的讯息尽可能不在同一个广告里表述，若同一个广告活动中必须传播几个不同的讯息，应该设计成在相同的主题下，用不同的广告篇章来区隔，以保持广告活动的整体性，避免减弱广告效果。

（六）广告表现要素

各种广告表现要素在广告执行前应归纳整理，哪些应特别列出，哪些则可删减，整理结果应写成书面条款，以备广告人员在创意、设计、制作过程中配合运用。

广告表现要素包括一些广告主公司名称所特定的字体、商标所特定的颜色，经销商的地址、电话等、使设计人员在创作时，可事先为其考虑版面位置而预留空间。

广告表现要素还包括一些广告主所指定要求遵行的，如夏天的饮料广告要有大汗淋漓的画面、儿童食品广告要有活泼可爱的稚童镜头、健身运动器材的广告要有优异的操控性能等等。

总之，这些要素事先列出，可以提醒创作人员在策划创作时注意遵循。

（七）广告费用预算分析

广告费用预算是指广告活动中所用的总费用的预算。

广告费用预算作为商品成本的一部分，计入商品的订价。如预算过高，而广告效果又不理想，则意味着广告主的利润受到下降的打击，产品的市场竞争力减弱、消费者的利益受损，反之，则广告主利润提高，市场竞争力增强，消费者获利。因此，广告预算在分析时务必考虑周全，慎之又慎。

1. 广告费用预算的方法见第2章

2. 预算编制考虑因素

(1) 广告对象

许多企业的产品经年数久，有着一大群忠实的老顾客，他们对产品充满信任感，广告宣传时只要适度提醒，点到为止即可。广告费用较省。

如果是开拓新市场，想接纳新的消费群，因他们对产品不熟悉，则需要较多的广告费用。

另外，在媒体发布上，也是同理。如对全社会或广泛民众作广告宣传，最好选用电视作媒体，对专业人士作广告则只需选择杂志媒体进行宣传即可，两者费用相差很多。

(2) 广告产品周期

新产品在导入期，为打开知名度，常需花费大量的广告费用，而已入市长久为人所周知，进入成熟期，则只需维持一般的广告量，广告费用相对较少。

通常的做法是：当新产品被推出时，其广告量在总广告量中所占百分比，最好是市场预计估有率的2倍左右。

(3) 竞争者对策

可视竞争者具体情况而定，对手实力较强，攻势迅猛，竞争激烈则广告费用的预算随之增高，以保护既有市场的占有率。

(4) 广告目标

广告目标较大，广告预算自然相应提高，反之，则适度即可。

制定广告预算后，根据实际需求，可提出一些媒体运作的原则，比如，在媒体种类上，电视、报纸、杂志各分配多少；媒体时间上，淡季、旺季、节庆活动各分配多少等等，广告人员再以此推算各广告运作项目的可用经费。

五、广告策划流程

广告策划流程图见图 3-2。

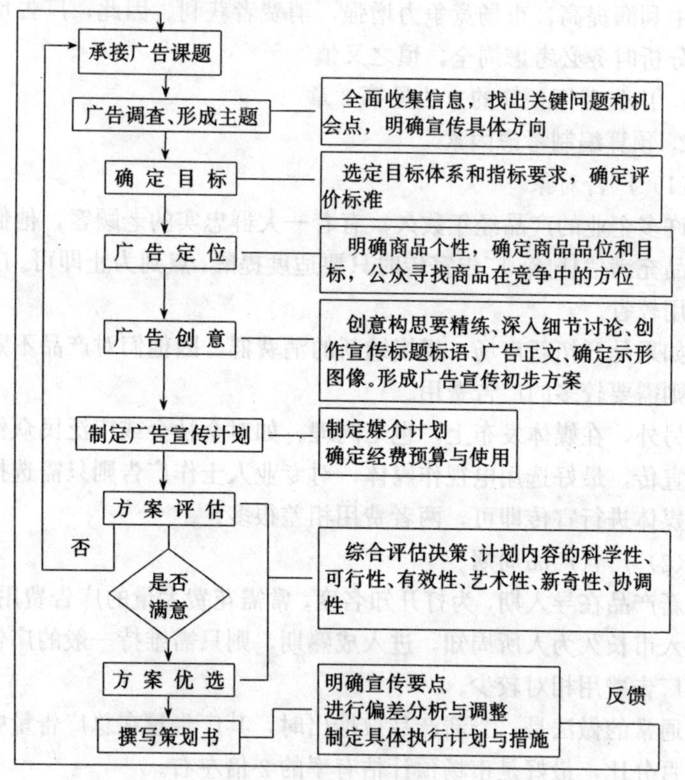

图 3-2 广告策划流程图

企业广告的形式见表 3-1

企业广告的 111 种形式　　表 3-1

项目	企业广告形式	项目	企业广告形式
公司	1. 公司名称	传统	35. 公司史
	2. 公司名称变更		36. 创业理念
名称	3. 新公司名称		37. 商品历史
	4. 公司名称新字体	广告	38. 事业历史
广告	5. 企业识别	EVENT	39. 运动
公司	6. 经营者介绍		40. 文化
	7. 企业环境介绍		41. 演讲研讨会
风格	8. 公司内部介绍		42. 环境保护
	9. 公司职员介绍		43. 会议
广告	10. 创业者介绍	广告	44. 参展
	11. 经销商介绍	赠奖	45. 题目
	12. 营业项目		46. 调查表
事业	13. 产品总览		47. 竞争抽奖
	14. 制度	广告	48. 会员组织
	15. 服务		49. 新年
	16. 多角化经营	问侯	50. 节令
	17. 专案		51. 暑假
广告	18. 俱乐部		52. 年末
	19. 展示会		53. 慰问
	20. 创造销售纪录		54. 致谢
业绩	21. 客户		55. 致歉
	22. 国际事业		56. 公司设立
	23. 世界排名		57. 开设分公司
广告	24. 本国排名		58. 开设经销点
	25. 消费者介绍	告	59. 开设地方办事处
技术	26. 工作人员介绍		60. 开设特约代理店
	27. 研究所介绍	知	61. 开设展示中心
	28. 技术介绍		62. 迁移
	29. 工厂介绍	性	63. 营业时间及变更
	30. 设备介绍		64. 组织及变更
	31. 品质管制	广	65. 人事变动
	32. OA 介绍		66. 办公地点落成
广告	33. 委托、共同研究	告	67. 获奖
	34. 原料介绍		68. 专利权

续表

项目	企业广告形式	项目	企业广告形式
告知性广告	69. 预算	纪念广告	91. 创立纪念日
	70. 股权转让		92. 产品纪念日
	71. 资金调配		93. 营业纪念日
	72. 出让	意见广告	94. 政治
	73. 罢免		95. 社会文化
	74. 协力厂商		96. 经营
	75. 停业		97. 提案
	76. 丧葬		98. 企业
	77. 危机		99. 会议报告
	78. 新产品上市或停产		100. 情报提供
征募广告	79. 人才		101. 话题
	80. 广告监看		102. 道德
	81. 代理商		103. 形式
	82. 抽奖	其他	104. 海外交流
	83. 名称		105. 欢迎词
	84. 模特儿		106. 业界动向
	85. 会员		107. 相关知识教育
	86. 征稿		108. 政府广告
	87. 创意		109. 自治团体广告
	88. 论文		110. 公共团体广告
	89. 志愿工作者		111. 市民团体广告
	90. 提供经费		

第四章 广告媒体

广告媒体，顾名思义，就是广告主把广告信息传递给广告受众的中介物，是广告主传播信息的载体。

广告媒体的种类繁多，传播方式各异，广告主的信息借助于各类媒体的发布、发送、传播、展示或陈列给广告受众而最终受到广告效果的反馈。

广告媒体的领域很宽，内涵丰富，形式多样，为广告信息的传播提供了种种便利，使广告人因为媒体而在广告舞台上的创意和艺术才华得到了最淋漓尽至的发挥和表现。

媒体的选用，在广告实践中具有重要的地位和作用。全面地掌握媒体的基本类型、特点和功能，正确地按照广告计划中具体的广告目标进行科学的选择，是提高媒体传播效果最基本的保证。

第一节 广告媒体的基本类型

媒体在广告活动中的传播方式多种多样，分类方式也不同，主要包括：电视、广播、报纸、杂志等大众媒体和户外广告，交通广告、POP 广告等小众媒体。

为力求充分发挥各类媒体的传播功能和提高它的传播效率，为了解各种媒体间的差异，我们可以从传播方式、传播范围、传播对象、传播时间、传播物的形态等不同角度来区分和鉴别。

（一）传播方式

1. 广告主找人将广告信息传送给视听众的直接方式，如邮寄广告、传单、上门赠送广告物品等。

2. 由大众媒体来传播广告的间接方式，只要将一份广告稿或广告片，广告影视片的拷贝带交给报纸、杂志、电视或广播媒体去发布，将这些广告信息依附于媒体发送出去就可以为广告受众所吸纳，不必再去制作大量的广告实物来作广告宣传。

（二）传播范围

传播范围有宽有窄，宽者如国际性的卫星电视，全国性广播电台的频道，无线电视，世界范围或洲际范围内发行的期刊杂志，全国性的报纸等，窄者如地区性的夹报广告，交通车辆、传单等广告宣传媒体。

（三）传播物形态

有平面印刷类的媒体，如报纸广告、杂志广告等，有电讯类的媒体，如广播广告、电视广告、电影广告等，也有立体广告品类的媒体，如户外广告中的招牌、看板广告等。

（四）刊播期

刊播期长者为长期性广告媒体，如杂志、招牌等，刊播期短者为短期性广告媒体，如电视广告、广播广告，均以秒计，播出即逝。

（五）传播对象

因人而异，因传播对象而设置，如老人杂志、青年杂志、妇女杂志、儿童杂志等。

（六）传播感觉

以人接受传播的感觉器官而划分。由视觉作为广告讯息的接受方式的称视觉媒体，如报纸、印刷品、灯箱、招牌、墙壁广告等；以听觉作为广告讯息接受方式的称为听觉媒体，如广播、广告宣传车的喇叭宣传等。视听觉合一的媒体如电视、电影、录像等。也有采用嗅觉来传达广告信息的，如香水纸印广告，或由触觉和味觉传达的，如广告试用品、试吃品等。

第二节　大众媒体

广告媒体中传播范围最广，以视听众最多，影响力也最大者为报纸、杂志、电视、广播四大媒体，亦称为大众媒体。

四大媒体是我国广告信息发布的主要媒体，年均广告费用占到全国广告总费用的四分之三以上，广告发布的面积覆盖了全国范围。因此，四大媒体在我国的广告信息传播过程中起着巨大的、无可替代的导向性作用，同时，因四大媒体又是我国党和政府新闻宣传的喉舌，因此，它在行使媒体的传播功能时显得更具有权威性和信任度，进而对它在发布广告信息时的真实性、思想性、艺术性方面起到了督促和保障作用。

一、报纸广告

报纸为平面印刷的视觉媒体，刊播期短，较常见的为日报、晚报，还有一些周报或不定期的月报之类。它的主要功能为发布新闻，报导最新的世界和地方消息，各地的民俗风情、趣闻逸事、文学作品等，具有社会教育和怡情养性的作用。报纸亦常常发布各种公益活动和广告讯息，为社会大众服务。

报纸价格便宜，内容丰富，随着教育普及，阅报人数众多，人们已养成每日阅报的生活习惯，这些特点都使报纸成为社会上最具影响力的媒体之一。在报纸上刊登广告，其阅读率也相当高，报纸广告印在纸上，人们为留住广告讯息，可以剪存，以备需要时查询。因此，报纸作为大众传媒，它所具有的覆盖面广、时效性强、价格便宜等特点深受广告主的欢迎，已成为广告主们首选的传播媒体之一。

报纸按其规模大小，影响力和发行量分为全国性报纸、区域性报纸和地方性报纸，按其内容可分为综合性报纸和专业性报纸，按出版周期可分为日报、晚报、周报等。

(一) 报纸广告种类

报纸广告如按广告信息的内容性质区分，大致可分为告示广告、宣传广告、杂项广告等三种。

1. 告示广告

非营销性质的广告，如政府的公告、机关团体的活动广告、学校开学的宣传广告、企业股东大会公告等。

2. 宣传广告

一般性的商业广告、公益广告，大都占用较大篇幅及彩绘印刷。

3. 杂项广告

都为广告主的一些人事、租售、搬迁、遗失申明、家教招生、喜庆祝贺启事类的广告。

报纸广告按刊载位置区分，包括新闻间广告、分类广告、专辑广告等三种。

1. 新闻间广告

这类广告大都刊播在报纸新闻与其他的专题内容之间，或者在报头的下面和侧面，也有一些是插排在新闻之中的小型广告，因其在整幅版面中，宛如岛屿，也有戏称之孤岛广告或因其呈方形排版而称为方块广告。

2. 分类广告

这类广告大都篇幅较小，仅几行或十几行的文字内容或标志设计，分类刊播在一个大广告栏里，所登载内容大都如房产信息、医药卫生、学业咨询等，各类广告以粗细框线分隔，采用黑白印刷，因广告内容杂且数量多，常以半版或整版刊登。

3. 专辑广告

多以新闻报道形态编写，介绍企业产品质量和新颖性或是一些同类广告的集中刊登。

（二）报纸广告的优缺点

1. 报纸广告的优点

（1）宣传面广，发行量大。由于报纸可以传阅，读者群最低也可达到报纸发行量的 2～3 倍，因此阅读层面宽，阅读率高，扩大了广告宣传的范围，同时因报纸售价低廉而拥有较大的发行量。

(2) 传播迅速，信息准确。一般地方性的日报，当天可与读者见面，广告信息就能及时迅速、准确无误的传递给广告受众。

(3) 报纸广告费用低廉，且广告稿易于制作，经济实用。广告费用和经费紧缺的广告主能以较少的钱为自己的广告作宣传。(报纸广告以占用版面大小和版面位置所在来计价收费)有利于广告的传播。

(4) 报纸广告的形式多样，简便灵活。既可利用它集中发布，也可均衡发布；既可专栏专版，也可单则个案；既可图文并茂，也可全部文字；既可诉诸情感，也可诉诸理性。广告稿的设计和排版制作都比较简便，为便于广告主灵活运用，广告主可自由选择登载日期或有计划的隔日，隔周重复刊登，以加深读者印象。

(5) 可使连续性广告每日变更内容，以配合广告活动的整体效果。

(6) 报纸广告易于保存，随身携带，读者可不受时间地点的约束，随时阅读和重复阅读。读者对关心度较高的广告信息可一般浏览也可研究，对结构复杂、技术性强和具有保存价值的广告信息，可以剪辑存查，方便使用。报纸广告可以成为有些经营管理人员和销售人员的营销辅助材料。

2. 报纸广告的缺点

(1) 报纸广告的时效性短，人们读报主要是对当天的新闻感兴趣，过期的报纸广告被再次阅读的机会很少。

(2) 报纸广告的效果受版面位置和篇幅大小的影响较大。报纸是以发布新闻为主，广告不易出现在明显的版面和位置上，所以读者往往容易忽视广告。尤其是散于各版面的零星广告和不同类型的广告刊于同一版面，更加互相干扰视线，分散了阅读注意力，降低了广告效果。

(3) 报纸广告达成率低，较难针对特定对象广告。由于报纸广告的阅读层面较宽，广告诉求对象的聚焦性就差，广告效果相应减弱。

(4) 报纸广告与电讯媒体相比，显得呆板，缺乏动感、光感和主体感。报纸广告主要通过文字和图形来表现，读者只能注意到它的静态视觉效果，较难透露和展现广告产品的细腻质感和立体感。

（三）报纸广告的版位和计价

报纸广告版位见图 4-1。

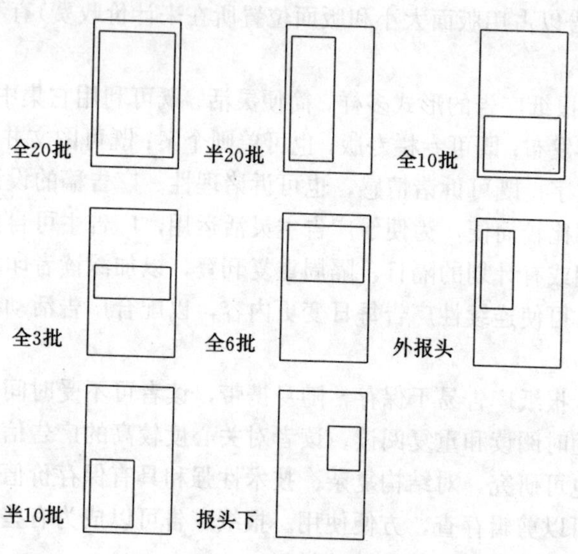

图 4-1 报纸广告版位

报纸广告计价见参表 4-1、表 4-2。

解放日报广告价目表 **表 4-1**

（1997 年 4 月 1 日起实行）

广告类型	版面	规格（cm/高×宽）	广告费（人民币）		
			（黑白）	（套红）	（彩色）
面积广告	第一版	报眼（6.5×17）	30000 元	38000 元	
		下方四栏（8×17.5）	40000 元	50000 元	
	第二至第五版	1.5 通栏（12×35）	48750 元	57000 元	
		1/4 直版（24×17.5）	52000 元	62000 元	
		双通栏（16×35）	65000 元	76000 元	
		通栏（8×35）	32500 元	38000 元	
		半通栏（8×17.5）	16250 元	19000 元	

续表

广告类型	版面	规格（cm/高×宽）	广告费（人民币）		
			（黑白）	（套红）	（彩色）
面积广告	第六至第八版	半版（24×35）	86400 元	100500 元	
		双通栏（16×35）	57600 元	67000 元	
		通栏（8×35）	28800 元	33500 元	
		1.5 通栏（12×35）	43200 元	50250 元	
		1/4 直版（24×17.5）	46500 元	55000 元	
		半通栏（8×17.5）	14400 元	16750 元	
	一般版面	全版（48×35）	147000 元	165000 元	198000 元
		半版（24×35）	73500 元	82500 元	99000 元
		2.5 通栏（20×35）	61250 元	68750 元	
		双通栏（16×35）	49000 元	55000 元	
		1.5 通栏（12×35）	36750 元	42000 元	
		通栏（8×35）	24500 元	29000 元	
		半通栏（8×17.5）	12250 元	14500 元	
		1/4 直版（24×17.5）	40000 元	48000 元	
		连载小说中间（17×8.5）	10000 元		
		中缝全条（49×4.5）	9600 元	11600 元	
		中缝半条（24.2×4.5）	4800 元	5800 元	
分类广告	单元组合	1 单元（4×4）	1500 元		
		2 单元（4×8.5）（8×4）	3000 元		
		3 单元（4×12.8）（12×4）	4500 元		
		4 单元（8×8.5）	6000 元		
		6 单元（8×12.8）（12×8）	9000 元		
	计行信息	（6 号字）每行 13 字	90 元		

文汇报广告价目表

表 4-2

星期一至星期五

第一版	黑白	套红	彩色
报眼（8cm×17.5cm）	30000 元	36000 元	40000 元

半通栏（8cm×17.5cm）	40000 元	45000 元	
通栏（8cm×35cm）	80000 元	90000 元	
第二、三、四版			
半通栏（8cm×17.5cm）	15000 元	18000 元	
通栏（8cm×35cm）	30000 元	36000 元	
一通栏半（12cm×35cm）	45000 元	54800 元	
四分之一直版（24cm×17.5cm）	48000 元	58000 元	
双通栏（16cm×35cm）	60000 元	72000 元	
半版（24cm×35cm）		106000 元	108000 元
整版（48cm×35cm）		200000 元	216000 元
第五、六、七、八版			
二栏（8cm×8.7cm）	6750 元		
半通栏（8cm×17.5cm）	13500 元	16000 元	
通栏（8cm×35cm）	27000 元	32000 元	
一通栏半（12cm×35cm）	40500 元	45600 元	
四分之一直版（24cm×17.5cm）	41250 元	46250 元	
双通栏（16cm×35cm）	54000 元	64000 元	
半版（24cm×35cm）	82500 元	92500 元	100000 元
整版（48cm×35cm）	165000 元	125000 元	200000 元
一般版面			
二栏（8cm×8.7cm）	6000 元		
半通栏（8cm×17.5cm）	12000 元		
通栏（8cm×35cm）	24000 元	28000 元	
一通栏半（12cm×35cm）	36000 元	42000 元	
四分之一直版（24cm×17.5cm）	38000 元	46000 元	
双通栏（16cm×35cm）	48000 元	56000 元	
半版（24cm×35cm）	72500 元	82500 元	94000 元
整版（48cm×35cm）	145000 元	165000 元	188000 元

星期六、日及节假日

按照以上价格优惠 10%支付广告费。

中缝

中缝广告收费以六号字行数计费，每行12只六号字，具体收费如下：

1. 刊登遗失、寻物（寻车）、寻人等广告，每行12只字，收费70元，不足12只六号字仍按一行计费。

2. 刊登生日、祝寿、讣告、营业、歇业、招生及商业等启事，每行12只字，收费60元，不足12只字仍按一行计费。

3. 全条中缝广告（49×4cm）收费8000元，半条中缝广告（24.5×4cm）收费4000元。

4. 在中缝刊登的广告，如要求在三天内刊出，须加收30%的加急费。

5. 指定在一、四版中缝刊登的广告，须加收20%的费用。

专栏

专栏广告以单元计算，每单元为4cm高×3.5cm宽，广告以单元组合计费，每一组合单元广告不得超过8个单元，具体收费标准如下：

1单元（4cm高×3.5cm宽）	800元
2单元（4cm高×7cm宽）	1600元
3单元（4cm高×10.5cm宽）	2400元
4单元（4cm高×14cm宽）	3200元
（8cm高×7cm宽）	3200元
5单元（4cm高×17.5cm宽）	4000元
6单元（4cm高×21cm宽）	4800元
（8cm高×10.5cm宽）	4800元
7单元（4cm高×24.5cm宽）	5600元
8单元（4cm高×28cm宽）	6400元
（8cm高×14cm宽）	6400元

★在专栏刊登的广告内容，必须符合专栏名称。

★客户每次刊登4个单元或4个单元以上的专栏广告、刊登两次或两次以上，每单元按750元优惠计费。

分类

分类广告的收费以行计算，广告文内以15只六号字为一行，标点符号也算在内，不足15个字仍按一行计费，广告标题每行8个大字按文内三行计费。

刊登一次，每行90元。

刊登两次或两次以上，每行80元。

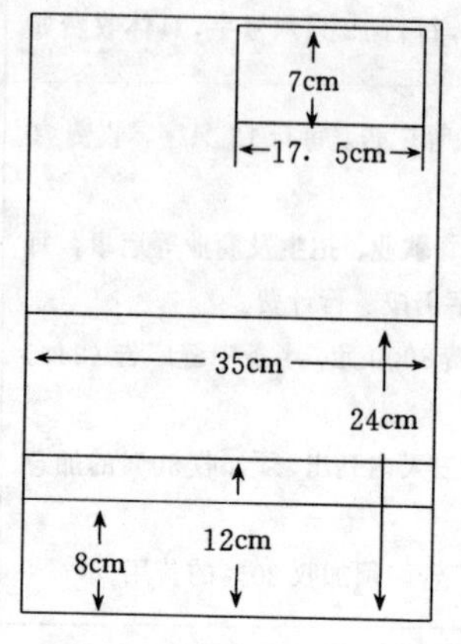

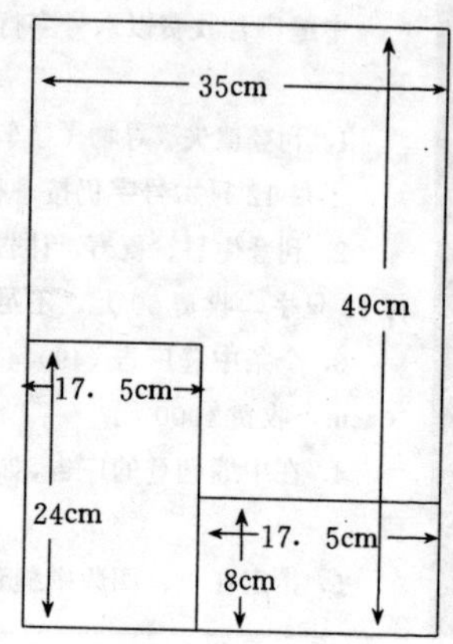

二、杂志广告

杂志媒体与偏重新闻性的报纸不同，它比较偏重专业性、知识性、趣味性和教育性，也属于平面印刷广告媒体。

目前，我国地方性和专业性的杂志有成千上万家，除了大众化的一些科普、人文、教育性的杂志外，几乎所有的学科都有相关的专业杂志。这些杂志在全国拥有强大的影响力和大量的读者群。

杂志的种类繁多，可分为专业性、综合性或一般消遣性的。专业性杂志的内容定位专业，专业特点明显，如《无线电》、《半导体技术》、《房材与应用》等；综合性杂志的阅读范围较广，内容丰富翔实，如《大众医学》、《南风窗》、《知音》等；消遣性杂志更具有休闲性，对紧张忙碌的世人更体现了它的松散心情、休闲养性的优势，所以它的读者群更广泛且不固定，如《海外星云》、《大众电视》、《连环画报》等。

由于各类杂志的各自特色和特定读者群，发行量差别较大，广告达成率也因此拉大差距，彼此的竞争激烈，广告效果常常良莠难辩。为达到较高的阅读率，广告主应视读者群落而选择合适的杂志刊登广告，如一般大众阅读的杂志，可刊登日用品方面的广告，一些专业性较强的杂志，适宜刊登该专业范围内的有关广告。

杂志广告大都用半页或全页刊登，版面较大，内容多，图文并茂，表现深刻。容易将客户所要提供的信息完整地表现出来。且同一版面一般不夹杂其他广告或将互相竞争的广告并置一起，因此，读者对广告的接受度也较好。

杂志广告色采逼真，印刷精美。由于充分发挥了照相制版和电脑照排等技术优势，加上纸质优良，使彩色的广告画面在精致的印刷下，更富吸引力，显示出不同层次的折射光线、氛围等，令人赏心悦目。一些广告商品细腻的质感被得到充分体现，增加了广告实物虽印在纸上却给人以真实感，比如，同一幅水珠附于瓜果表面的广告画面，印在杂志上就比印在报纸上更显得新鲜明丽，令人回味。

杂志广告的持续时效性为所有媒体中最长。由于杂志容量大，阅读时间长，易于保存，有的人还有保留下来反复阅读的习惯，因此杂志广告能反复与读者接触，有充裕的时间对广告内容进行仔细研究，使人对广告留下深刻印象。同时，又因杂志可互相传阅，接触面大，一本杂志可供多人反复传观，流动阅览，所以杂志广告也随之扩大了与人的接触面，起到了累积复加的广告宣传效果。

（一）杂志广告的类型

杂志是较受大众欢迎的印刷媒体，也是视觉广告中比较重要的媒介，由于它的种类繁多，市场竞争激烈，发行量变化较大，所以通常可以杂志出刊的间隔时间和杂志内容性质来区分。

杂志广告按出刊间隔时间区分，可分为年刊、季刊、月刊和周刊等几种。

1. 年刊、半年刊：大都为学术性很强的杂志。

2. 季刊：每季出刊一次，偏重专业性。

3. 月刊、双月刊：每月或每两月出刊一次，是较常见的普通性杂志，如一般的小说、诗歌等文学性杂志。

4. 半月刊：每两周出刊一次，都为休闲型或普及型一类，如电影、戏曲、体育类杂志。

5. 周刊：每周定期一刊，读者群较广，广告内容涵盖日常生活诸方面。

杂志广告按杂志本身的性质和内容来区分，种类较多，涉及政治、经济、文化各个领域。

1. 政治类：新闻评述、时事追踪、政治论坛。

2. 经济类：企业管理、金融现状、股市剖析。

3. 文学类：小说诗歌、文学评论、文艺修养、译界新作。

4. 科学类：科技动态、科幻报导、发明创作。

5. 艺术类：音乐舞蹈、戏曲欣赏、绘画雕塑等。

6. 休闲类：服饰装扮、饮食烹调、旅游观光、化妆技艺等。

7. 体育类：运动竞技、球场新闻、球事探讨、球星球迷等。

8. 女性类：人物针对性较强的各种逸闻趣事、女界关注热点。

9. 青年类：有关青年成长过程中的身心问题解答与探讨，生活指导等。

10. 少儿类：适宜少儿类的各种读物，大都分年龄段，如0～3岁、5岁以上、学龄儿童等。

(二) 杂志广告的优点和缺点

1. 杂志广告的优点

(1) 杂志广告的专业针对性强，读者范围明确，读者特性相同，读者群体稳定，有利于广告掌握目标对象，收到事半功倍之效。

(2) 杂志广告制作较简单，但因纸质和印刷之故，较报纸更能提高广告商品之质感和品位。

(3) 杂志发行时间间隔较长，杂志广告的持续期也长，尤其适合印象广告。

(4) 杂志广告因其保存性强，传阅者众而使广告的诉求对象范围变广，广告阅读率高，广告的时效长。

(5) 杂志广告版面灵活，印刷精美。色彩按实际需求可黑白可彩绘。版面位置可前可后（分为封面、封底、封二、封三、扉页、内页、插页等），版面大小随意（有全页、半页、多页、连页、1/4页、1/3页……）。

2. 杂志广告的缺点

(1) 杂志的发行量较低，大都低于报纸。

(2) 发行周期长，收稿、定稿、排版时间更长，影响广告传递速度。尤其对一些时效性较强的商品广告，因缺乏即时性，不宜选为媒体。

(3) 篇幅少而费用较高，多因彩色刊印及版面所限，用于广告的只能是封面、封里、封底、插页等处，刊登费用较高，专业或权威性的杂志刊登费更高，影响了广告的运用和选择。

(4) 读者范围相对较窄，杂志作为广告媒体的专业性强的特点失去了许多潜在的宣传对象，当目标视听众阶层较广时，它的覆盖率就显然偏低，尤其是一些大众化的广告内容和专业杂志的专业特性间的差异，更降低了广告效果。

(三) 刊登杂志广告的注意事项

1. 广告费用与发行量

广告主在选择杂志作为媒体时，应注意选择发行量大、可读性较好的杂志，同类杂志中，读者较多者未必一定拥有较高比例的目标消费者，因此须慎重权衡，避免出现广告媒体费用支出与广告效果不成正比的现象。

2. 版面位置

杂志内页的广告阅读率普遍较低，在媒体经费可能运作的情况下，应尽量将广告刊登在封面、封底等高阅读率版面。

3. 印刷用纸和套色

杂志广告深受印刷用纸及印刷方式的影响，有些商品广告需表现出本身的质地和质感时，应用铜板纸彩色印刷方能显出它的美仑美奂，如首饰珠宝、新鲜瓜果等。有些商品广告如不要求颜色，无需浓彩渲染，也可黑白印刷，如机器、仪表等。杂志广告的印刷用纸和色彩对发布后的广告效果起到了决定性的作用。

4. 广告时间

杂志的发刊间隔时间较长，当广告内容有季节性或时间性时，应充分注意到广告刊出后是否尚具效用，如春季的服装广告在冬末季节刊出时远比其它任何时候都好。

5. 广告文案的插图

杂志读者的文化水准一般较高，尤其是一些专业性杂志的读者更甚，配合刊出的理性广告也较多，因此杂志广告的设计要求较高，广告文案宜简明优美，插图力求精致细腻，方能发挥杂志广告精美印刷的优势。

（四）杂志广告版位与计价

1. 版位

杂志广告的版面位置有多种，有封面、封面里、封底里、封底、内全页、1/2 页、1/3 页、连页等多种。封面里或封底里大多采用彩色印刷，刊于内页文章旁的广告大都为 1/2、1/3 页或更少的版面，较多采用黑白印刷。黑白印刷和彩色印刷的广告价格不一，各依版面位置大小计算费用。

2. 计价

广告价格与版位的醒目程度成正比，费用计算由高而低，一般依序为封底、封面里、封底里、一特页、彩色内全页、黑白内全页、彩色 1/2 页、彩色 1/3 页、黑白 1/2 页、黑白 1/3 页等。彩印跨页常被放在杂志的正中间的对页，其价格会比封面里和封底里还高一点。

各类杂志的广告因版面大小和发行量多少，计价的费用差异较大，广告主应视费用和实际需求斟酌选用。

杂志的封面往往反映了杂志的主题形象和宣传意图，其注目价值很高，封底和封二、封三、扉页等版面位置，其注目价值不同，给公众留下的印象也不尽一致。据调查了解，如果把最高注意度列为 100，则各版面注意度见表 4-3。

杂志各版面注意度 　　　　**表 4-3**

版　面	注意度	版　面	注意度
封　面	100	封二	95
封　底	100	封三	90
扉　页	90	底扉	85
正中内页	85	内页	50

三、电视广告

电视在四大媒体中属于后起之秀，自发明始，至今也仅百余年，但由于它的覆盖面大，传播速度快而很快风靡世界，世界各地的广告主也喜欢选择它作为广告媒体，因为它的收视率远远领先于其它任何大众传媒。是最直接最快速最能深入到各阶层的传播工具。

目前，电视也是我国影响力最大的广告媒体，由于它的特殊效果，使它在促进销售，传播企业形象，提高品牌知名度上具有无可替代的优势。

电视广告具有其他媒体的综合特点，是声音、光线、色彩、图形、文字、影像、活动等因素的综合运用，能充分发挥人的听觉和视觉能力，因此较其他媒体广告更生动，更具有说服力。

电视广告运用独特的拍摄手段，能够逼真地从各个方面来突出广告商品的形象，展现商品的外观质感、内在结构、生产过程、作用过程、使用方式、用后效果等。加上配之旁白，娓娓道来，使人如身临其境，极富情趣。

电视广告运用各种表现方式和技巧，使广告内容既直观又通俗，加深了视觉和听觉的印象。增强了视听者的观看兴趣，激发了购买广告商品的欲望。

电视广告还通常将广告信息的内容融入到通俗歌曲、山水景观、生活情调、科幻奇遇等场景之中，既强化了广告的诉求效果，又陶冶了人们的情操，最妙的是，使人在不知不觉之中接受了广告信息。

电视广告还由于它的传达方式具有时间上的延展性，使观众在无法预知广告何时播完，又惟恐错过正在收看的节目的期待中，被强迫观看广告。因此，观看的印象和效果要比其它媒体更为深刻和明显。

当然电视广告也会因为观众不喜欢节目中的插播广告而一见广告即转台收视，或者将此视为空档而移地另就他干，使广告因观众空缺而失去效用。

电视广告的观众因观看时间较长，注意力集中和投入感等因素对广告的反应较其他媒体强烈，广告内容稍有不当和贫乏，就会受到他们的批评和指责，因此广告主在电视广告上的费用、时间、效果方面的损失远较其他媒体广告严重。

（一）电视广告的类型

电视广告的种类，可从发布方式、制作方式或买卖方式上来区分。

按发布方式分

按电视媒体发布的方式分类，可分为联播电视广告和点播电视广告。

1. 联播电视广告

按广告主意愿，由其承担费用的电视广告同时在几家电视台转播。

2. 点播电视广告

是指独家电视台播出的电视广告。

按播放排序分

按播出编排的实际状况分类，可分为插在节目中的节目广告和插在节目间的插播广告。

1. 节目广告

由广告主或电视台协商在特定的时间里播出节目，并由广告主负担该节目的制作费用和时间费用，广告主方可在节目时段内，播放若干时间的广告。

2. 插播广告

许多精彩的电视节目，高欣赏品位的电视连续剧等常常会吸引人们早早的等待在屏幕前，抓住这个心理考量，在电视节目开始前插播广告，效果较佳。在节目开始前插播的广告叫作前播。

广告插播分为节目间插播和节目内插播。一般插播广告的时间较短，只能简略说明广告主张，因此广告的印象效果较差，必须反复播放数次，才能达到效果。

按制作方式分

按广告制作方式分类，可分为影片广告、录像磁带广告和现场直播广告三种。

1. 影片广告

电视电影广告，是将广告内容预先摄在影视的胶片上，然后再拿到电视台播出。胶片分 35mm 和 16mm 两种，内容也分真实的和动画两类。

2. 录像磁带

录像磁带是指将广告录在 1/4 寸、1/2 寸、3/4 寸、1 寸等规格的磁带上，供电视台播映用。录像磁带的拍摄制作较电视影片简单，不必经加工就能进行编辑，表现形式分为感情型和感觉型，广告内容常常较电影胶片更真实动人而被普遍运用。

3. 现场直播广告

广告内容的表现在特定现场或摄影室里直接通过电视摄像机转播，通过转播，人们可以看到即时的现场情景，画面效果较好，省钱省时，但较难表达既定效果。

按买卖方式分

按照广告买卖方式分类，可分为独家提供广告、联卖广告和搭配广告

1. 独家提供广告

广告代理商或广告主买断某些电视节目，在该节目时段播出广告，广告可由独家提供或部分外包。

2. 联卖广告

某些节目的广告价格已包含一些收视较差节目的广告费用，合并计价，无法独立购买。

3. 搭配广告

广告主如想购买收视率较佳的节目时段做广告，必须也要就某些搭配节目的广告时段，选择购买一定数量。

（二）电视广告的优缺点

1. 电视广告的优点

（1）电视广告形象生动，感染力强，视听兼顾，通过声像结

合的画面向观众施加影响的深度和广度超过了其他的广告媒介。

（2）电视普及率高，收视层面广，能深入到家庭、社会的每一个角落。

（3）是媒体中最迅速、最直接、最广泛的传播形式，能在同一时间对最广大区域范围内的视听众传播信息。

（4）特有的广告表现手法使广告信息蕴含了更多的文化成分，综合运用声音、色彩、文字、影像、动画等各种技巧的广告画面，突出了广告的诉求重点，使观众产生了深刻的印象。

（5）可随节目的收视率和收视对象，灵活选择不同类型节目播映广告。

2. 电视广告的缺点

（1）电视广告时间长度以秒计算，很短的瞬间要流通多幅画面，较难详述商品的特性，并且因画面闪动快速而令人难于记忆。

（2）不同类型的电视广告常常集中在一起，在同时段内连续播出，相互之间干扰较大，易分散观众的注意力，同样减弱了对广告的记忆度。

（3）电视广告的制作复杂且费用较高。由于制作时要先写好广告脚本，再选择演艺人员排练，配乐配词，编辑剪辑，费时费力。

（三）电视广告的时间与计价方式

电视广告被称为“时间的艺术”，意思在短暂的时间里尽情发挥创意、设计和制作的艺术空间。

1. 电视广告时间

（1）广告时间的计算，是以节目播放前的节目名称起算，到下一个节目名称为止。

（2）广告单位时间标准有 30s，20s，10s，5s……等多种。

（3）每 30min 的电视节目，广告时间限止在 5min 内，可在节目中间插播广告二次，达到 45min 的不得超过三次，其余类推。

2. 电视广告收费

电视广告时间收费标准以秒为单位，播出时间也分甲级、乙级、丙级等不同收费标准。电视广告收费参见表 4-4、表 4-5。

上海电视台电视广告播放价格

表 4-4

1998 年 4 月 1 日起执行　　人民币：元

频道	栏目	广告时间	广告长度 15s	广告长度 30s	分类	
第一套 8频道	白天节目	06：55～17：00	3600	6000	C段	1
			＊3600	＊6000		2
	少儿节目、卡通片	约 17：20	9600	16000		3
	财经报道、股市行情	约 18：00	13800	23000	A段	4
	新闻报道	约 18：20	24000	40000		5
	新闻透视　天气预报	约 18：55	19200	32000		6
	体育新闻　综艺节目(日)	约 19：00	18000	30000		7
	电视剧	约 19：20	14400	24000		8
	专题节目	约 20：15	10800	18000		9
	要闻简讯　国际快讯	约 20：55	9600	16000		10
	电　视　剧	约 21：25	4200	7000	B段	11
	夜间新闻	约 22：15	2400	4000		12
	专题节目	约 23：00 以后				
	影视节目					
第二套 14频道	白天节目	06：55～16：50	2400	4000	C段	1
		约 16：55	1620	2700		2
	动　画　片	约 19：30	5400	9000	A段	3
	体育专题节目	约 19：55	7200	12000		4
	专题节目	约 20：15	9000	15000		5
	电　视　剧	约 21：10	9000	15000		6
	海外影视　电视剧(周六、日)	约 22：10	3800	5800	B段	7
	IBS 新闻中插播	约 22：30	3500	5500		8
	影　视　剧	约 23：00	3500	5500		9
	影视剧中插播					

东方电视台广告价目单

表 4-5

1998 年 4 月 1 日起执行　　人民币：元/次

分类			播出时间	栏目	5s	10s	15s	30s
20频道	E段	1	7：00～17：00	白天节目	1200	1600	2400	4000
	D段	2	约 17：05	动画片前	1800	2400	3600	6000
	B段	3	约 17：55	东视财经新闻前	2400	3200	4800	8000
	A段	4	约 18：25	东视新闻前	6000	8000	12000	20000

续表

分类			播出时间	栏目	5s	10s	15s	30s
20频道	A段	5	18:30~19:25	东视新闻中插播	10500	14000	21000	35200
		6	约19:00	综艺节目前(周六、周日)	10500	14000	21000	35200
		7	约19:30	电视剧前特约(周日无)	9000	12000	18000	30800
		8	约20:30	专题节目前(周六无)	8400	11200	16600	28000
		9	约21:10	东视新闻后/东视经济传真前	7600	10500	15600	26000
		10	约21:20	电视剧前特约	7800	10500	15600	26000
	C段	11	约22:30	东视体育节目前	2400	3200	4800	8000
	F段	12	约23:00	晚间节目	1200	1600	2400	4000
33频道	B段	1	约17:30	少儿节目前	700	1000	1400	2400
	A段	2	约18:45	电视剧前	2000	2700	4000	6800
		3	约20:00	东视体育30′(周一至周六),戏曲(周日)	4500	6000	9000	15000
		4	约20:30	电视剧前特约,830影院放	6000	8000	12000	20000
		5	约21:15	两集电视剧中	6000	8000	12000	20000
	C段	6	约22:00	影视剧场前特约	2000	2700	4000	6300
影视剧中插播广告及栏目特约播出广告价格另定								

四、广播广告

广播属于听觉媒体，是通过无线电电波来传播广告信息的，广播广告依据无线电信号发射的方式分为调频（FM）和调幅（AM）两种。调频广播传播范围广，音质好，广播区为全国性的，听众范围广，适用于全面性的广告。调幅广播传播区域较小，易受地面物的阻碍而受其它音波干扰，造成音质不太稳定，且由于听众范围等因素，较适用于地区性的广告。

在四大广告媒体中，广播媒体的广告费用最为低廉，各地广播电台的广告收费比电视、报纸的收费都低，因此深受广告主的欢迎，尤其广告受众所处的地理位置在农村、山区或边远地区，广播更是个理想的媒体。它不受交通、地域的限制，覆盖面很广，可以将各种广告信息迅速传递到全国的各个省市，各地的山区、林区、高原、海疆，是宣传广告信息最快的媒体。

广播节目如同电视节目，也有许多类型，如音乐、新闻、文艺节目等。广播广告就可依各层次听众的生活习性和喜好，安排在不同节目时段内播出不同的广告信息，还可选择不同的电台，一些区域性的商品广告，因选择的自由度大和灵活，广告效果很好。

广播广告是以声音传播讯息，平时身边只要有个收音机即可，因携带方便，听众不受任何限止，可处处时时收听广告讯息，广告的达成率相对较高。

广播广告紧密结合市场经济现状，紧贴人民的生活，又常被视为工作时的背景声音，听众收听时的专注性虽不及电视，但也少有人在收听广告时更改频道，一般都会任随节目的播放而收完广告信息。

（一）广播广告的类型

广播广告在发布时，如果是由广告主提供的节目，广告主可独占该时段内的广告时间。如果非由广告主提供，那么该时段的广告可由多数广告主分别购买，共同在同一时期内播出广告。

广播广告按播出方式，可分为提供节目广告、购买时段广告、插播广告三种。

1．提供节目广告

广告主提供节目，在该节目时间内播出时间长度的广告。这种广告可由播音人员播出，播放时段较好控制，在较多听众喜爱的节目里，这类广告也最易引起听众的注意，广告效果较好。

2．购买时段广告

由电台自己制作的节目，其广告时间通常为不同的广告主分别买下，如有的经济台每小时有几秒广告，可分几段播出，每个时段可播出 2～9 支广告。每支广告的时间长为 20s 或 30s。

3．插播广告

插播广告是指在两个节目之间的广告，插播广告有 20s、30s、40s 等几种。插播广告与节目无关，一般每小时节目留有几分钟的时间用于插播广告，通常在每小时的正点播出，如电台报时前后的广告，称之为正点插播，也有在节目上下段中间播出的，称为半点插播。

（二）广播广告的优缺点

1. 广播广告的优点

（1）传播速度快，时效性强。

（2）传播对象广泛，不受年龄、性别、职业、教育程度的限止，听众层面很宽，尤其是农村地区和文化教育水平偏低地区，广播广告更受人欢迎。

（3）听众不受时间、地点限止，能随意在工作之余或行路中或家务劳动间留意收听。

（4）传播方式灵活，选择性强，能充分运用声响、语言、音乐等特点吸引听众，感染听众，充分发挥听觉的感性诉求效果。

（5）成本低廉，广告制作简单。播出费用便宜，可配合广告活动而大量集中插播。

（6）广告内容变更容易，适合短时效广告。

2. 广播广告的缺点

（1）广播广告通过声音传递信息，声音消失，听众对广告内容的理解常常也转瞬即逝，广告效果相对甚差。

（2）广告时间短，内容少，且有声无像，听众无法认识商品外观形状或其它内涵。

（3）广告效果评估时对收听率的调查和统计较困难。

（三）广播广告计费方式

广播广告的时间计算和电视广告相近，但比电视广告便宜得多。一般半小时到一小时的节目内，广告时间为几分种，插播时间分长短两种，长者为20s，30s，40s……，短者为3s，5s，10s等。

计费标准不一，有计次和计日两种方法，各时段的价格相差较大，周日或黄金档时间稍贵，广告主可就自己的需要择优而用。

第三节　小众媒体

相对大众媒体而言，小众媒体在某些特殊区域或广告主方面的因素仍能发挥它独特的优势。这些广告是路牌广告、灯箱广告、交通广告、邮寄广告、POP、电影广告等。虽然它们的传播对象范围较小，但对一些地区性的商品或某些广告主而言，小众媒体不失其经济实惠，发布便捷之处。

一、户外广告

户外广告是设在露天环境中，长久性展示的广告。主要包括一些灯箱广告、广告招贴面、街面广告牌、墙壁广告、商店招牌等。

户外广告的主要功用是醒目指示商家或广告主的位置，促销主要商品，加深路人对企业和品牌的印象。

户外广告的诉求对象大都是行色匆匆的路人，通常很难测定这些人流量的广告接受率。一般来说，长期固定展示的户外广告的接受率可高达80%～90%以上，但由于人们是在来去匆匆的行路中接受广告信息，注视广告的时间极为短暂，因此要取得广告效果，留住人们的目光，首先，广告内容必须简洁明了，主题鲜明突出，避免出现图文冗长沉闷之感，文案慎用解释性文句，一般一块广告牌的文字不要超过七个，简练精致，让人留下深刻印象。其次，广告设置的位置，要醒目，要有新奇感，要抓住受众的心理，使人在这分秒之间视觉暂留。再者，户外广告的发布时间，最好能和一些公众活动，企业的营销活动相配合，比如一些订货会、体育赛事、民俗文化节日等，使广告和活动有机结合，相得益彰，让广告效果更加锦上添花。

户外广告大都设置在交通要道口、繁华街面、建筑物顶等，已成为现代商业城市的一个景观，一般分为长短期两种，长期的如一些灯箱、路牌、壁面广告等，短期的如一些可随时张贴和更换的招贴面、海报之类。由于制作精美，色彩斑斓，已不只具有单一的广告功能，还起到美化城市、美化环境的作用。

（一）户外广告的种类

1．路牌广告

路牌广告是最主要的户外广告之一，大都设在街区中心或主要街道两侧，以及车站、码头、机场、戏院、游览景点附近，主要有墙壁广告和看板广告组成。墙壁广告是直接画在墙上、画面巨大的长期性的广告，一般每隔半年更换内容重新画一次。看板广告大都以木板、钢轨、铝合金等材料制成，竖立于路旁、壁面或置于建筑物的最高处，一般知名品牌和优质产品的广告使用率较高。

路牌广告因画面醒目，标识简洁，使用期长而引人注意和加深广告效果的记忆度，获得了较好的广告宣传效应。

2．招贴招牌广告

招贴为贴在布告栏或壁上的大、小广告与海报，色彩鲜明，印刷精美。招牌为商店的店面招牌，大多由铝片、木板、塑料等材质制成，有的还内装灯光，一到夜晚，灯光通明，非常醒目。

3．霓红灯广告

利用霓红灯管来表现广告商品的名称和图案，一般都设置在城市中心和繁华商街的建筑物上，由灯管、灯泡与铁支架组合固定。成为夜间灿烂的广告。

霓红灯广告光彩夺目，其文字和图像可闪烁变化，广告内容亦能反复重现，流光溢彩的画面令人耳目不暇，产生了较强的广告重复效果。它变幻无穷的造型和亮丽色彩同样美化了城市的夜景和环境。但它一般仅能表现企业的商标、标识和产品造型，不能详细表达广告的具体内容，所以只能成为商品广告的辅助媒体。

4．电脑看板

这是一幅大型的动态显示屏，大都设置在广场、车站、大商店的门面墙顶部，可作多功能的图文显示，画面宽阔，色彩丰富，无论白天黑夜，影像清晰明丽，视觉效果非常突出，已成为重要的区域性户外广告媒体，为多家广告主租播使用。

5．旗帜广告

用纸、布料或塑料等材质做成配合销售活动主题的旗帜、公司的司旗以及横空挂在道路两侧标示通往广告物所在地的串连绳旗等。

6. 植物广告

花草植物，种成或修剪成公司企业的名称，品牌名、商标等，大都栽植于高架桥下，公路旁边的斜坡，既美化了环境，又起到很好的广告效果。

（二）户外广告的优缺点

1. 户外广告优点

（1）广告面积大且明显，看到的人多，涵盖阶层广泛。

（2）广告定点长期展示，广告的持续力长，路人久而观之累积印象深刻，且也易成为地理性标记，增加再次传播机会。

（3）广告制作的材料品种齐全，并可由平面制作、立体制作到声光、动态混合制作，各种造型和视觉效果可运用自如。

2. 户外广告的缺点

（1）受空间、地理位置的限止，难以传播远方。

（2）若设计不佳，会破坏市容景观，甚至阻挡视线，妨碍交通。

（3）制作或维修不佳，易造成破碎、脱落、倒塌等危险。

（4）制作费用和设置地租金昂贵，非一般广告主所能负担。

二、POP 广告

POP 广告意即购买现场的广告，Point of Purchase Advertising 也称店面广告。凡在商店建筑内外所有能促进销售的广告物或提供商品资讯、服务、指标、引导等内容的标示，都属于 POP 广告。

POP 广告虽不像电视、杂志般具有媒体的实体，却是一种能视销售情况灵活变化的广告方式。它分为两大类，一类是厂商提供的广告品(物)，另一类是零售店自行设计制作的店内店外展品。它们的目的都是为了加强商品的吸引力，引起消费者的购买欲望。

POP 广告的广告主多为百货公司、综合商场、超级市场的业主等，他们由于季节变换，或有规模的促销活动时，会大量推出这类广告，由于 POP 广告可随时随地宣扬展示，灵活机动，商家将此视为商机发展的一个侧重点。

POP 广告的设计以奇巧突出为原则，创意新颖别致，因其具有展示的特性，广告物制作的材料和形式应不断推陈出新，以迎合消费者喜新厌旧的口味。

（一）POP 广告的种类

1. 店铺装潢

店铺装潢包括招牌、店面外观设计、橱窗设计、店内墙壁广告、店内镜面、立柱、楼梯广告及装饰等。

它运用各种艺术手段和现代科学技术展现商品的特质和外形结构，表现的方式可以有专题系列、综合系列、季节系列、系统系列等多种，有目的有计划地向消费者推出最新商品、名牌商品、季节商品，使商店的销售业绩再上一个新的台阶。

2. 壁式 POP

钉在墙上或挂在柜台上方墙面的商品打折广告墙，或文明经营的奖旗、营业登记证等。

3. 柜台式 POP

陈列在展示柜或一般玻璃柜里的广告品，如外包装空盒、蜡制广告物、商品样本等，并可与花草或其他艺术品搭配展示。

4. 立式 POP

木板或其他材料制成立式的陈列广告，如仿制真人形态的门童或人像等。

5. 指示牌

名种商区功能范围的指示牌，如女装区、玩具部、箱包区等和一些商品特价标示牌，告示牌等。

6. 悬挂物

店内顶部穿线悬挂的绸布卡通、广告传单、吊卡、吊旗、布幕等广告宣传物。

（二）POP 广告的优缺点

1. POP 广告的优点

（1）POP 广告可引导消费者迅速找到想要的商品，促成消费。

（2）POP 广告唤起消费者在大众传媒所曾看到的广告记忆，

延长大众媒体的广告效果，提高了购买率。

(3) POP 广告性质大都为长期陈列和展示，广告的时效长。

(4) POP 广告能塑造销售气氛，尤其是在一些大型促销活动来临之前。

2. POP 广告的缺点

(1) POP 广告的设计制作如粗糙或一般化，反而会动摇消费者购买商品的信心。

(2) POP 广告久置则尘污色褪，形象脏乱，会影响消费者的购买欲望。

(3) POP 广告在空间小的商店内，如处置不当，会显凌乱之态，引起对购买冲动的干扰。

(4) POP 广告的广告物如已是过期商品或已经结束的服务项目，若不及时更换广告，易损坏商誉。

三、交通广告

交通广告是指以火车、汽车、飞机、轮船等交通工具和车站、码头、机场等交通设施作为媒体来传播广告信息的。

交通广告的传播面广，选择性强，又因公共交通大容量的流动性，广告传播效果极佳。尤其在一些大中城市中的交通广告，几乎可与大众媒体的效果比差。

交通广告由于使用期长，因而成为一种费用较低的广告媒介物。一些大众化的商品、新产品、折扣拍卖等有时间性和地域性的广告，利用交通广告效果很好。

交通广告可分为交通工具广告和交通设施广告两类。作为交通工具的车厢内广告因乘客阅读时间充裕，且多系近距离观看，广告内容可多些、文案则复杂一点也无碍，但车厢外广告和车站广告，大都因车辆急驶而过和人流密集之故，则应尽可能简短为妙。

(一) 交通广告的类型

1. 交通工具广告

(1) 车厢内广告看板

车厢内两侧车窗上方处，涂刷或绘制的各类广告装饰标牌常会引起车内乘客仔细阅览并从中接受广告信息。车内还有一些类似手册、指南、小摆设、广播闭路电视等广告媒介。

(2) 车厢外观广告

车厢外广告是指在车身两侧、车尾后部、车顶部等外涂刷或绘制各类广告信息，但常常仅有图牌、人物像、标题、标识、口号而无内文，目的是为在瞬间引人注目并看清广告信息。另外，一些出租车的车顶部位竖立印有商标、品牌的广告看板，以及在后车玻璃窗上粘贴各类饮料、服饰、房地产信息的广告等。

(3) 车厢椅套广告

火车、汽车（包括飞机、轮船）的座椅套子上印有各种广告信息，较常见的是一些公司名称、服务项目、电话号码之类。

(4) 飞机、轮船内广告

飞机和轮船在旅途中常向乘客提供各类印有精美广告的刊物和放映电视广告节目，广告内容大多为目的地的旅馆、饭店、银行、名胜点的介绍以及航空公司、船方本身的广告。

2. 交通设施广告

车站、码头、机场的建筑物内外的广告，公路和铁路沿线的广告牌、车站站牌、印有广告信息的车票，以及车站机场附近的天桥、地下人行道等处的灯箱、公布栏广告等都属于交通设施广告，广告媒体形式多样，以招贴、海报、电视灯箱广告居多。

车站、码头、机场的人流量大，候车（船、机）时间较长，对广告讯息可获得较多的注意。

(二) 交通广告的优缺点

1. 交通广告的优点

(1) 交通广告通常陈列期长，广告时效相对就长。

(2) 交通广告因流动性好，诉求对象面宽，各阶层消费者都会对车内外广告引起兴趣。

(3) 乘客源固定，乘客往返多次而接触到同一广告，加深广告印象。

(4) 交通媒体租金便宜。

2. 交通广告的缺点

(1) 交通广告与乘客的距离，使乘客难以详读广告内容。

(2) 乘客源广泛无定，不易针对特定消费群发布广告。

(3) 车内广告受空间限止，容积过小而设计制作不够精美。

(4) 车辆的流动性，一触即逝，影响宣传效果。

四、邮寄广告

邮寄广告又称D·M广告(Direct Mail Advertising)，系广告主利用邮政直接面对用户推销商品和服务。邮寄广告主通常是一些超市、房地产业者、或者是一些以特定消费群为目标的从业者，他们会向顾客投递D·M，如投寄新商品目录，折价楼盘信息等。

邮寄广告在发达国家的邮件中占到很大的比例，我国在近几年中也呈上升的趋势。主要的形式有调查问卷、产品样本、商品订单、奖品奖卡等，从平面印刷广告到试尝试用的小包样品都可邮寄，替代了推销员的部分上门促销的工作。

邮寄广告的主要功能是介绍商品，刺激消费者欲望，进而达到让消费者邮购或前往指定场所消费的目的。通常的做法是，在广告内附上名片，或一些维系感情的问候卡，帮助和保证邮寄广告获得更高的效率。

由于邮寄的对象是定量选择的，邮寄的免费试用品、折价券的综合投递运用，使邮寄广告在某些行业内有出奇的效果。世界上有些发达国家每年邮寄广告收入会占到广告总额的二成以上。因此对一些广告经费不足的广告主和零售店来说，邮寄广告是一种不可多得的广告方式。

(一) 邮寄广告的优缺点

1. 邮寄广告的优点

(1) 邮寄广告的设计制作和形式内容，变化丰富，灵活主动。如投递的时间、对象、地点，可视商业圈和广告主的需要而临时增减。

(2) 邮寄广告集征询、联系、反馈等服务于一身，促进了双向沟通。向消费者提供丰富的资讯，帮助推销商开发新客户，又能将反馈信息传达给广告主，使其以最快速度了解消费者对商品信息的看法和建议，以便改进。

（3）邮寄广告以特定人员为诉求对象，可准确针对目标消费群进行直接广告及反复多次对其做重复诉求。

2. 邮寄广告的缺点

（1）邮寄广告的宣传对象大都先经筛选或特定，广告接触面窄。

（2）邮寄广告的选择性与控制性太强，因此媒体成本较高，常常发生一次性的邮寄广告效果很差，往往邮寄数次才能有转机和效果。

（3）邮寄广告如过多过滥，会遭致人们的排斥和废弃，造成广告经费的浪费。

（4）邮寄广告推介的商品，必须保证质量和完善的售后服务，否则累及邮政信誉。

（二）邮政广告

邮政广告是指利用邮政设施和工具作为广告媒体。主要包括电话号码簿、明信片等广告媒体，这些媒体的服务性强，流通性好，常被翻检查阅，长期保存。媒体的广告内容也幅射到社会生活的各个领域，如日用品、交通、旅游、技术培训等诸方面，覆盖面广，时效长，成为一些企业主、厂商乐于选用的广告媒体。

五、电影广告

电影广告是指利用电影来作为广告信息的载体，常常随电影一起在电影院放映的广告。它是在电视广告没有出现以前的一种视听合一的广告形式。

电影广告借助影院的音响效果和设施，声音逼真、图像清晰、画面壮阔、气氛热烈，从而使广告效果发挥到淋漓尽致的境界，常使人有身临其境之感，激发了购买欲望。

电影广告作为媒体，经历了无声、有声、黑白、彩色、宽影幕、立体等不同阶段，在电视未曾普及前，始终吸引了大量的观众，由而受到广告主的青睐。

电影广告短片为35mm和16mm影片，制作过程类似拍电影，也有脚本、导演、演员、配音、摄影、化妆、美工、剪辑、录音等工作程序。有时为了不使消费者对广告反感，还常采用微型故事片的形式来发布广告，这样的拍摄经费就很高，令经费困乏的广告主望而却步。

电影广告的发布形式有三类：一类是在电影放映前插播广告。另一类是将商品直接渗入到影片的情节之中，利用电影本身来作广告，使观众在不知不觉中接受广告。如有的影片女主人公的时髦服饰经亮相后，同类同色的服装在短期内销量骤增，引得商家喜不胜喜。还有一类是利用电影开幕式推销商品，如邀请影片的男主人公或主要演员作巡回演讲夹带推销产品等。

电影广告制作复杂，造价昂贵，宣传范围有限，广告效果又常视影片卖座多寡而定，而卖座影片一年也不过几部，因此均衡比较，终难和电视广告抗衡，于是日渐式微。

（一）电影广告的优缺点

1. 电影广告的优点

（1）广告音效好，真实感强，广告效果动人心魄。

（2）广告画面清晰、色彩明丽、形象逼真、观众接受度高。

（3）电影正片之前放映广告片，观众不能排斥而只得接纳广告信息。

（4）电影广告相对电视广告，诉求内容更为详细，更易让观众了解和接受。

2. 电影广告的缺点

（1）电影观众人数受场地、时间限止、广告影响力不及报纸和电视。

（2）电影广告放映时间不易控制，常一显像即换片，遇有片质损旧、画面失真时，播映效果不佳，反而徒添烦恼。

（3）电影广告的拍摄费用昂贵，广告主受到预算限制太大。

六、其他广告媒体

随着社会的发展和科技的进步，可作广告媒体的种类也越来越多，任何一个事由或物件，只要附加上广告信息或起到传播信息的功能，都可以称为媒体。

媒体种类的繁多和广告形式的多样，数不胜数，无法一一列举，除了前面介绍的之外，还有以下几种也被广告主广泛应用。

（一）空中广告

利用飞行器材在天空中作广告，制作宏伟，常能引起围观、轰动效应。

1. 飞机广告

由飞机来执行任务的一种广告方式，在特定时间里散发传单广告、小型礼品、广告宣传物等，如西铁城手表，由飞机从天而降，人们捡而视之，仍完好无损，以增加对商品和广告的信赖度。也有在空中施放烟雾，形成广告文字或图案，或在空中喷放焰火，营造商家形象等等，虽然广告时效较短，但因空中现场壮观，令人耳目一新和新奇之感，印象深刻。

2. 飞船广告

飞船（艇）广告是近年来才兴起的一种新型广告媒体，当飞船在空中遨游时，涂刷在飞船舱外两侧和底部的广告信息能让人的肉眼辩识，船体形象独特，线条流畅，宛如织女手中的棱子，凌空盘旋，缓缓而行，会吸引观者长时间观注而留下深刻的印象。由于好奇，常常一经发现，观者如潮，而加速提高了广告物的知名度。如前两年，三得利饮品公司推出的三得利啤酒飞艇，就取得了很好的广告效果。

飞船造价比飞机低得多，广告费用相对不高，飞行范围合适，飞行力持久而无噪音，且可按要求作长时间定点停留，种种优点又为其它媒体所无，不失为一种好的广告媒体。

3. 太空广告

这是指利用火箭把广告信息传向太空的一种广告形式。国外已有案例报导，在火箭外形上涂刷广告信息，借助电视转播火箭发射的机会，向全球观众作广告宣传，创新空中广告发布方式。

在我国，虽还没有太空广告案例发生，但随着科技的日益进展，90 年代初已有报导广告信息被登上火箭发射场所激起商家的竞争和社会的强烈反响。

4. 气球广告

各种充气的大型气球下挂一条广告标语或球面书写企业名称，飘扬于天空，用于营销广告和公关广告。也有将气球在活动场所定点挂放，与彩旗和其它营销活动节目配合，为企业形象作广告，效果很好。

（二）书籍广告

出版商利用书尾多出的空页，刊登出版书籍的书目或促销广告，尤其是一些使用率高的参考书籍，广告效果更佳。

（三）传单、夹报

1. 传单

常见的在商业街的主要出入口和人流量大的活动场所，大百货公司门口等处散发印有广告信息的传单，也有置于销售点任人自行取阅，其目的是提醒路人对广告物的关注。

传单采用单张印刷的原则，大张时可折叠，有单色、套色，有时也会搭配广告实物一起发送。

传单的运用具有明显的区域性和时间性，为减少损耗，应聘人分发，力求效果，避免天女散花般的满地狼籍而污染了环境。

2. 夹报

利用报纸的发行网络，将事先印好的海报、传单随报夹送给订户，以进行广告宣传。

夹报广告通常用于新产品上市或新企业开张，以增加导入面，也可配合报纸广告加强促销。

夹报广告对版面的尺寸有一定要求，不能过于细小，印刷质量也力求精美，否则会因为粗制而被读者废弃，造成广告达成率偏低。

夹报广告的优点很多，如费用便宜、阅读率高于邮寄广告、广告时间和地区的选择机动灵活等等。

（四）其他广告

广告歌曲、文艺节目、企业刊物、电话磁卡、交通图册、火车时刻表、信封信纸、挂历漫画、书签菜单等都可以在其之上附有广告信息，而成为很好的广告媒体。

现代广告媒介见表4-6。

现代广告媒介一览表 **表4-6**

<table>
<tr><th>大类媒介</th><th colspan="2">具体媒介</th></tr>
<tr><td rowspan="4">印刷传播媒介</td><td>报纸</td><td>日报、周报、晚报、综合报纸、专业报纸、中央报纸、地方报、内部报等</td></tr>
<tr><td>杂志</td><td>周刊、月刊、双月刊、季刊、综合杂志、专业杂志、学术杂志、大众杂志、青年杂志、妇女杂志、老年杂志、儿童杂志、学生杂志</td></tr>
<tr><td>图书</td><td>工商名录、年鉴、日历、挂历、电话簿、小册子、大众图书</td></tr>
<tr><td>邮递</td><td>信件、说明书、明信片、商品目录、宣传品、商业信函</td></tr>
<tr><td rowspan="2">电子传播媒介</td><td>电视</td><td>中央台、地方台、闭路电视</td></tr>
<tr><td>广播</td><td>中央台、地方台、单位广播台</td></tr>
<tr><td>人际传播媒介</td><td colspan="2">广告表演队、内部员工、企业领导者、政府公众、专家、影视体育明星、公众代表</td></tr>
<tr><td>实物传播媒介</td><td colspan="2">商品、商品模型、企业模型等</td></tr>
<tr><td>户外传播媒介</td><td colspan="2">霓虹灯、路牌、旗帜、车船、市政公共建筑、店铺、灯箱、电子显示、光纤大型屏幕、海报、传单、招牌</td></tr>
<tr><td rowspan="2">新型传播媒介</td><td>高科技广告媒介</td><td>电话广告、电脑广告、泛光广告、光纤广告、机器人广告、空中广告、飞行广告、气味广告、立体充气</td></tr>
<tr><td>新开发广告媒介</td><td>卫星、大地、树木、公厕等</td></tr>
</table>

第五章 广 告 组 织

第一节 广告组织概述

在广告活动中，广告组织依据不同的职能配置，大约分为四个组织类型，它们是：企业广告组织、专业广告公司、广告媒体单位、广告研究机构。

一般来说，广告活动都是通过这些广告组织来进行的。而从事广告活动通常又有三类人员组成，那就是广告主、广告业者、媒体机构。所以，广告组织实际上就是从事广告活动的各种企业和机构的一个统称。

一、广告相关业者

在从事广告活动、广告业务过程中，首当其冲的就是广告主，没有广告主的存在，也就不可能产生任何广告活动。围绕着广告主，广告活动的舞台就变得更加宽广。广告主出于推销商品和服务的目的，出资制作广告来宣传他的商品和服务设施等，以追求更多更高的经济利润和社会效应。

来自不同行业的广告主，可以是各类商品的制造商、经销商、零售商、各类服务业主、政府机构、民众团体以及个人等。

当一个广告制作完毕，必须依赖媒体为其发布，广告主用付费的方式租用媒体来为自己刊播广告，向大众作宣传。被广告主使用较多和经常采用的媒体称为大众媒体，它们是广播、电视、报纸、杂志，亦称为四大媒体。其他的媒体称为小众媒体，如户外广告、邮寄广告、车辆船体等交通工具……，拥有媒体的机构则有广播电台、电视台、报社、杂志社、交通公司等。

在广告主与媒体之间策划、创意、设计制作广告的一切事务者，则属于广告经营者的工作范围。在这个范围内有以下三种从业者。

1. 广告代理商：创作广告和提供相关服务的组织。包括广告公司、广告专业设计室、CIS形象策划公司、广告主所属企业的广告部门等。

2. 营销公关业者：帮助广告主规划营销，提供媒体现况资料、消费者购买行为预测、市场同类产品比较等调查机构。如一些公关公司、市场调查分析机构、和营销有关的一些广告研究机构。

3. 支援业者：一个广告在设计制作过程所需要的支援行业，如专业的摄录影像社、打字社、广告演员、印刷厂等。

二、广告机构分类

（一）广告公司

一般说来，一些大型广告案件的广告主，一些为了省心又希望广告效果容易掌握的广告主，常常会委托广告公司来办理广告业务。

由于广告公司受其业务范围或服务功能的限止，可以分为全面服务型和部分服务型两类。大的广告公司通常都属于前一类，他们为广告主提供全面的、全过程的服务，包揽了从营销研究、市场调查、消费群调查、销售方式分析、广告策略、广告创意、广告设计、广告制作、广告发布，一直到最后的广告效果评估等一系列广告业务。

部分服务型的广告公司，是指仅为广告主提供一部分的服务，一般只进行广告业务中的某一项或某几项的服务，经营范围有一定限制的广告公司。例如，他们是只承担广告创意，广告设计业务的广告公司；或只承担制作影视广告的公司，只承担POP、霓红灯等户外广告的公司等等。

（二）企业广告部门

企业、商业设立广告部门是为了让有效的广告宣传，成为企业开拓市场，促进销售的一个强有力手段。

广告目标消费群有特定的分布范围的企业、商业单位，他们的广告工作量大，广告时效又短，如有换季需求的大服装店，百货行业的大公司等，企业常常会自设一个广告部门，来管理本企业的广告业务。另外为了保密起见，一些产品或服务竞争激烈的单位，担心企业内幕资料，产品样本以及一些刚开发成功的新产品会因为广告业务而被轻易泄漏，一些因不同原因而不愿意委托代理商制作广告的单位，都会努力争取成立自己的广告部门，自行运作广告业务。

（三）广告设计工作室

一些注重个人品味，注重个性化的专业人员，集合了个人的专长，成立了创意、动画、设计、摄影之类的设计室，专门负责某一项工作，由于人员少，财务开支亦小，创业就较容易，加之他们的工作时间自由，发展风格独特，又极具个性理念，所以这些设计室大都显得比广告公司或企业的广告部门更游刃有余。一些广告公司或企业广告部门也常常借重其专长，将广告个案中的某一项内容，如创意、动画制作、影视音响效果等委托给这些专业的设计工作室，或者是当他们在广告工作量大、任务重的状况下，也会发包一部分广告业务给这些工作室以解燃眉之急和疏减工作压力。

但是，由于这些工作室规模一般都较小，有些仅是一、二人的编制，所以一般较难接到大案，除非在同行中有出类拔萃的表现。相对而言，工作室的专业化程度较高，人员负担轻，和那些开支庞大的广告公司相比，其优势明显可见。所以，在今天的广告世界中，它始终占有一席之地。

当一个广告主要进行一项广告活动时，通常都会先依据本企业的生产成本、流通环节、销售业绩等状况，决定采用哪一种方式进行广告个案。作为广告主，既可以让本企业的广告部门一揽子包办或全权委托广告公司代理，也可以部分发包，委托于一些广告设计工作室去办，如市场分析调查，消费心理及价位评估等等。而一些精明的广告主，为了省钱又能达到较佳效果，常常会混合使用上述三种机构，如大案子外包，小案子分段委托交办，但这样做对广告主来说比较费心，许多业务联络上的麻烦事，必须由广告主自己承担，精力牵扯太大。因此，在产业利润和效益较好的企业，还是主张将广告活动交由有信誉和实力的专业广告公司去办理；尤其是一些大型的广告案子，为确保广告质量和广告效果，更应交由各类专业人员组合的广告公司去办理，以保障广告活动的效果。

第二节　广告设计和制作人员

广告的设计和制作，都由专业人员策划进行，按照各司其责的工作范围，可分为三类。

一、设计制作核心人员

在每个广告个案中，都有一两个设计制作的核心人员负责整个设计工作的创意规划和决策，他们具备丰富的广告专业和广告相关业知识，有良好的沟通，协调能力以及优秀的创意和判断力，使属下的每项设计工作都能很好的衔接，并保证与广告主或其他外包广告业务的联络畅通。

核心人员除负责规划和决策外，还肩负艺术指导和创意指导的使命，他们的主要工作是：

1. 参与广告策划，了解商品特性，研究消费者市场营销渠道和同种（或同类）产品的竞争状况，研究分析广告主前期的广告情况和其他相关因素。

2. 负责各职能部门的具体工作和广告活动的日程安排。

3. 主持广告最终表现方式和创意的会议，决定广告构想，制订广告决策和选择媒体。

4. 审核广告文案和画面、音响等设计稿，督促设计工作顺利进行。

5. 向广告主报告设计工作进展情况和设计提案，征得广告主同意。

6. 检查最后的设计稿，督促验收最后的印刷、录制、试播等制作工作。

7. 广告发布后，对广告效果的跟踪和评估，并负责向广告主报告最终的效果测定和评估情况。

二、设计人员

设计人员一般分美术设计和文案撰写两类，在广告个案中，由广告设计的核心人员作指导和统领，形成一支团队，共同创意、共同构思、共同设计。

（一）美术设计人员

美术设计人员负责广告画面的规划和设计，优秀的美术设计人员有时候就是最优秀的创意人员，常常先行创意设计，画出精美的图画，再由方案设计人员写出广案正稿。当然，也有文案先做，再行图面设计。但无论哪一种，如果是一个好的广告案，最初的设计常常会有多幅画案，从中选出优秀的作品一件（组）或二、三件（组），再制成正稿，交由广告主确认。

美术设计人员应具备优秀的画面创意设计能力，良好的色彩配色观念，精良的手工绘图技巧或目前已被广泛应用的电脑喷绘等广告专用工艺。应熟悉各类媒体的刊播版面的尺寸大小，熟悉印制、摄影等工艺过程，熟知或精通刊物版面的装帧编辑等专业知识，以及一些特殊制作上的特别要求。

（二）文案设计人员

文案设计人员应有优秀的语文能力，想像空间丰富，能描述出各种栩栩如生的场景，会写各种文案、条文例证和一些优美的散文旁白。

根据广告媒体和表现形式之差异，应将文案做得尽可能声动、刺激、模糊或清晰。（当然是在不触犯广告法的规定之下）。广告文案设计人员除了撰写文案中的正文、内文以外，同时还负责撰写文案的标题、标语以及一些商品品牌的命名等。

文案人员应具有较大的知识涵盖面和幅射面，应不断吸收新知识，除了对各种商品和服务设施的了解外，还要经常涉及到各类工程、旅游、受众娱乐等方面的领域，要认识消费者的心理，人性心理，能够掌握广告策略的重点。

对一些广告个案中的广告主张、广告目的、品牌特性、消费者心态、消费环境及社会消费群认同广告的期望值等状况，要有全面的了解，并能直接地把这些意图从所撰写的文案中反映出来。

文案设计人员的任何一项写作必须遵守我国的广告法规，对广告主产品的描述既不能有不实之词，却又要能达到通俗易懂、朗朗上口之境地。

（三）创作人员

1. 描图人员

由广告主或设计核心人员选出的色稿和（或）半正稿，交由描图人员去绘制成可供印刷制版用的黑白稿。这项工作需要严谨而细致的工作态度，简明而准确的描绘能力以及较好的临摹水准。

描图人员同样应当熟悉各类印刷知识，美术编辑知识，和电脑绘图知识。描图人员不必全部是专职，有时候也可由美术设计人员兼之，这样能使一些设计初稿中的细部创作更加和谐统一。

2. 印刷人员

一般由广告公司，广告部门或代理商特约的出版社、印刷厂负责印刷事务。

3. 摄影、摄像人员

专业的摄影（像）人员创意思维活跃，善于捕捉瞬间的细微变化，常常在形式多样，不拘一格，富有灵性的作品创作中有无限广阔的用武之地。

通常，广告公司和大的广告部门都聘有这类专职的摄影（像）人员。

4. 录影、录音人员

影视广告是一门综合性艺术，它的构成要素是语言、音乐、音响和画面。因此录影、录音的人员要有较强的责任心，要认识到动态的视觉形象是电影、电视广告的本质特性所在，要注意到作品中视觉形象和听觉形象的一致性。要展示出广告作品在色彩、美工、背景、角色等运用方面的种种独特之处。

第三节　专业广告公司

为适应高度发展的社会经济，为推动日益增长的消费需求，广告公司作为广告主和媒体之间的桥梁和纽带，承担了广告策划、广告创意、广告设计、广告制作、广告代理和广告发布等广告经营活动，其工作性质属于服务业。

自从世界上第一家专业的广告公司由美国人帕尔默于1841年在费城开办以来，随着社会环境的变迁和社会生产力的发展，广告公司的数量骤增，广告公司的服务领域不断扩大，服务功能也不断完善。因此，广告公司在广告市场的活动中一直处于领先地位，并且在整个广告行业中也始终处于主导地位。

随着国家经济的日益繁荣，我国的广告业也如雨后春笋般的迅猛发展，从解放初期的数百家，发展到目前的数万家，每年的广告营业额也达到了数十个亿。

一、广告公司的类型

广告公司的组织形态通常以公司规模的大小和实际的经营能力或需求而变化，有员工多达上百，分工精细的大型广告公司，也有人员仅二、三人的个性化专业创作室，按它的经营范围和经营功能来划分，有全面服务型的广告公司和部门服务型的广告公司二种。

（一）全面服务型

全面服务型的广告公司是指已经依法取得经营权的，能为广告主提供全方位、全过程广告服务的公司，服务的内容涵盖了市场调查、产品分析、消费者研究、销售方式研究、广告媒体调查和选择，广告策划和创意、广告设计和制作、广告效果评估和测定以及一些与广告相关、相近的其他市场活动。

（二）部分服务型

服务部分型的广告公司是指单为广告主指定的某一项或某几项广告活动提供服务的广告公司，根据不同的业务范围，这些部分型服务的广告公司既有专业的广告公司，也有一些个人创作室，他们运用自己的专业知识、专业技能，将广告主的意愿清晰地表达出来。例如，一些经营灯箱、路牌广告的户外广告公司，一些只制作广告影视的广告公司等。

无论是哪一种类型的广告公司，综合起来，大致可归纳为五类。

第一类：综合性广告公司

这类广告公司大都代理所有的商品广告，公司业务范围广且知名度高，例如一些实力强的大型广告公司。

第二类：单一行业广告商

这类广告公司只承接某一项或某几项广告业务，或者只代理某行业或某种商品的广告，他们的专业水准大都较高，在某一专项的广告业务上占有很强的专业优势。例如一些美术摄影公司、印务公司等。

第三类：单一媒体广告商

这类广告公司只代理某种媒体的广告。在媒体广告经营业务的延伸方面起到很好的作用。尤其是对一些广告发布目标较单一的广告主具有较大的吸引力，例如一些只代理报纸媒体的分类广告者，一些专门代理墙壁广告的公司等。

第四类：广告工程商

这类广告公司利用专业制作设备和人才，承制广告招牌，庆典活动的牌楼，及一些含有广告经营需求的商场、摊位、专柜等。

第五类：广告影片商

这类广告公司只从事录音及录影的作业，又称为广告视听制作业，在电视、电影中所放映的广告影片，都由此类公司制作而成。

二、广告公司的功能

广告公司虽有不同的各种类型，但他们的功能都是由其代理行为产生的。对广告主而言，广告公司的基本功能是为他们提供全面的代理服务，帮助广告主制定和实施广告决策，以及为广告客户提供相关的信息咨询和公关活动的服务。对媒介单位而言，广告公司的功能是为他们提供了广告业务来源和帮助媒介单位减轻广告审查的压力。

（一）广告公司对广告主的具体功能：

1. 首先帮助广告主制定广告规划，包括广告背景分析，广告问题分析，广告目标拟定，广告预算编制，目标消费群设定，广告主张确认和其他一些广告要素的拟定等。

2. 根据广告代理合同，实施广告计划，包括拟订诉求重点，设定表现目标，提出表现概念，评估表现目标和表现概念，构思表现方式，规划篇幅长短，文案和图面的最终制作。

3. 根据代理合同约定和广告媒体签订广告发布合同，包括在特定的媒体，特定的媒体版面的特定的时间内发布等。以保证正确无误地把广告主的信息传递给公众。

4. 监测广告发布是否符合发布合同的约定，及时调整广告计划。

5. 测定广告效果，及时将评估结果和市场信息反馈给广告主，总结广告宣传工作，及时调正公司的工作计划。

6. 帮助和协助广告主为配合广告活动而开展的其他系列促销活动，包括产品设计，产品包装装潢，企业形象设计，试销促销，和一些公关活动等。

7. 为拓展业务，还可为广告主代办或提供一些其他服务，包括展销展台的环境布置，现场人员培训，广告业务信息交流等。

8. 帮助广告主共同遵守广告管理法规，严格审查广告内容，保证广告内容符合广告法规规定的发布标准。

（二）广告公司对媒体单位的功能：

1. 为媒体单位提供广告业务来源，为媒体单位承担代理职责，减少了媒体单位设计、制作广告的负担，使媒体单位把服务重点专注于发布、研究、开发媒体、提高媒体的收视收听和阅读率的水平上，提高了媒体单位的工作效率和效益。

2. 协助媒体单位守法把关，减轻了媒体单位的审查压力。媒体单位无需再花精力用于调查广告主的信用和经营状况，减轻了媒体单位大量的证件和证明查验工作，广告内容的审查工作等。

3. 随着广告代理制的逐步推行，广告公司对媒体服务功能的要求也越来越高，促使媒体在开拓创新、研究和使用新技术、新材料、新装备的专业业务上提高了一大步。

三、广告公司组织结构

广告公司作为广告主与媒体的桥梁，其工作性质属于服务业，组织结构型多依公司规模大小与实际作业需求而有很大的变化。

在较大规模的广告公司，其组织结构和作业部门划分较常采用以下两种。

（一）专户式广告组织（图 5-1）

这类广告公司在公司组织中设立几个广告小组，各组均可独立作业，分别负责不同客户的全部广告事宜，如同是多个的个人广告设计室的集合体。

（二）职务式广告组织（图 5-2）

职务式组织结构是指依职务性质划分部门，如管理部、广告部、策划部、业务部、美术部等不同的职务部门。

国内某综合广告公司组织见图 5-3。

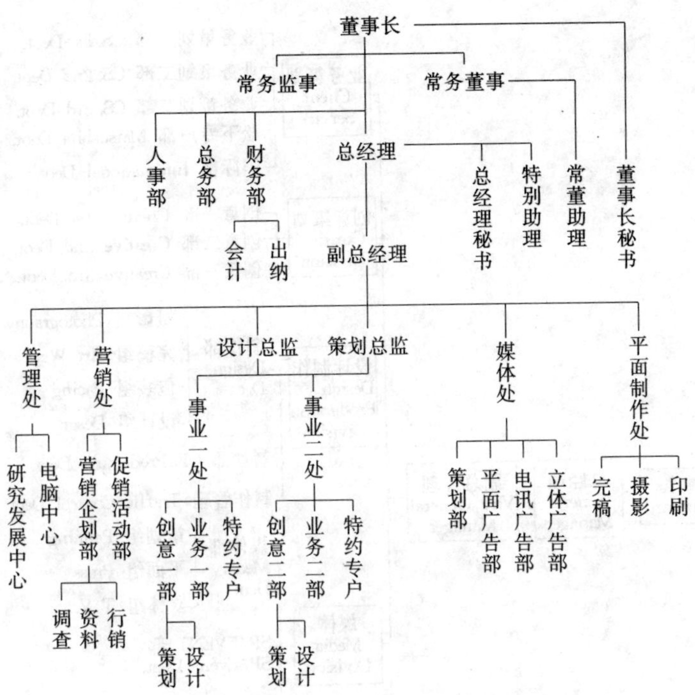

图 5-1　专户式组织结构

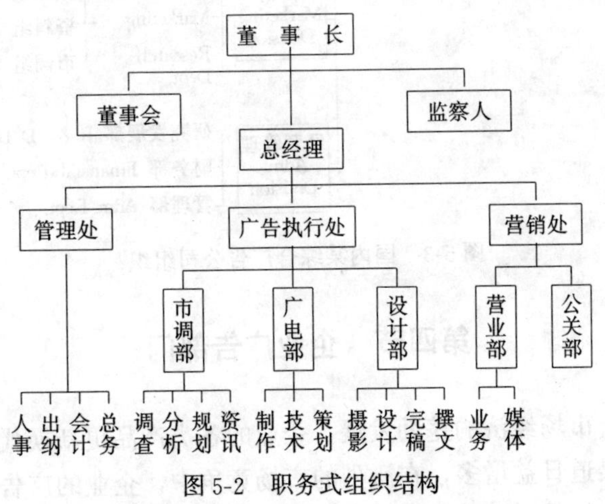

图 5-2　职务式组织结构

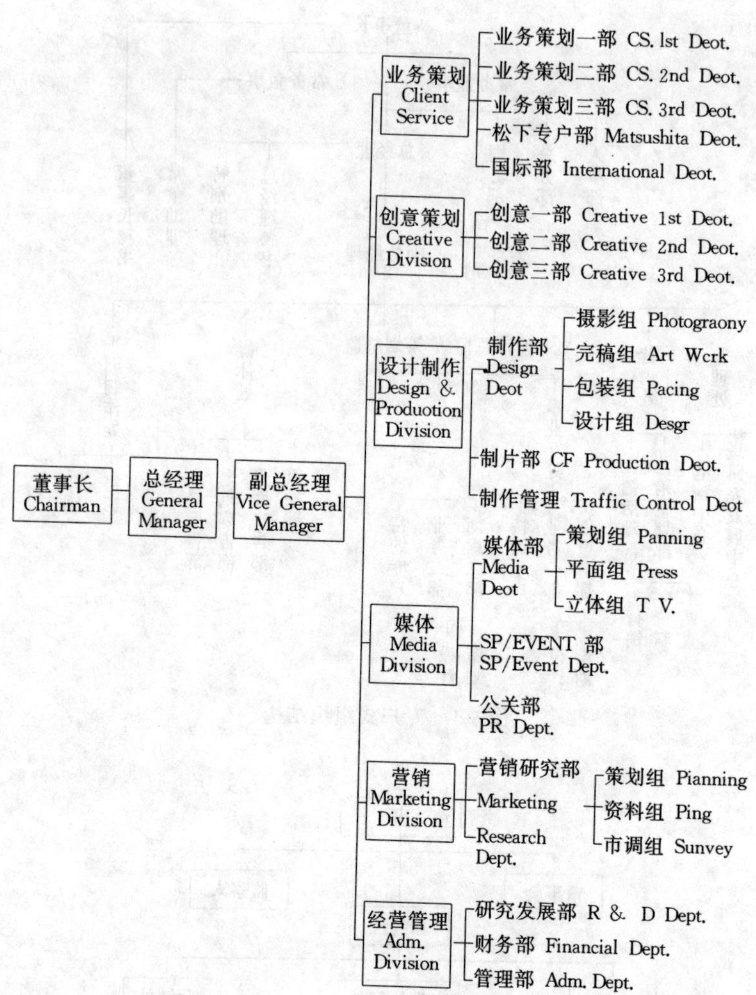

图 5-3 国内某综合广告公司组织

第四节 企业广告部门

随着市场经济的蓬勃发展，企业的各类产品更新换代，企业的销售渠道日益增多，在激烈的市场竞争中，企业的广告业务量骤增，这使得一些企业下决心自设广告部门来策划和统筹自己的广告工作。

一、广告部门特点

企业广告组织是企业统一负责和实施广告宣传的职能部门。通过广告部门的努力，能树立起企业在市场和社会上的优良形象。广告部门为企业涂脂抹粉，梳装打扮，增加了企业自身发展的活力，也增强了企业在市场竞争中的战斗力。

企业设立广告部门的优越性很多，例如，及时掌握市场动向。当一个企业的广告被发布后，它的销售部门即以最快的速度把消费动态反馈给广告部门，以利于企业的决策层迅即掌握最新的市场动向，作出明智的判断，决策计划下一步的销售工作安排；其次，由于广告部门的职工都 是本企业同仁，因而对企业的文化背景，广告主张了若指掌，在设计和制作中能充分体现出它的优势。另外；一些产品的外形、种类变化较大，为适应市场需求，有些企业的广告部门对它的产品广告的保密性要求很大，企业自设的广告部门就能很好的解决这个问题，最大限度的杜绝了泄密的可能性。

当然，它也存在着不可避免的缺点，例如，创意容易枯竭。由于广告人员只做本企业的产品广告，创意范围狭小、创新差；其次是人事负担较重，企业对广告部门职工的薪金和福利等负担，在广告淡季时未必合算；再则是广告人员特定的作业方式和作息时间安排，往往与企业其它行政部门的工作时间相违背，这些差异会给企业的统一管理带来种种不便。

二、广告部门的工作内容

（一）参与制定企业的战略方针和广告决策

一个企业的战略方针常常决定了这个企业的生死存亡，企业的广告部门参与制定本企业的战略目标又往往源于广告部门和销售市场的密切联系，可以随时了解和掌握市场动向、销售动向、消费观念和消费心理。因此，来自广告部门的信息和意见常常会左右企业的营销决策，以便使企业的产品和服务设施更加适应市场经济的需要和作出正确的广告决策。

（二）制定企业的广告计划

这些计划包括确立广告目标；确定实现广告目标所采取的各种措施和运作方式；一系列的广告前期活动，如市场调查分析、消费者调查分析、产品调查分析等；框出广告活动的预算费用；广告发布后的效果测定和评价。

（三）落实广告计划

从广告创意、广告设计、广告制作，乃至广告发布，一环扣一环，环环紧扣，无论从时间的安排上还是人力的投入，都应该计划慎密运行。

（四）广告效果测定的评估

每一广告个案结束，广告人员应进行跟踪测试，进行科学的评估，并作出中肯的结论。

（五）参与（或负责）企业的公关活动

企业内外的公关活动，庆典活动，营销部门的销售活动等通常是由广告部门策划或创意的，并具体负责实施。

（六）严格挑选广告发布单位

企业广告的发布必须经过广告媒介单位或广告代理公司，因此，选择这些合作伙伴必须谨慎行事，否则将会影响广告效果。

三、广告部门的组织结构

世界上广告业较发达的地区，他们对企业广告部门的人事编制、运作模式，常常会视企业本身的规模、广告对象性质和营销渠道畅通状态等实际情况来确定。因此，它的组织结构也可因业务范围的划分，职务范围的划分等具体情况来架设。我们目前的企业广告虽和它有许多不相似之外，但也有一定的共性，我们可先看一下分类架设的组织结构。

（一）业务范围划分

企业广告部门的组织结构常常可以依业务范围来划分，可以分成产品、地区、职务、媒体等方式。

1．产品型（图 5-4）

当某一企业同时生产多种产品，或一个大的集团公司下有若干个子公司，各生产不同性质的产品时，可由总公司的广告部门来统筹业务，统一管理因不同性质产品而发布的广告事宜。

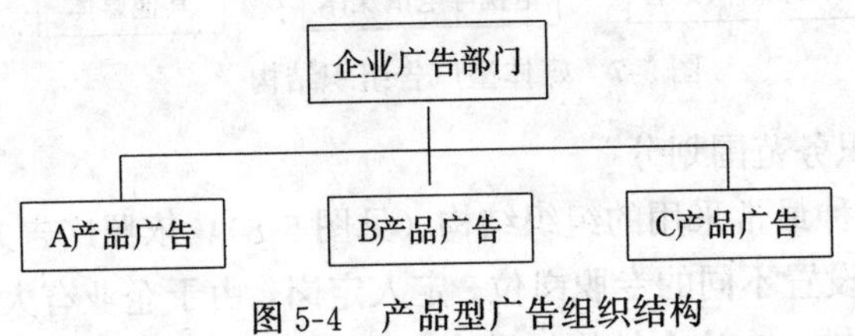

图 5-4　产品型广告组织结构

2. 地区型（图 5-5）

当一个企业在全国各地，或世界各地有不同的销售网点，而这些地区之间的销售状况和消费观念的差异又很大时，企业常常会考虑在自己的广告部门统一领导之下，在各地区分设广告部门或成立某一跨国企业的广告部门。

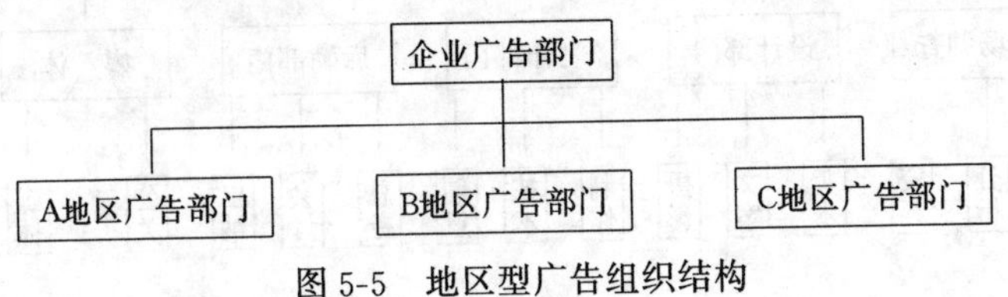

图 5-5　地区型广告组织结构

3. 职务型（图 5-6）

这是最常见的一种组织结构的架设，依广告人员的工作性质，按他们的业务范围来设置。

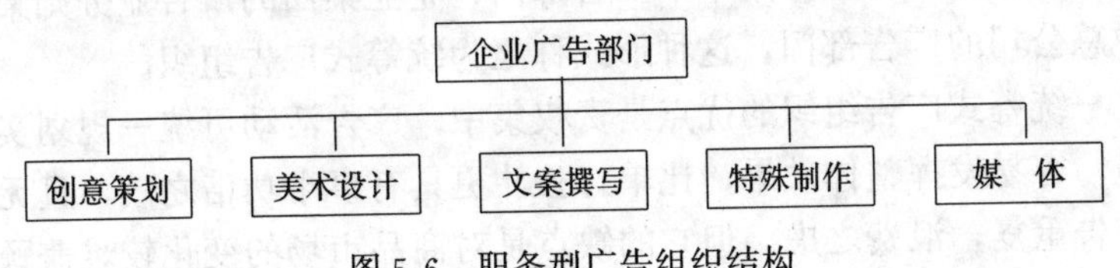

图 5-6　职务型广告组织结构

4. 媒体型（图 5-7）

一些从事咨询或文化艺术类专业的单位，对使用的媒体常常有其独特之需，一些企业单位对广告信息大或多时采用不同的媒体的做法，都会使广告部门作出以下的选择。

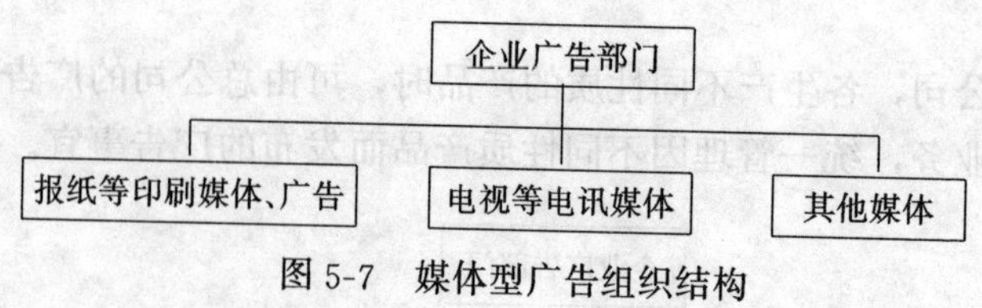

图 5-7　媒体型广告组织结构

（二）职务范围划分

这是一种最常采用的组织结构（见图 5-8），依照广告人员的不同职务，设置不同的专职岗位，定人定岗，由于企业有大有小，人手有紧有松，在这个结构架设中，可以一人多岗，例如一个文案人员，同时还可以是市场调查或其他岗位的兼职人员。

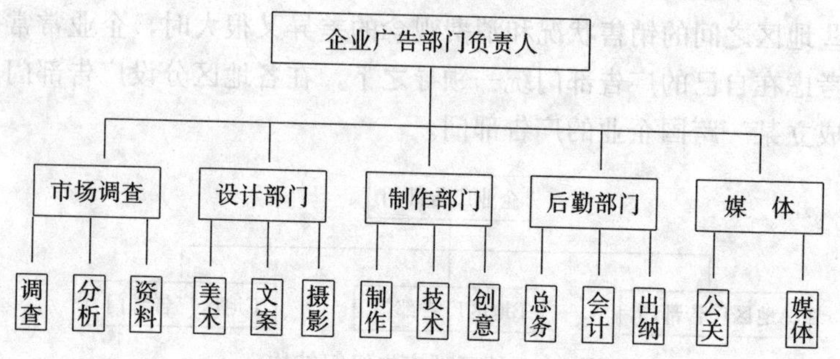

图 5-8　企业广告部门职务范围划分

（三）权力范围划分

1. 统筹式（图 5-9）

企业的广告业务集中于广告部门，企业集团的广告业务则集中总公司的广告部门，这种形式称之为统筹式广告组织。

统筹式广告组织的优点是责权集中，广告活动可统一规划实施，容易发挥整体效果，比单打独斗更具有事半功倍之效，且无广告重复，浪费之虑。但它的缺点是对商品市场的变化较难兼顾到，设计的广告偏重统一性，较难发挥独特诉求，而使广告效果降低。同时，又因工作时间、工作形式和工作内容与企业的各职能部门迥异，容易造成一些管理上的问题。另外，在广告预算上也常常会因为在主要商品上集中力量而疏忽了弱势商品，造成广告资源在某种程度上的不平均。

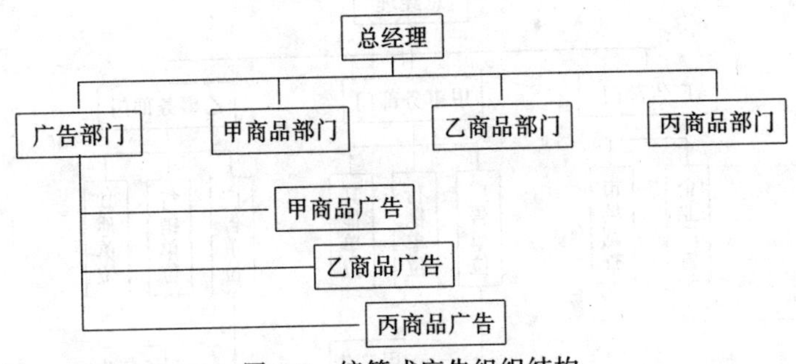

图 5-9　统筹式广告组织结构

注：甲、乙、丙商品部门实际可能就是总公司下面三个子公司（甲、乙、丙）三家的产品广告。

2. 分权式（图 5-10）

分权式广告组织结构是在企业（集团）之下的子公司设广告部门，现在有些大企业，大的集团公司属下有一些三产公司或几个人的广告公司，分权式组织结构指的就是这种形式。

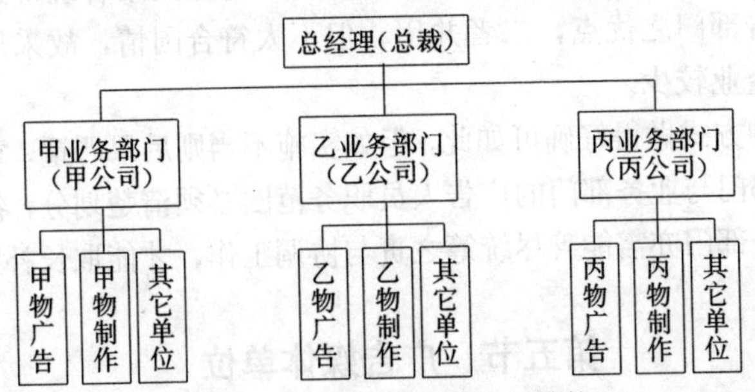

图 5-10　分权式广告组织结构

分权式广告组织的优点是广告组对各自产品特色了若指掌，能直接掌握市场动向与消费需求；各部门广告事务独自作业，能产生良性竞争，可提升企业广告品质及效益，缺点是：各部门广告竞争，容易导致部门间不和谐，广告人员过多而增加人事负担，广告分开规划制作易失去企业广告的统一性与整体性。由于分权式组织人事费庞大，只能用在大企业，尤其是具有多家关系企业的集团。

3. 矩阵式（图 5-11）

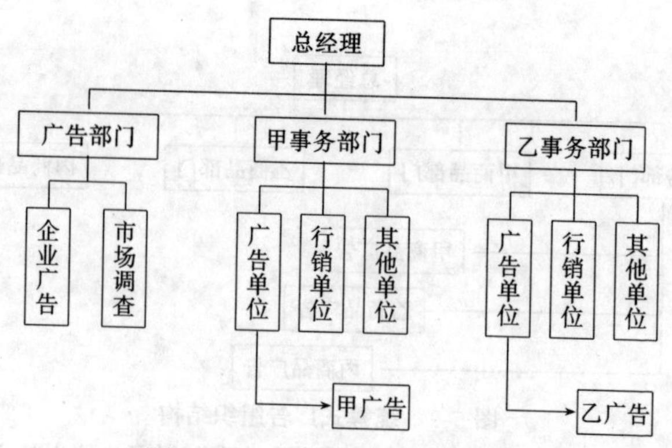

图 5-11 矩阵式广告组织结构

矩阵式广告组织结构是指在企业设立与各业务部门平行的广告部，但各业务部门亦设有直属的广告人员，而形成纵横结构之矩阵式组织。

矩阵式广告组织结构内的各业务部门的广告各自制作，而整体性的广告由广告部门负责，这种组织结构企图结合统筹式与分权式广告部门之优点，二者并用，但不太符合国情，故采用这种方式的企业较少。

这种方式做得好确可如此，但如实施不当则后果严重，重点就在广告部门与业务部门的广告人员职务范围必须清楚划分，各司其职，广告部门亦需能善尽统筹之责与协调工作，才能取长补短。

第五节　广告媒体单位

广告媒体是传播广告信息的工具和手段。是广告的一个功能部分，离开了媒体，广告信息就无法传播，广告信息不能脱离媒体而单独存在。

广告媒体的种类很多，主要包括电视、广播、报纸、杂志等大众媒体和其它一些媒体组织。

广告媒体单位是指自身拥有媒体发布权的单位。如报社、杂志社、电视台、广播局等单位。

一、媒体广告部门的职责和主要任务：

(一) 按照和广告公司或广告客户签订的合同，将广告内容及时、准确地发布出去。

（二）查验广告证明、审查广告内容，保证广告真实，合法。不论是媒体单位直接承揽的广告，还是广告公司代理的广告，媒介广告部门都要依照广告法规的规定，查验有关证明，审查广告内容，对证明不全或内容违法的广告，不予发布。

（三）开展媒介本身广告效果研究。准确把握媒介覆盖面、收视率、发行量，视听受众数量和构成等数据，并提供给广告公司、广告客户和有关单位。

（四）接受咨询、处理投拆。对于广告客户、广告公司、广告受众有关对媒介情况的查询、了解，及时予以答复，提供有关资料。对社会各方对广告的投拆及时予以处理，或转交有关部门。

二、四大媒体的组织结构和特点

（一）报纸广告部门

报纸是我国覆盖面最广的印刷媒体。作为大众媒体，它具有时效性强、可信度高、发行量大、影响面广等特点而深受广告主的欢迎。

报社广告部门依托报社内阵容强大的编辑、记者、发行、美工等专业队伍和专业优势，赢得了大量的广告业务。为广告主提供完善的广告发布信息方面的指导和服务。

1. 报社广告部门的任务和职责

报社广告部门按职责分为内务管理和外部经营两大部分，他们的主要任务和职责是：

（1）承揽广告业务。

（2）调查广告主产品市场和广告诉求对象情况。

（3）筹划和制定广告媒体的发布计划，查验广告主提供的各类证明和证书。

（4）协调广告设计制作完成稿的发布内容和发布时间。

（5）实施媒体发布计划。

（6）登录和建立广告发布业务档案。

（7）跟踪测定广告效果及信息反馈。

（8）财务核算，报表统计等事务工作。

2. 报社广告部门的组织结构

我国目前各大报社的广告部门的组织结构大都按职能架设，虽不完全类同，但大都采用以下方式。

其中（一）

图5-12这种形式的组织结构比较适应小报广告部门的设置要求，业务经营灵活且人事负担较轻。但遇较大的发布业务会有人手偏紧之感。

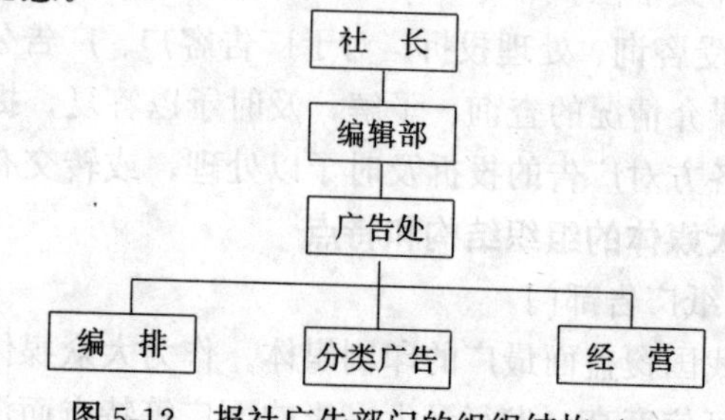

图5-12 报社广告部门的组织结构（一）

其中（二）

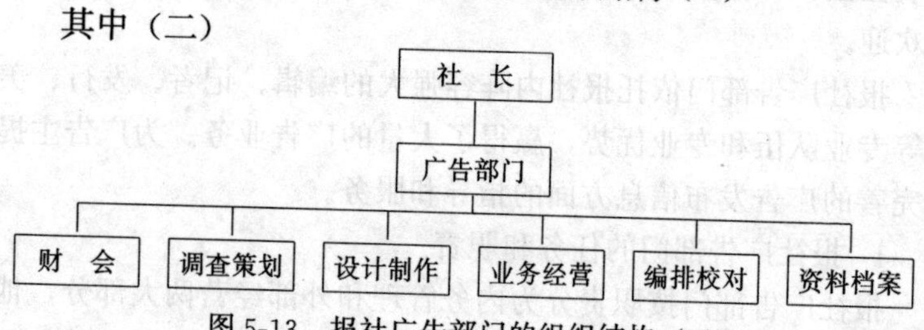

图5-13 报社广告部门的组织结构（二）

图5-13组织结构的优点很明显，广告部门直属社长或总编领导，遇有困难可立即疏通解决，有利于广告发布业务的发展；分工明确，专业性强，有利于广告发布水平的提高；与报社其他部门并列享有同等职权，有利于部门之间的协调。但缺点是机构偏大，事务性管理工作量大，灵活性小，若广告业务偏少就显得不合算。

（二）杂志广告部门

与偏重新闻性的报纸不同，杂志媒体偏重知识性、趣味性和教育性，杂志的阅读者在数量上虽不如报纸那么广泛，但从某一具体信息的效果看，杂志因色彩明丽、印刷精美等特点而留给阅读者更深刻、更持久的记忆和印象。

杂志广告部门的职能范围与报纸接近，只是因为杂志的发行周期长、发行区域广、专业性强的特点和通过对读者群和发行量的综合评估，杂志广告部门发布的广告的预期效果相对易于把握。

1. 杂志的特点

（1）针对性强、专业性强、读者群固定，能较好的针对特定诉求对象的需求心理进行创意设计，增加了广告效力。

（2）注意度高、阅读率高、时效长，使杂志发布的广告效果更具有持续性和稳定性。

（3）印刷精美，编排突出。较强的视觉刺激令读者感到杂志广告真实、可信，令广告主感觉发布空间的灵活。

（4）出版周期长，出版频率低，因而不能适应市场变化节奏快或对时间性要求强的广告发布业务。

（5）影响面窄。这是和专业性强、针对性强特点出于同源的一个负面效应。由于专业性、针对性太强，读者面就较窄，对适用面广的广告商品或服务来说，等于丧失了许多潜在的消费者。

（6）发布费用高。相对报纸而言，彩色杂志广告费用大。

2. 杂志广告部门组织结构（图 5-14）。

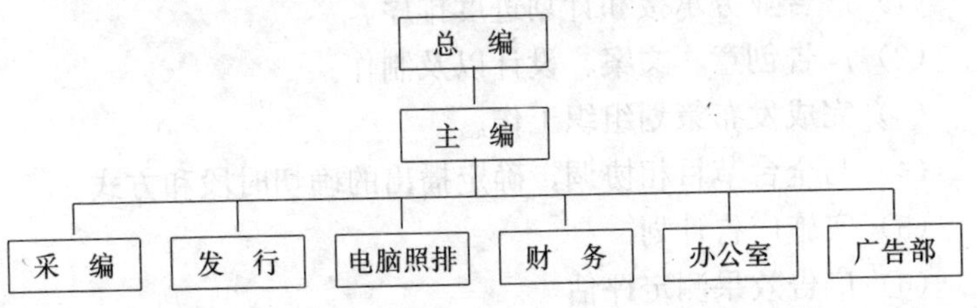

图 5-14 杂志广告部门组织结构

一般杂志的广告部门仅设一人，称为广告员，负责处理杂志广告的代理和广告内容的审核等事务，广告员一般都经培训学习广告法之后才能上岗。只有规模类型较大的杂志才设一个独立的广告部门，而且该广告部门常常为对外接洽业务方便又注册成广告公司，两套机构一块牌子。

（三）电视广告部门

电视广告媒体是我国目前最大的广告媒体，是广告受众人数最多、影响力最深的广告媒体。它是以电影和电视两种载体来表现广告内容的，与任何广告形式一样，都有一个从设计制作到发布的过程，所不同的是，电视广告较其他广告涉及到的相关专业更多，因而其流程也更为复杂。

因此，作为电视广告部门，在广告经营和发布业务中必须更多地熟悉和了解电视媒体的特点，更深入地学习创作流程中所有的相关知识，更正确地把握好设计制作发布工作中的每一个环节，以保证广告的质量和水平。

1. 电视广告部门的职能

电视广告部门的组织结构因其独特的专业特点，与报纸、杂志广告部门的结构不同而稍显复杂，那就是除了例行的广告设计制作外，电视广告部门必须参与全台节目组织过程，然后确定广告的播出时段与露出频率，最后按全台的统一部署和计划完成广告的发布工作。当然，电视广告部门的技术要求也相对较高，需要业务水平较高的创作和制作专业人员为之尽力，才能最大限度地实现电视广告的效果。它在执行广告计划时的工作步骤是：

（1）广告业务承接和计划进度排序。

（2）广告创意、文案、设计以及制作。

（3）完成发布策划组织工作。

（4）与全台节目相协调，确定播出的确切时段和方式。

（5）实施广告计划。

（6）广告效果测定评估

（7）各项事务性管理工作。

2. 电视广告部门的组织结构（图 5-15）

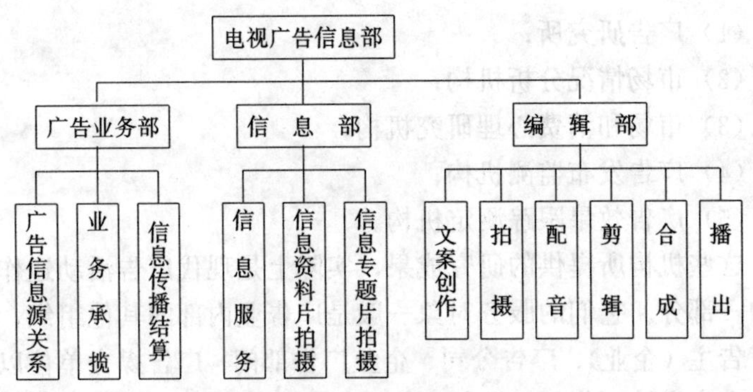

图 5-15　电视广告部门组织结构图

电视广告部门的组织管理流程和操作与其它媒体广告部门大致相同，只是较要求突出技术管理的重点，要求专业人员熟悉业务和相关业务的知识,具有一定的经济信息掌握水准和处理能力,熟悉各文艺团体的情况。

第六节　广告研究机构

广告研究机构主要是为广告业服务的，近年来由于广告业的迅猛发展，研究机构的服务范围和服务功能也日益扩大和增强。

一、广告研究的机构概念

广告研究机构是指独立于广告业各组织之外的、为广告行业提供专业性服务的机构。

广告研究机构目前在规模和服务上还处于较不完善的状态，专业研究人员紧缺，许多地方的广告研究工作还非常薄弱，但随着市场经济的迅猛发展，也加快了广告业发展的步伐，一些城市的广告研究机构正在不断涌现，广告市场调查机构、广告消费心理研究机构、广告发布监测机构等都在筹建组织和正在建设之中，有些已循入市场运营，取得了很好的效果。

二、广告研究机构分类

依据广告服务对象的不同，广告研究机构可分为两类。

1．为广告专业对象服务的：

（1）广告研究所；

（2）市场情况分析机构；

（3）市场和消费心理研究机构；

（4）广告发布监测机构；

（5）广告效果跟踪测定机构。

这些机构所提供的研究成果，实际上是现代广告活动运作程序的一部分。它们的服务对象一般是广告业内部的其他组织，包括广告主（企业）、广告公司、企业广告部门、广告媒介单位以及一些广告设计制作相关业单位。

2. 为社会提供服务的：

（1）广告人才培训中心；

（2）大专院校的广告专业和广告学校；

（3）广告专业刊物和报纸；

（4）广告博物馆、展览馆等。

相对前者来说，这些机构的服务对象更具有社会性和教育性，且他所服务的有偿性也不如前者。但从推动广告理论研究角度看，全国已有几十所高等院校先后开办广告专业学科，正在培养和已经培养的广告专业人才日渐增多。另外，专业性的广告刊物，如《国际广告》、《中国广告》等杂志也各司其职，做了大量的研究工作，已基本形成了研究规模。

三、广告研究机构特点

广告研究机构主要有以下几个特点

（1）它独立于广告客户、广告公司、广告媒介单位之外，是与广告业这些组织平等的民事主体，有的是企业法人，有的是事业法人，有的是社会团体法人。

（2）它为广告业提供的服务是与广告活动紧密相关的，有的就是广告活动的一个组织部分，而不是一般的后勤保障服务。

（3）与广告业其他组织不同，它所提供的服务有的是完全有偿的，有的是部分有偿的，有的是无偿的公益性的。

第六章 广告监督管理概述

第一节 广告监督管理的概念和内容

一、广告监督管理的必要性

国情日新，宇宙恒变，处于当代世界经济视野中的我国广告业，如何在东西文化的碰撞与融汇中铸造其崭新的生命，带给我们太多的思考。

沧海一粟，二十年间，回顾广告业发展的风风雨雨，烽烟四起，暗流涌动。无序经营，无序竞争，以及缺乏相应法规、法律的健康引导，为今天广告行业中种种不规范行为种下了隐患。也正因为如此，我们的广告业难以取得更为有效的发展，也难以形成气候。

物欲横流，求利心切，使得一些企业和个人，不顾触犯他人利益，不惜冲破法律束缚。他们希望自己所思所想的只要能够给其带来最大的利润，就是值得实施的，并希望在实施的过程中没有任何的阻碍或限制。但转而思之，如果每个人都这样想，每个人都这样做，自己的利益不受侵犯则已，一旦自己的利益受到了侵犯，就会存在着这样的一些问题：谁来保护我？保护我又以什么做为准绳？这些准绳当中我是否占尽了天时地利？是否遵守了这些准绳？自然这种等事后再提出问题，不免显得为时已晚，回天乏力。

在广告业当中，也许也正因为这种意识的存在，才使得出了问题才考虑到问题的存在，然而遗憾是的恶性的后果已无法避免。

虽然自1979年以来，我国的广告业在不断的成长，而且做为市场经济中的一个重要部分，其作用显得越来越重要，各方面的管理工作也逐渐步入正轨，但是与国外同行业相比，我们的广告业历史短、差距大，在实践过程中各种问题的出现，各种缺陷的暴露都是无法逾越的流程，如果没有专门的组织或机构统一对广告业进行规划，其结果必然导致广告业的无序运行、盲目发展，直至生产、生活的紊乱。

又如：某些媒体单位凭借自己把持着广告发布权的优势，往往能招揽相当数量的广告客户，但却又忽视企业自身及市场情况和消费者心理，使得策划不成功，创意理念不成熟，加上广告人才缺乏，使市场调查、消费者调查的部分广告业务运作得力不从心，从而影响了广告的策略，创意等环节，影响了最终的广告效果。

实际上，科学合理的广告行业结构应是专业广告公司处于行业的主导地位，它介于广告客户与媒介之间，为客户提供全面的服务，为媒介承揽广告业务，为客户和媒介提供双向服务。广告媒介专职从事广告发布业务。

目前，由于广告管理机构的不完善管理权限的后置性，使得一些广告商和企业主，投机取巧，误导消费倾向，而媒体又对这种只图眼前利益，牺牲行业前途的行为推波助澜，最终致使市场资源浪费，营销环境恶化，于是，在某种程度上说，更加速了广告业的无序，广告管理的弱化使这种无序得到相对的强化。可见广告业中的种种病症，严重影响和阻碍了它的发展，并在一定程度上阻碍和扰乱了我国的社会主义市场经济体系。

因此，摒弃无序、摒弃盲目，使广告业的发展具有更多的规范，已变得越来越有重大的现实意义和深远的历史意义了。

鉴于现状，无论企业主、广告商还是媒介单位，都会要求尽快建立一个有序的健康的竞争环境，要求政府加强广告业管理。

二、广告监督管理的概念

（一）广告监督管理的种类

由于广告业中存在的问题与广告主、广告经营者、广告媒体、广告管理机构、广告行业组织是息息相关的，因此，广告监督管理的范围较为广泛，既包括属于国家行为的政府管理，也包括行业自身的自我管理和社会消费者监督管理，既包括企业广告组织的管理也包括广告经营者的管理。按管理的主体对其进行分类，则可分为四种：

1. 政府监督管理

是指国家授权有关管理机关，根据各种广告管理法规及有关规定进行广告监督管理，保护合法经营，取缔非法经营，查处违法行为，维护社会主义商品经济新秩序。

2. 行业监督管理

是指广告行业对行业的广告活动的自我约束，自我监督。其实施是通过制定行业准则，依靠会员的自觉性来实现的。如中国广告协会的《广告行业自律规则》、《广告行业岗位职务规范》。

3. 社会监督管理

是指新闻舆论监督管理和消费者监督管理等，这是指通过社会舆论、新闻媒体来影响广告行业，通过消费者投诉来矫正不正当的广告行业行为，以此来规范广告行业作风。

4. 企业监督管理

是指有关企业根据广告监督管理法规进行自我审查，自我监督管理。自我管理的企业包括企业广告组织和广告经营者。

一般来说，企业监督管理属于内部管理，政府监督管理、行业监督管理，社会、消费者监督管理属于外部管理。

如果对每种监督管理展开来进行论述，则可能自成一章，在此，我们所强调的广告监督管理是指政府的监督管理。

（二）广告监督管理的概念

广告监督管理，是指国家广告管理机关依据法律、法规和国家授予的职权，代表国家对广告活动全过程进行监督、检查、控制和指导的活动，目的是保护广告活动各方和社会公众的合法权益，保障广告业健康发展。

1. 广告监督管理的依据及目的

（1）概念指出了广告监督管理必须依法管理。法律、法规就是广告监督管理的依据。严密的广告管制，必须由法律规章来执行。依据的法规有《中华人民共和国广告法》、《广告管理条例》、《广告管理条例施行细则》，基本法（如《宪法》、《民法》等）和综合法（如《反不正当竞争法》、《保护消费者权益法》等）以及专项广告管理法规（如《药品广告管理办法》、《医疗器械广告管理办法》）等。

（2）概念还指出广告监督管理的目的是保护广告活动各方和社会公众的合法权益，保障广告业健康发展。这一目的和《广告法》中第一章和第一条所指的广告法的目的是一样的，都指出了立法和实施监督管理的目的是"保护广告活动各方和社会公众的合法权益，维护社会主义经济秩序，保障广告业健康发展。"都强调了广告主、广场公司和广告媒介对消费者，对行业，对社会的责任，保证广告奉公守法，真实可信。

2. 广告监督管理的特点

广告监督管理的特点有以下

（1）管理范围的广泛性

广告管理的范围涉及了社会的方方面面，不仅有物质生产领域还有上层建筑范畴。同时，广告也不仅仅是经济宣传，还影响社会风尚，影响人类精神文明的建设。因此，它的范围较广泛，主要表现在：

1）广告主具有广泛的社会性。广告主既有生产领域，又有流通领域。既有公民个人，又有工商企业和其它经济组织。

2）广告媒介的传播方式多元化，随着科学技术的日新月异，新媒体的开发利用，广告容量的不断增大，使广告的覆盖面、影响力日益增大。

3）广告监督管理的内容具有广泛性，包括生产领域、流通领域、消费领域，涉及到社会、经济、文化、公益、服务等各方面。

4）广告监督管理的客体具有广泛性，即包括广告主，广告经营者、广告发布者等。

（2）管理措施的强制性

广告管理依据国家法律、法规、政策，凭借法律手段和行政手段对广告活动实施管理，因此具有强制性。对于弄虚作假，欺骗消费者的广告违法行为，广告管理机关有权根据其情节轻重作出行政处罚，经济处罚，对于情节严重、影响恶劣、构成犯罪的，由司法机关依法追究当事人的刑事责任。

（3）操作的规范性

广告监督管理的操作规范性，集中体现在《广告法》及其他广告管理法规、政策、条例的制定和运用上。对广告经营活动的规范控制，协调运作，广告经营者的品质标准，广告活动规范，广告经营规范，广告发布的一般标准和特殊标准等，都充分体现了工商管理机关对广告监督管理的规范性。

（4）管理机构的综合性

广告监督管理不只是对广告活动某一环节或某一方面进行管理，而是对广告活动的全过程、全方位管理。这种监督管理必然涉及到不同的管理部门，如药品、化妆品、环保、食品、城建、交通等部门，需要各部门的协调合作，以实现对广告活动的调控、管理。因此靠简单的行使某一部门的权限管理广告，必然会割裂广告活动的整体性和内在的联系。

（5）监查的经常性

广告经营活动的不间断进行，使得广告管理机关的监督检查必须经常及时地进行。

三、广告监督管理的内容

广告监督管理是对广告活动实施全过程、全方位的监督检查，其内容包括了对广告经营、广告媒体、广告创作、广告宣传等活动的管理，可以分为九项具体内容：

（一）对广告行业的规划管理

广告行业发展规划是指根据国民经济和社会发展的总要求，有计划、有针对性地制定广告业在一定时期的发展战略，发展目标，发展重点，行业结构及相应的政策措施等作为广告行业发展的蓝图和依据。使广告业有迹可循，有法可依，与国民经济和社会发展相适应。

（二）各类广告发布标准的管理

广告发布标准，是广告主、广告经营者、广告管理者、广告发布者必须遵守的准则。制订、解释、修改广告发布标准是广告监督管理的一项基本内容。

广告发布标准的管理由下列10个要素组成：

1. 广告客户的主体资格合法并具有经营广告的资质标准。

2. 广告内容合法；

3. 广告中涉及的技术、质量、数据、荣誉、承诺、产权、专利、商标等符合国家有关法律和行业标准的规定；

4. 广告证明合法；

5. 广告内容经过审查、验证程序。

6. 广告发布的媒体单位不得利用自身的优势排斥其他广告活动主体，禁止任何形式的垄断和不正当竞争行为。

7. 广告发布者提供的收视率、阅读率，发行量和媒介覆盖率等资料必须真实。

8. 广告发布者的收费标准和收费办法必须公开，并接受有关机构的监督检查。

9. 建立广告发布业务的承接登记、审查验证、档案保存、财会、统计等各项广告管理机关规定的制度。

10. 对须经广告中介审查机构审查的广告，应当有审查合格的决定，没有审查合格的，不得发布。

（三）广告主的管理

广告主是广告活动的主体和广告信息的发出者，他们的行为是否真实合法，对广告活动影响甚大。因此，对广告主的管理应该从立法、执法两方面加强管理，培养他们自觉遵守法律法规的意识，同时保证工商行政机关有效的广告监督管理。引导广告主进行合法、有效的广告宣传，消除欺诈虚伪、言不符实广告行为发生。对已造成虚假、违法的广告案件应承担第一位的法律责任。

1. 对广告主主体资格的监督管理

《广告管理条例施行细则》第十条规定：广告主申请发布广告，应当出具相应证明。其相应的证明包括：

(1) 工商企业和个体工商户分别交验《企业法人营业执照》副本和《营业执照》。

(2) 机关、团体、事业单位提交单位的证明。

(3) 个人提交乡、镇人民政府、街道办事处或所在单位的证明。

(4) 全国性公司、中外合资经营企业、中外合作经营企业、外商独资经营企业，应当交验国家工商行政管理局颁发的《中华人民共和国营业执照》。

(5) 外国企业常驻代表机构，应当交验国家工商行政管理局颁发的《外国企业在中国常驻代表机构登记证》

2. 对广告主广告内容的监督管理

对广告主广告内容的监督管理指：针对所作广告的内容、种类，广告主必须交验相应证明。它包括：

(1) 标明质量的商品广告的交验证明；

(2) 标明获奖的商品广告的交验证明；

(3) 标明优质产品的商品广告的交验证明；

(4) 标明专利权的商品广告的交验证明；

(5) 标明注册商标的商品广告的交验证明；

(6) 实施生产许可证的商品广告的交验证明；

(7) 药品类等特殊广告的交验证明；

另外，还有几类广告需要广告主交验相应证明。

(8) 报刊出版发行广告，应提交新闻出版署核准的《报纸登记证》或《期刊登记证》

(9) 图书出版发行广告，应提交新闻出版管理机关批准成立出版社的证明。

(10) 文艺演出广告，应提交县以上文化主管部门准许演出的证明。

（11）文化补习班的招生广告，应提交县以上（含县）教育行政部门同意刊播广告的证明。

（12）职业技术培训班招生广告、招工招聘广告，应提交县以上（含县）教育行政部门或劳动人事部门同意刊播广告的证明。

（13）大专院校招生广告，跨省招生、学制在一年以上的须经学校所在地省、自治区、直辖市教育行政部门审核，报国家教育委员会批准后方可发布。

（14）中等专业教育广告，应提交地（市）级教育行政部门同意刊播广告的证明。

（15）外国来华的招生广告，应提交国家教育委员会的证明。

（16）展销会、订货会、交易会广告，应提交主办单位主管部门批准的证明。

3. 对广告主广告发布的监督管理

广告主不能弄虚作假、以次充好、欺骗用户，给用户造成经济损失；不能影响广告经营者的信誉；不能泄露国家机密；不能伪造卫生、注册、计量、商标、获奖证书、质量合格证等证明；不能盗用他人的技术证明或商标。

（1）广告活动中禁止任何形式的垄断和不正当竞争行为。

（2）广告主的广告活动应当在其经营范围和国家许可的范围内进行。

（3）广告主委托发布广告，应当将广告业务委托给具有合法经营资格的广告经营者，并应当提供与广告活动相关的证明。

（4）广告主应当在广告发布前对广告进行书面确认。

（5）广告主在广告活动中应当和广告经营者、广告发布者签定书面合同，明确双方权利、义务。

（6）广告主不得采取欺骗、行贿或其他非法手段，骗取广告证明及广告审查合格决定。

（7）广告主对于给付或接受的折扣，必须如实入帐，不得在帐外暗地里接受或给付回扣。

（四）广告内容审查验证的管理

根据《广告法》规定，“广告内容必须清晰明白，实事求是。不得以任何形式弄虚作假，蒙蔽或者欺骗用户和消费者。”此外“利用广播、电视、报纸、期刊以及其他媒体发布药品、医疗器械、农药等商品的广告和法律、行政法规规定应当进行审查的其他广告，必须在发布前依照有关法律，行政法规由有关行政主管部门对广告内容进行审查；未审查，不得发布。”监督检查广告经营者是否履行了法定的审查义务是广告管理的重要内容。广告发布前审查验证这一关把好了，对于杜绝虚假广告和其他违法广告的发生，具有非常重要的作用。

（五）广告经营者资质标准的管理。

广告行业是知识密集、技术密集、人才密集的高新技术产业。广告经营者的文化素质、业务水平是广告业稳定发展和综合实力提高的首要因素。广告经营者具有一定的技术、设备、人才条件，才能胜任广告工作，从事广告活动，广告管理机关把广告经营者分为主营、兼营、代理和设计制作等类型，并规定了相应的资质标准。如设计、制作型广告经营者必须有一定数量的设备场地和技术力量。从事广告发布业务必须有直接刊登、播放广告的手段。对于广告代理，要求了解国内外法规和广告行业贯例；了解国内外市场情况及国家进出口贸易政策。

（六）广告经营行为的管理

广告市场是社会 主义市场体系的一个组成部分，广告经营行为必须遵守一定的市场规则，对广告经营行为的检查监督是维护社会主义市场经济秩序的具体体现，监督管理的内容包括：

1. 设计、制作、发布、代理、策划等广告经营活动要有合法经营资格；

2. 使用的广告媒介须经国家主管部门批准；

3. 广告的代理费，占地费及广告收费标准要符合国家规定；

4. 广告经营的程序要合法。如签订广告代理合同，审查广告客户提供的有关证明文件等。

（七）户外广告的管理

户外广告的管理包括户外广告发布标准和经营范围的管理。根据《广告法》第 33 条的规定："户外广告的设置规则和管理办法，由当地县级以上地方人民政府组织广告监督管理，城市建设、环境保护、公安等有关部门制定。"户外广告的管理地方性很强，涉及城建、环保、公安、交通等部门，应注意争取地方政府的支持和各部门的配合，为户外广告发展创造良好的外部条件，这对户外广告的经营管理所起到的影响是不言而喻的。

（八）进出口广告的管理

近年来，进出口广告不论其质与量，皆有急剧增加的趋势，这种现象一言以蔽之，就是国际行销的必然要求，也是时代的必然趋势。因此加强对进出口广告的管理就势在必行。

进出口广告管理包括国内广告主的出口宣传和国外广告客户在中国境内的广告宣传的管理。管理的主要的内容是：依法确定申请经营进出口广告业务单位的主体资格；监督检查国外广告主在中国境内依照中国法律、法规开展广告宣传活动；监督、检查国内企业出口广告宣传是否有损中国国家主权和利益。

（九）制止、制裁广告违法行为

根据《广告法》规定，对违反广告法律、法规的行为予以制止、制裁。并对不服广告管理行政处罚决定的复议申请，依法审议，做出裁决。尽管这项内容带有事后的性质，但它的威慑性是显而易见的。

四、广告监督管理的作用

在现实生活中，一些广告主、广告经营者，求利心切，违反职业道德，不顾消费者利益，在广告中弄虚作假，以假充真，以次充好，蒙蔽广大消费者，并抗拒国家的监督管理，其结果必然扰乱了社会主义正常的经济秩序，危害了人民群众的生活。

此外，随着市场经济的繁荣和竞争的日益加剧，各种较量的手段层出不穷，其中包括利用广告宣传，攻击、诋毁其他同类产品，假冒名牌以推销伪劣产品，或者明显商标侵犯行为等不正当的竞争手段相继出现，严重危害了消费者的合法权益，而且也扰乱了社会经济秩序。在这种形势下，如何加强广告管理，已成为直接影响行业竞争和发展的重大课题。

广告一方面作为传达商品信息，塑造企业形象，具有其经济性的一面，另一方面，它作为社会性的一面，对社会生活能起到美化的作用和激励作用，并引导一种新的生活方式和新的思想观念。可见，广告对社会大众，渲染之深，影响之广。

因此，为防止不法分子利用广告进行具有伤风败俗、荒诞无稽和迷信色彩等内容的广告宣传，必须加强监督管理，控制和防止拙劣广告的泛滥，减少和防止水平低劣的广告给社会大众带来不良影响和伤害。

在世界面临经济一体化的过程中，国与国之间的经济联系日益紧密，而做为经济生活不容忽视的一部分——广告活动，必然面临一个更加严峻的考验，我国的广告业起步晚，潜力大，已经在新兴的第三产业的洪流中脱颖而出。进一步加强对广告的宏观管理，可以提高我国广告行业竞争实力，增强中外厂家对我国广告公司和媒体的信赖，阻碍国际广告公司对我国广告及消费市场的占据。综合上述，加强广告监督管理的作用有：

(1) 有利于保证我国广告事业的健康发展。

(2) 有利于消除虚假广告，维护消费者的合法权益。

(3) 有利于促进合法竞争，保护企业权益。

(4) 有利于社会主义精神文明建设。

(5) 有利于促进改革开放的发展。

第二节 广告监督管理的原则和方法

一、广告监督管理的原则

广告监督管理的原则是广告监督管理人员进行管理活动的指导思想和立场。

(一) 法制原则

国家所制定的法律、法规、政策具有强制性，权威性和指导性等特点。这也决定了在对广告进行监督管理的时候，应该以法律、法规和政策为准绳，使广告经营活动和广告管理行为在规范化的标准中行之有效。广告管理的法制化主要体现在广告管理的内容、程序、手段、机构、人员等各方面。

（二）权益原则

权益原则就是进行广告监督管理时，必须保障广告活动各方面的合法权益。广告活动各方面既包括广告经营者，广告主，广告发布者，还包括消费者，社会公共利益，维护各方面权益是广告监督管理活动的重要目的。

（三）综合治理原则

广告活动的管理范围很广，几乎涉及了国民经济的各个部门。因此单靠工商行政管理部门的广告监督管理机关是难以完成广告管理重任的，广告管理机关只有与有关单位和部门密切配合，开展综合治理，才能执行行之有效的管理，才能准确、全面地执行和完成法律所赋予的任务。

（四）产业原则

产业原则是指进行广告监督管理时，必须有利于广告产业的发展。广告行业的发展不仅是速度、营业额的增加，而且是整个行业的健康、快速、协调和其他产业的平衡发展。广告活动是为发展商品经济服务，为发展生产力服务的。

二、广告监督管理的方法

国家对广告的监督管理的方法很多，主要有以下几种：

（一）行政方法

对广告的行政管理方法，是指国家通过广告管理部门及其有关组织，利用行政手段对广告业施加影响和进行控制，保护合法经营，取缔非法经营，查处虚假广告和其他违章广告，以保证我国广告事业沿着社会主义方向健康发展。主要表现为：停止发布广告、责令公开更正、通报批评、没收非法所得、罚款、停业整顿、吊销营业执照或广告经营许可证，撤销广告审查或出证资格等。行政手段带有较高的权威性和强制性。广告经营者、广告发布者、广告主都必须遵照执行。

（二）法律方法

法律方法，是指政府通过制定广告方面的有关法律规定，按严格的司法程序，对广告主、广告经营者、广告发布者的行为实施，进行经常性的监督和管理。这里所说的法律主要是指《中华人民共和国广告法》、《广告管理条例》、《广告管理条例施行细则》、《食品管理条例》、《药品管理条例》以及其他相关的法律法规。

这种管理具有权威性、规范性和概括性特点，主要适用于处理广告活动中带共性的问题，以确保广告管理机关对广告主，广告经营者，广告发布者进行监督、检查、控制和指导时有法可依。

（三）经济方法

广告监督管理的经济方法，是指广告管理机关及其它有关管理机关，通过税收、价格及其他经济手段对企业或广告经营单位的广告活动进行约束和调节，促使广告业的发展和广告经营单位，广告客户的经营活动，符合国民经济稳定、协调发展的需要。

（四）社会监督方法

社会监督方法是指消费者、消费者组织、新闻媒介、社会舆论，对广告内容、广告组织、广告客户的广告宣传活动进行监督管理。推行社会监督方法，是促进广告质量提高，维护用户和消费者正当利益，杜绝虚假广告的重要措施。随着消费者法律意识的增强，消费者组织力量和活动在社会的加强，社会监督方法的作用将会大大的增强。

（五）广告业自律方法

广告监督管理的自律方法，是指从事广告业的经营组织、单位、个人，在国家广告管理部门的指导下，根据行业的特点自行制定公约、守则，进行自我约束，以确保设计制作、发布刊播广告的合法性和真实性。如广告协会制定的《广告行业自律规则》和《广告行业岗位职务规范》等，属于行业自律的公约范畴。这种自律，不具有法律性质，而是通过一种职业道德和规范的作用，将广告经营活动纳入社会主义的法制的轨道，维护消费者的合法权益，其目的是规定对消费者进行广告的伦理准则，广告主之间的伦理准则及和广告代理业、媒介业的伦理准则，避免因不正当竞争手段而造成的经济损失和信誉损失。

第三节　广告监督管理机关和职责

一、广告监督管理机构

《许法》第六节规定："县级以上人民政府工商行政管理部门是广告监督管理机关。"在我国，工商行政管理机关代表国家行使广告管理的职能，其机构设置情况如下：

（一）国家工商管理局下设广告司，管理全国的广告行业。

（二）各省、自治区、直辖市及计划单列市的工商行政管理局设广告处，管理本辖区的广告业务。

（三）地、市工商行政管理局设广告科，管理本辖区的广告业务。

（四）县、自治县、自治州工商行政管理部门设广告股，管理本辖区广告业务。

由于工商行政管理机关在行政归属的特殊性，它是国务院的直属机构，上级工商行政管理局对下级工商行政管理局是业务指导关系，地方政府与当地工商行政管理局是行政隶属关系。所以，地方工商行政管理局的广告管理工作，一方面接受上级工商行政管理局的业务指导，另一方面还要接受地方政府的领导。

二、广告监督管理机关的职能

根据《广告法》及其他有关广告的法律、法规的规定，各管理层广告监督管理的职能为：

（一）国家工商管理局层的职能：

1. 研究制定广告业发展规划及方针、政策，制定各类广告的发布标准。

2. 制定或参与制定广告管理法规、规章。

3. 监督管理广告发布及其他各类广告活动。

4. 负责广告经营审批。

5. 依法查处虚假广告。

6. 指导本系统广告管理工作。

7. 指导广告行业组织工作。

（二）省、自治区、直辖市工商局层的职能：

1. 研究制定本省（区、市）广告业发展规划、政策和方针。

2. 制定或参与制定广告管理地方性法规、规章。

3. 监督管理本省（区、市）广告发布及其他各类广告活动。

4. 负责本省（区、市）广告经营审批。

5. 依法查处虚假广告。

6. 指导本省（区、市）系统广告管理工作。

7. 指导本省（区、市）广告行业组织工作。

（三）地方级工商局的职能：

1. 研究制定本市广告业发展与管理政策、措施。

2. 监督管理本市广告发布及其他各类广告活动。

3. 负责本市广告经营审批。

4. 依法查处虚假广告。

5. 负责本系统的广告管理工作。

6. 指导本市广告行业组织工作。

（四）县级工商局的职能：

1. 研究制定本地区广告业发展与管理措施。

2. 监督管理本区广告发布及其他各类广告活动。

3. 负责本地区广告经营初审。

4. 依法查处虚假广告。

5. 指导本地区广告行业组织工作。

第七章　广告经营的监督管理

一家公司从其筹划建立到建立后的运作，并非一件简单、容易的事情，除了企业设立所需的资金、资源、经营场所，组织机构、明确的经营范围，及其法律、法规所规定的其他条件外，还需通过政府所规定的设立程序和接受一系列的考核。

广告经营作为社会经济中的一部分，同样是要为确保社会经济的运行秩序作出努力。因此，须对广告经营进行资格审查，或称为广告经营资格审批。《中华人民共和国广告法》第二十六条规定："从事广告经营的，应当具有必要的专业技术人员，制作设备，并依法办理公司或者广告经营登记，方可从事广告活动。

广播电台，电视台，报刊出版单位的广告业务，应当由其专门从事广告业务的机构办理，并依法办理兼营广告的登记。"

广告经营资格审批，须依据统一的资质标准严格把关，而不同性质的广告经营单位其资质标准要求也是有区别的。

第一节　广告经营的概念及类别

在涉及广告经营资质标准之前，我们有必要先对广告经营的各种类型加以阐述。

一、广告经营

广告经营指广告经营者或广告发布者通过广告承揽、广告设计、广告制作、广告代理和广告发布为广告主提供单项或全方位服务，并以此获取相应报酬的行为。广告经营包括五种具体的方式：广告承揽、广告设计、广告制作、广告代理和广告发布。

二、广告经营类别

（一）广告承揽

广告承揽是广告经营活动的第一环节或过程，是广告设计、广告制作、广告代理及广告发布的基础。它是指广告经营者寻求、劝说广告主，委托为其办理广告业务，或广告经营者接受广告主委托为其办理广告业务。申请登记获准，拥有广告承揽资格的广告经营者，只能在其被允许的经营承揽范围内承揽广告。

（二）广告设计

作为广告策划的核心部分和广告成败的关键，广告设计过程实质是信息的决策过程。这一过程包括信息的产生，评估与选择以及信息执行阶段。而广告中成功的信息传递，往往是首先作用于消费者的视觉、听觉，继而引起其心理感应，促进一系列的心理活动，最后导致消费行动。因此广告设计要求具有创新性、智慧性、想象力、奇特性、系列变化性，及时性和民俗适应性的原则特点。获得广告设计批准的广告经营机构、单位必须拥有大量出色的专业的广告设计工作者和市场调研者。

（三）广告制作

做为广告的下一步，广告制作是广告效果好坏的反映。所谓广告制作，就是通过写作、绘画、摄影、造型、配音等技巧和手段，运用文字、美术、光学等原理，将广告构思和创意所要表现和传达的信息和内容形象化，具体化。广告制作要求具有技术性、技巧性的特点以及不同媒体的传播手段，传播特点所构成的制作要求，获准经营的广告经营者应在其允许的范围内进行广告制作，拥有一定的设备、设施及高素质的专业广告人员是广告制作的质量保证。

（四）广告代理

广告代理是指广告经营者作为广告主与广告发布者之间桥梁，一方面接受广告主的委托为其提供从市场调查、拟定广告计划、设计制作广告、选择媒体、安排刊播，到提供信息反馈和效果测定的全方位的服务；另一方面，扮演替广告媒介承揽广告业务的角色。广告代理制有利于广告业内部的合理分工，提高广告的策划、创意制作、发布的整体水平。

（五）广告发布

广告发布是广告经营活动的最后一环，也是广告活动的最终目的。广告发布就是指广告制作成品借助于各类媒体发送、发布、传播，展示或陈列给广告受众的过程。没有广告发布，广告主的目的就不可能达到，广告效果也不可能产生，所做的一切努力和构思将都付之东流。广告发布的方式由媒体特点的不同而异，主要有电视发布，广播电台发布，报纸发布，杂志发布，户外发布等等。《广告法》规定广告发布必须接受严格的审查。

第二节 广告经营的法定资质标准和监督管理

一、广告经营的法定资质标准

（一）综合型专业广告公司

综合型专业广告公司是指具有为广告客户提供市场调查、广告策划、广告效果测定以及广告设计、广告制作、广告代理等全面服务能力的专业广告公司。

综合型广告公司的资质标准为：

1. 有与广告经营规模相适应的经营管理机构，市场调研机构，广告设计、制作、编审机构；

2. 有与广告经营相适应的设备和流动资金，注册资金数额应符合企业法人注册登记的有关规定；

3. 有与广告经营业务相适应的从业人员，包括熟悉广告管理法规的经营管理人员，专业市场调研、广告策划、代理人员，广告设计、制作人员，编审及财会人员，其中具有大专以上学历的各类专业人员不少于从业人数的三分之二；

4. 有不少于 $100m^2$ 经营规定所需的面积的经营办公场所；

5. 有健全的各项广告管理制度；

6. 承办或代理外商来华广告或出口广告业务，还应具备了解国家进出口政策的有关人员，翻译人员，并有稳定的外商来华广告和进出口广告的业务渠道。

（二）单一行业广告公司

单一行业的广告公司是指只代理某种商品或某种行业的广告公司，他们的广告设计、制作是指专门从事电视、霓虹灯、灯箱、路牌、印刷品、礼品等专门技术或业务的广告公司。

单一行业广告公司的资质标准为：

1. 有与广告经营规模相适应的经营管理机构，广告设计、制作、编审机构；

2. 有与广告经营范围相适应的设备和流动资金，注册资金数额要符合企业法人注册登记的有关规定；

3. 有与广告经营业务相适应的从业人员，有熟悉广告管理法规的经营管理人员，专业设计、制作人员、编审及财会人员，大专以上学历的各类专业人员不少于从业人员的三分之一；

4. 有不少于一定用房面积的经营场所，制作场所依广告制作项目而定；

5. 有健全的各项广告管理制度。

（三）中外合资、中外合作广告公司

中外合资、合作广告公司的资质标准中除了要求其应具备综合型专业广告公司或者单一行业广告公司的条件之外，还应具备下列条件：

1. 合营、合作各方必须是具有一定规模的以经营广告业为主的企业法人；

2. 能够引进国际先进的广告制作技术和设备；

3. 具有市场调查、广告策划和广告效果测定等能力；

4. 能够在广告策划、创建、设计、制作和经营管理等方面培训中国职员；

5. 投资总额不低于 30 万美元。

此外，外商投资企业申请设立分支机构，应具备以下基本条件：

1. 注册资本全部缴清；

2. 年营业额不低于2000万人民币。

（四）兼营广告的企业

兼营的企业包括兼营综合型广告业务的企业和单一行业广告业务的企业。

1. 兼营综合型广告业务的企业

兼营综合型广告业务的企业，是指具有发布媒体的兼营广告的企业，指经营书刊、音像等出版物的单位及具有广告发布媒体的商场、宾馆、饭店等。

资质标准：

（1）有与广告经营范围相适应的广告媒体、经营机构和经营制作场所，经营场所不少于$20m^2$，制作场所依广告制作项目而定；

（2）有与广告经营业务相适应的从业人员，有熟悉广告管理法规的经营管理人员，专业广告设计、制作及财会人员；

（3）有与广告经营范围相适应的设备；

（4）有健全的各项广告管理制度。

2. 兼营单一广告业务的企业

兼营单一广告业务的企业的资质标准参照单一行业广告公司的有关资质标准。

兼营单一广告业务企业，是指利用本企业自有的人员、技术、设备等从事广告设计、制作经营服务的企业。

（五）兼营广告的媒体单位

兼营广告的媒体单位是指利用电视、广播、报纸、场（馆）等媒体设计、制作、发布广告的电视台、广播电台、报社、期刊社、体育场（馆）、文化馆等。

兼营广告的媒体单位的资质标准如下：

1. 有直接发布广告的手段——广告媒体；

2. 有相应的广告设计、制作设备；

3. 设有专门广告经营机构的经营场所，一般面积不少于

$30m^2$；

4. 有与广告经营业务相适应的从业人员，包括有熟悉广告管理法规的经营管理人员，编审人员，专业广告设计、制作人员及财会人员；

5. 有健全的包括广告承接、审查、档案制度的广告管理制度；

6. 广告收入须单独立帐；

7. 报纸、杂志兼营广告业务必须达到一定的发行量。一般来说的报纸发行量不应少于 3 万份，杂志发行量不应少于 1 万份；

8. 省级以上的报纸、电台、电视台申请直接承办外商来华广告，还必须有能够直接与外商洽谈业务的翻译人员。

（六）广告个体经营户

广告个体经营户，是指在法律允许的范围内，依法核准登记，从事工商业经营和广告经营的自然人。

广告个体经营的资质标准为：

1. 具有一定的专业广告技能；如美工、霓虹灯、灯箱制作；

2. 有制作广告的设备和工具；

3. 熟悉广告管理法规，有审查广告内容的能力；

4. 有与广告经营范围相适应的经营场所、设备和流动资金，场地不少于 $20m^2$，流动资金不少于 5 万元人民币；

5. 广告收入须单独立帐。

二、广告经营的法定资质标准的监督管理

对广告经营的法定资质标准的监督管理，主要是指广告管理者检查广告经营者是否达到了规定的资质标准。广告行业由于是知识密集、技术密集、人才密集的高新技术产业，因此对广告经营资质标准的监督管理主要涉及的项目为：广告策划、市场调查、设备、场地、技术力量及人才等。一般对广告经营的资质标准应进行认真实地调查和专业考核，并针对不同类型的广告经营的企业中相应的项目进行标准考核。

第三节　广告登记管理

一、广告登记审批的程序

广告登记管理，是指工商行政管理机关依照《广告管理系列》及其《广告管理条例施行细则》，对申请经营广告业务的单位或个人是否具备经营广告业务的条件，决定核准或驳回申请的过程。广告登记审批的程序由受理、审查、核准、发证四部分组成。

（一）受理

受理是广告经营登记审批工作的第一步工作。《广告管理条例》第六条规定："经营广告业务的单位和个体工商户，应当按照本条例和有关法规的规定，向工商行政管理机关申请，分别情况办理审批登记手续。"

由上述规定可知，工商行政管理机关的广告管理职能部门负责广告业务的审批登记。一般来说，工商行政管理机关在受理经营申请的30天内应给予答复，工商行政管理机关在这一阶段的工作，主要是对申请人提交的文件、证件等进行初步审查。对基本具备条件和材料齐全的申请正式受理，填报国家工商行政管理局制定的《广告经营单位登记表》。否则，不予受理。

（二）审查

审查，是指工商行政管理机关对申请经营广告业务的单位提交的文件、材料、证件的真实性、合法性、有效性、完整性进行全面审查。在初审合格后，逐级上报上一级工商行政管理机关继续接受审查，直到有广告经营审批权的工商行政管理机关进行最后审查。

（三）核准

核准，是指有审批权的工商行政管理机关对申请经营广告业务的单位做出的是否准予经营广告业务的结论，并及时通知申请经营广告业务的单位审查终结。

（四）发证

发证，是广告经营申请登记审批程序的最后一步。根据申请广告经营单位的性质不同，分别发《营业执照》或《广告经营许可证》、《临时经营广告许可证》，并及时通知广告经营单位的负责人领取证照，并办理法定代表人签字备案手续。

二、广告经营权的审批机关

根据《广告管理条例施行细则》第七条规定：广告经营权由下列工商行政管理局审批：

1. 全国性的广告企业，中外合资、中外合作经营广告业务的企业，向国家工商行政管理局申请，经核准，发给《中华人民共和国营业执照》。

地方性的广告企业，向所在市、县工商行政管理局申请，报省、自治区、直辖市工商行政管理局或其授权的省辖市工商行政管理局核准，由所在市、县工商行政管理局发给《企业法人营业执照》。

2. 兼营广告业务的事业单位，向所在市、县工商行政管理局申请，报省、自治区、直辖市工商行政管理局或其授权的省辖市工商行政管理局核准，由所在市、县工商行政管理局发给《广告经营许可证》。

兼营广告业务的事业单位申请直接承揽外商来华广告，向省、自治区、直辖市工商行政管理局申请，经审查转报国家工商行政管理局核准后，由省、自治区、直辖市 工商行政管理局发给《中华人民共和国广告经营许可证》。

3. 经营广告业务的个体工商户，向所在市、县工商行政管理局申请，报省、自治区、直辖市工商行政管理局或其授权的省辖市工商行政管理局核准，由所在市、县工商行政管理局发给《营业执照》。

4. 举办地方性的临时广告经营活动，举办单位向省、自治区、直辖市工商行政管理局或其授权的省辖市工商行政管理局申请，经核准，发给《临时性广告经营许可证》；举办全国性的临时广告经营活动，举办单位向所在省、自治区、直辖市工商行政管理局申请，报国家工商行政管理局批准，由举办单位在省、自治区、直辖市工商行政管理局发给《临时性广告经营许可证》。

三、申请经营广告业务的公司类型

申请经营广告业务的类型有以下几种：

（一）综合型广告公司

（二）专业型广告公司

（三）兼营广告的企业

（四）兼营广告的媒介单位

（五）个体广告的经营户

本章的上一节，已对这些企业类型的定义加以阐述，这儿不再展开。

（六）外国广告企业在华常驻代表机构

它是指外国广告企业，公司以及其他经济组织派驻中国境内的办事机构。这种办事机构不具有独立的法人资格，不进行独立核算，它仅代表其所属公司、企业或其它经济组织，在中国境内从事一定广告业的联络资询服务工作。

（七）临时性广告经营

临时性广告经营，也称一次性广告经营，是指在一定时期内举办的体育、文艺演出的现场广告；各种展览会、交易会、订货会的现场广告，经营内容是一些含有广告内容的单张挂历（含年历画），交通时刻表，电话号薄、年鉴、企业史录、画册、赞助广告和实物馈赠等广告业务。

第四节　广告经营行为的监督管理

广告经营行为的监督管理，主要是指对广告经营者和广告发布者的行为进行规范的管理，目的是使他们从事的广告活动符合国家的规定。下面分别从广告经营行为应遵从的规范以及广告经营行为的各种管理制度着手，进行对广告经营监督管理的分析。

一、广告经营行为规范

从事广告经营业务的广告经营者和广告发布者应当遵从下列规范：

1. 广告经营者和广告发布者必须取得合法的经营资格；

2. 不得设计、制作、代理或者发布内容不实，证明文件不全的广告；

3. 建立、健全登记、审核、档案管理制度；

4. 广告收费应合理公开；

5. 广告经营者在广告中不得任意使用他人的名义，形象；

6. 广告发布者应当向广告主，广告经营者提供媒介覆盖率，收视率，发行量等真实资料；

7. 不得设计、制作、发布依法禁止做广告的商品和服务；

8. 广告发布者不得以新闻报道的形式发布广告；

9. 严禁新闻记者借采访的名义招揽广告；

10. 媒介下属的广告公司必须与媒介广告部相脱离，不得以任何形式垄断本媒介的广告业务；

11. 广告公司对于给付或接受的折扣，必须如实入帐，不得在帐外暗中接受或给付回扣；

12. 不得采取欺骗、行贿或其他非法手段，骗取广告证明及广告审查合格决定；

13. 必须依法纳税。

二、广告经营行为监督管理

广告经营行为监督管理主要是通过各种管理制度进行的，其中包括：广告承接登记制度、广告审查制度、广告业务档案保存制度、广告财会制度、广告统计制度、广告年检制度、广告发票制度等。

下面主要从广告审查制度，广告业务档案保存制度，广告年检制度和广告发票制度加以简单的阐述。

（一）广告审查制度

广告审查，是指广告发布前对广告的内容依照法律、行政法规的规定进行审核的活动。

《广告法》第二十七条规定是指广告经营者，广告发布者在接受广告主委托时应查验有关的证明文件，核实广告内容的审查；《广告法》第三十四条规定是指由行政主管部门对法律，行政法规规定的特殊商品的广告内容进行的广告审查。前者的审查范围大于后者。

广告事前进行审查，简单地说就是要保证广告的内容真实、合法，为社会提供合法的、优秀的广告，防止违法行为的广告危害社会。

广告审查是广告经营活动中一个必不可少的步骤。在审查时，一般应包括以下三个方面的内容。

1. 审查广告主的主体资格是否合法，即审查广告客户能否进行某项内容的广告；

2. 审查广告内容是否真实、客观，是否会使人产生错觉或误解；

3. 审查广告的内容和表现形式是否合法。

三方面内容的审查都合格的广告就是合法的，只要有某一方面存在问题的广告，都不能代理发布。

广告审查的程序一般分为四个阶段：

1. 承接登记；

2. 审查人员初审提出意见；

3. 广告业务负责人终审；

4. 建立审查档案。

（二）广告业务档案保存制度

广告业务档案是指经营者在承办广告业务中形成的，供保存备查的与广告文字、图像相关的证明文件，审查记录及其他有关的各种原始记录。

建立广告业务档案制度，有利于广告监督管理机关进行监督管理，也有利于广告经营单位的内部管理，有利于广告经营单位总结业务经验和提高广告策划制作水平。

保存的业务档案主要有：

1. 承包的广告样张（刊，带）图片，照片等；

2. 收取和查验的广告证明和查验记录，对不能存档的要记录内容；

3. 广告审查情况记录的材料；

4. 广告合同；

5. 其他应当保存的资料。

档案保管分类编排，一般一户广告主作为档案的基本单位，实行一户一档。档案保存时间，从广告经营者，广告发布者为广告主办理完广告业务之日起计算，不少于一年。

（三）广告年检制度

广告年检制度是指广告管理机关按照法定的内容、程序，对广告经营单位一年来的经营情况，遵守广告管理法律、法规、政策的情况，进行全面的、集中的监督检查的一种制度。

1987 年国家工商局决定在广告行业实行年检注册制度，这个制度的实行的目的，除了为了维护广告行业的正常的经营秩序，以及制止违法广告经营活动外，更多的是为了全面掌握每个广告经营单位的具体情况以及广告行业的现状及状态，加强工商行政管理机关对广告经营者经营行为的集中监督管理。

1. 广告监督管理机关对广告经营单位的年度检查的内容主要有：

（1）原登记事项；

（2）年末实际情况；

（3）全年广告经营情况；

（4）分支机构情况；

（5）广告经营及宣传中有何问题；

（6）改进措施。

2. 广告经营单位的年度检验为三个阶段：

（1）广告经营单位的自查阶段

这一阶段，主要是广告经营单位根据《年检注册书》逐项进行自查，并按要求如实地填写自查情况。填写完毕后，由法人单位鉴定，并加盖单位公章。

(2) 上级主管部门复查阶段

广告经营单位的自查的结果首先报上级行政主管部门进行复查，在确认准确无误、真实可靠的情况下，证明情况属实，转报工商行政管理机关。

(3) 工商行政管理机关审查验收阶段

对广告经营单位的自查的结果，工商行政管理机关应进行审查验收，对有疑问的项目，可以要求广告经营单位提交证件，作出补充说明。如要求广告经营单位出具会计师事务所的审计报告，验资证明等。

(四) 广告发票制度

为了加强对广告费用的管理，保障社会主义广告事业的健康发展，杜绝有些企业乱摊派广告费或摊入成本，加大开支，或偷税漏税，减少国家财政收入的行为发生，国家工商行政管理局，财政部，国家税务局和审计署已联合发出通知，决定从1991年1月1日起在全国范围内实行“广告业务专用发票”制度，其内容如下：

1. 凡经工商行政管理机关批准登记经营广告的单位和个体工商户，在开展广告业务收取费用时，应一律使用税务机关统一监制的“广告业专业发票”，并套印税务机关发票监制章。其它发票均不得用于广告业务收费。

2. 凡需使用“广告业专用发票”的单位和个体工商户，应分别持工商行政管理机关核发的《企业法人营业执照》、《营业执照》、《广告经营许可证》、《临时性广告经营许可证》向所在地税务机关办理印领手续，并向所在地工商行政管理机关登记备案。

3. “广告业专用发票”的经营项目栏应填写“广告发布费”或“广告设计费”或“广告代理费”等具体项目。

4. “广告专用发票”是广告经营者与广告客户进行广告业务财务往来的凭证，也是工商企业广告费用列入销售成本的唯一合法凭证。

第五节　广告经营的限制

为了维护社会经济秩序和加强广告法制的建设，为促进广告业的健康发展，我们必须加强对广告活动的规范，为广告经营单位创造一个良好的竞争环境和保护消费者的合法权益作不懈的努力。

一、禁止或限止发布的广告

《中华人民共和国广告法》的颁布和实施为我国的广告管理打下了坚实的基础，按照《广告法》的规定，明文禁止广告发布不得出现以下内容：

1．使用中华人民共和国国旗、国徽、国歌；

2．使用国家机关和国家机关工作人员的名义；

3．宣传法律、法规禁止生产、销售的产品和从事的服务；

4．宣传淫秽、迷信、恐怖、暴力丑恶内容以及其他有悖于社会道德标准和社会良好风尚的内容；

5．宣传含有民族、种族、宗教、性别歧视的内容；

6．妨碍环境和自然资源保护的；

7．妨碍社会安全和危害人民生命财产安全的；

8．使用不恰当用语（国家级、最高级、最佳等广告用语）；

9．含有欺诈、虚假内容和污辱、诽谤或贬低他人的；

10．违反其他法律、法规规定。

二、不能进行广告宣传的产品和服务

《广告法》第三十一条规定：法律、行政法规规定禁止生产、销售的商品或者提供的服务，以及禁止发布广告的商品或者服务，不得设计、制作、发布广告。

按照规定，我国有些商品虽不完全属于法律、法规是禁止生产和销售的范围，但因这些商品是某些产品的生产原料或添加剂，因其本身独具的特殊性，也不允许进行广告宣传。它们主要包括：危险品、化学危险品和一些易燃易爆物品。如化学危险品是指国

家监督管理B 6944-86 配套的《化学危险品品名表》中的爆炸品，包含有：压缩气体和液化气体、易燃物品、自燃物品和遇湿易燃物品，氧化剂和氧化物、毒害品、腐蚀品等。

其他危险品是指危及人身安全和生产安全的物品，如儿童喜好的仿真玩具手枪和带有爆炸性作业成分的捕鱼器具等。

有关部门应对这些危险品的概念和范围作进一步的明确和规范，以便加强监督管理的力度。

第八章　特殊商品广告的管理

第一节　特殊商品的审查

一、特殊商品的概念和范围

特殊商品，是指对人们身体健康、人身安全、社会经济秩序和人民生活有着极为重要影响的商品。这类商品广告所传达的信息若含有任何一点虚假成分、引诱成分、误导成分，往往会严重损害群众的利益和生命安全，对社会的安全产生重大的影响，因此这类商品不仅在生产和销售上做了严格的规定，并且在广告经营和广告发布上也做了严格的规定，规定其在发布前必须实行严格审查、重点管理。

特殊商品广告审查，是指对法律、行政法规规定实行特殊管理的商品的广告，由负责该商品的行业管理的行政主管部门或者法律、行政法规规定的其他管理部门，在广告发布前，依照法律、行政法规规定对广告内容进行的审查。对广告而言，特殊商品主要是指药品、医疗器械，农药、兽药、食品、酒类，化妆品等范围内的商品。

二、特殊商品广告审查

特殊商品广告审查一般由以下三个步骤组成：

（一）广告主提出广告审查申请

这一步主要是指广告主的广告审查机关提出申请，同时，向广告审查机关提交有关的文件和证件。

（二）广告审查机关依法审查

即指广告审查机关依照法律、行政法规的规定，对广告内容进行审查。

首先，对广告主的身份进行审查，包括他有没有营业执照以及执照是否真实。

其次，审查申请商品的合法性是指这种商品的生产经营是否在广告主的经营范围内，有没有生产经营的批准文件，批准文件是否真实。

最后，审查广告内容是否符合有关法律、行政法规的规定。

（三）广告审查机关给出审查决定文件

广告审查机关在依照有关法律、法规的规定对广告主的申请进行审查之后，应当依照法律、行政法规的规定作出审查决定，批准或者否定广告主的特殊商品广告内容。广告审查机关应按照《广告法》第36条的规定，将审查决定制作成“审查决定文件”，这个审查决定文件将作为广告主被允许发布广告的证明文件。

综合上述，下面将分别对药品广告，医疗器械广告，农药广告，兽药广告，食品、酒类广告及化妆品广告从法律、行政法规对其申请及内容的规定做出陈述，并论述其审查所需交验的表格和证件。

第二节　特殊商品内容审查和监督管理

一、药品广告

《广告审查标准》第七章第四十七条给药品广告做了如下定义。

药品是指用于预防、治疗、诊断人的疾病，有目的地调节人的生理机能并规定有适应症、用法和用量的物质，包括中药材、中药饮片、中成药、化学原料药及其制剂、抗生素、生化药品、放射性药品、血清疫苗、血液制品和诊断药品等。

（一）对药品广告的发布申请的监督管理

《广告审查标准》第四十八条、第四十九条对申请发布药品广告者，必须交验有关的证明材料和相关报表做出了如下规定。

1．申请审查药品（含进口药品）广告，应交验省、自治区、直辖市卫生行政部门出具的《药品广告审批表》。

2．申请审查精神药品、毒性药品、放射性药品广告，应出具经国务院卫生行政部门核准，由所在地省、自治区、直辖市卫生行政部门核发的药品宣传批准文号。

（二）对药品广告内容的监督管理

《标准》第五十一条到第五十四条对药品广告的具体内容做了如下规定。

1．药品广告的语言、文字、画面的含义，不得超出卫生行政部门在《药品广告审批表》中核准的内容。

2．利用电视、广播、报纸、杂志和其他印刷品及路牌发布药品广告的，药品的宣传批准文号应列为广告内容，同时发布。

利用媒介发布推荐给个人使用的药品广告，广告内容必须标明对患者的忠告性语言"请在医生指导下使用"。

3．药品广告不得含有下列内容和表现形式：

（1）有淫秽、迷信、荒诞语言文字、画面的；

（2）贬低同类产品或与其他药品进行功效和安全性对比评价的；

（3）违反科学规律，表明或暗示包治百病的；

（4）有"疗效最佳"、"药到病除"、"根治"、"安全预防"、"完全无副作用"等断言或隐含保证的；

（5）有"最高技术"、"最高科学"、"最进步制法"、"药之王"等断言的；

（6）说明治愈率或有效率的；

（7）利用医药科技单位、学术机构、医院或儿童、医生、患者的名义和形象作为广告内容的；

（8）专用于治疗性功能障碍的；

（9）标明获奖内容的。

药品广告的表现不得令人产生自己已患某种疾病的疑虑。

（三）应交验的证明文件和材料

1.《药品生产企业许可证》或《药品经营企业许可证》(副本);

2.《企业法人营业执照》或《营业执照》(副本);

3. 该药品的生产批准文件,质量符合的标准的证明,说明书,包装;

4. 商标注册证;

5. 广告审查机关认为必要的其他有关材料。

此外,对于国外药品,进口产品在我国发布广告,还应交纳的证件和材料为:

1. 生产该药品的国家(地区)批准的证明文件;

2. 该药品的《进口药品注册证》;

3. 该商品的商标注册证,说明书,包装(应附中文译本);

4. 委托办理审批手续的,应有国外企业的授权委托书。

(四)禁止发布的药品广告

《标准》第五十条还对禁止发布的药品广告做了如下规定。

1. 麻醉药品和国际公约管制的精神药品品种;

2. 未经卫生行政部门批准生产的药品(含试生产的药品);

3. 卫生行政部门已明令禁止销售、使用的药品;

4. 医疗单位配制的制剂;

5. 未进行商标注册的药品(中药材、中药饮片不在此列);

6. 临床使用,发现有超出规定的副作用的药品。

二、农药广告

农药广告,是指农药生产或者销售厂家,通过一定的媒介形式直接或间接地介绍自己的农药产品的广告。农药包括:用于防治农、牧业的病、虫、杂草、鼠害和其他有害生物,以及调节植物、昆虫生长的药物(包括化学农药的原药、加工制剂及生物农药)。

(一)对农药广告的监督管理

《标准》第五十六条、第五十七条分别对申请审查农药广告和申请审查进口农药广告所做的规定如下:

1. 申请农药广告，应交验农业行政主管部门出具的《农药广告审批表》。

在全国性报刊（含全国专业报刊）、广播、电视上发布农药广告，应交验由国务院农业行政主管部门出具的《农药广告审批表》。

利用其他媒介刊播设置广告，应交验由省、自治区、直辖市农业厅（局）药检或植保部门出具的《农药广告审批表》。

2. 申请审查进口农药广告、应交验由国务院农业行政主管部门农药检定所出具的《农药广告审批表》。

（二）对农药广告发布的审查管理

农药是防治农作物病、虫、草、鼠害或调节生长，保证农业丰收的重要生产资料，科学地使用农药是提高农作物产量质量的保证。但是必须明确农药的优劣在一定程度上关系到某一特定区域的农业收成的好坏，同时又因为使用农药不当可能造成人民群众生命和财产的损害。因此法律、法规规定，农药广告不得含有：

1. 使用无毒、无害等表明安全性的断言的，如“安全”、“无毒”、“不含毒性”、“无残毒”等；

2. 含有不科学的表示功效的断言或者保证的，如“保证高产”、“根治”等；

3. 含有违反农药安全使用规程的文学、语言或画面的；

4. 贬低同类产品或其他药品进行功效和安全性对比评价的；

5. 法律、法规规定禁止的其他内容。

（三）应交验的证明文件和材料

1. 《农药生产企业许可证》或《农药经营企业许可证》（副本）；

2. 《企业法人营业执照》或《营业执照》（副书）；

3. 该农药的生产批准文件，质量符合标准的证明，说明书包装；

4. 商标注册证；

5. 法律、法规规定的其他有关证件和材料。

对于境外生产的农药广告，还应交纳相关的材料；

1. 生产该农药的国家（地区）批准文件；

2. 该农药的《进口农药许可证》；

3. 该农药的商标注册证，说明书，包装（附中文译本）。

三、兽药广告

兽药是指用于预防、治疗、诊断畜、禽等动物疾病，有目的地调节其生理机能并规定作用、用法、用量的物质（含饲料药物添加剂），包括：血清、菌（疫苗）、诊断液等生物制品；兽用中药材、中成药、化学原料药及其制剂；抗生素、生化药品、放射性药品。

（一）对申请审查兽药广告的监督管理

申请发布兽药广告，必须经省、自治区、直辖市农业行政主管部门审查批准，《标准》第六十一条、第六十二条对申请审查的兽药广告和申请审查进口兽药广告，应交纳的文件做了如下规定。

1. 申请审查兽药广告，应交验下列证明材料；

（1）省、自治区、直辖市农业行政主管部门出具的兽药广告证明；

（2）省、自治区、直辖市农业行政主管部门核发的兽药生产批准文号，兽药经营企业应交验县以上农业行政主管部门核发的《兽药经营许可证》；

（3）商标注册证书；

（4）产品质量检验合格证；

（5）省、自治区、直辖市农业行政主管部门批准的兽药说明书。

2. 申请审查进口兽药广告，应交验以下材料：

（1）国务院农业行政主管部门核发的《进口兽药登记许可证》；

（2）省、自治区、直辖市或国务院农业行政主管部门指定的兽药监督察所出具的检验合格证明；

（3）兽药说明书（附中文译本）。

（二）对兽药广告内容的监督管理

1. 设计、制作、发布兽药广告时，广告内容以国务院农牧行政管理机关或者省、自治区、直辖市农业行政主管部门批准的兽药广告证明或兽药说明书为准，不得擅自更改。

2. 兽用麻醉药品和精神药品，不得进行广告宣传。

3. 兽药广告中下列用语的含义是：

（1）畜、禽等动物：指家畜、家禽、鱼类、蜜蜂、蚕及其他人工饲养的动物；

（2）新兽药：指我国新研制的兽药原料药品；

（3）兽药新剂：指用兽药原料药品新研制、加工出的兽药剂。

（三）禁止发布的兽药广告

《标准》第六十四条对禁止发布的兽药广告做了如下的规定。

1. 未取得农业行政主管部门检发的批准文号的；

2. 国务院农业行政主管部门明令禁止使用的；

3. 非兽药冒充兽药的；

4. 兽药所含成份的种类、含量、名称与国家标准、行业标准或者地方标准不符的；

5. 超过有效期的；

6. 因变质不能药用的；

7. 因被污染不能药用的；

8. 兽用麻醉药品和精神药品；

9. 兽医医疗单位配制的兽药制剂；

10. 其他与兽药标准规定不符的。

四、医疗器械广告

《标准》第六十六条规定了医疗器械的范围。

医疗器械包括：用于人体疾病诊断、治疗、预防，调节人体生理功能或替代人体器官的仪器、设备、装置、器具、植入物、材料及其相关物品。

（一）对申请审查医疗器械广告的监督管理

申请审查医疗器械广告，应交验国家医药管理部门，或省、自治区、直辖市医药管理部门或同级医药行政管理部门出具的《医疗器械广告证明》。

申请审查进口医疗器械广告，应交验国家医药管理部门出具的《医疗器械广告证明》。

（二）对医疗器械广告内容的管理

1. 医疗器械广告的文字、语言及画面的含义，不得超出《医疗器械广告证明》中核准的内容。如需更改，应重新申办《医疗器械广告证明》。

2. 医疗器械广告不得出现下列内容：

(1) 使用专家、医生、患者、未成年人或医疗科研、学术机构、医疗单位的名义进行广告宣传；

(2) 使用“保证治愈”等有关保证性的断语；

(3) 与同类产品功效、性能进行比较的言论或画面、形象；

(4) 运用数字或图表宣传治疗效果；

(5) 宣传不使用做广告的产品，可能导致或加重某种疾病的语言、文字、画面；

(6) 可能使人得出使用广告的产品，可以使疾病迅速治愈、身体康复的印象或结论的语言、文字、画面。

3. 标明获得专利权的医疗器械广告，必须说明获得专利的类型。在专利获批准以前，不得进行与专利有关的宣传。

4. 标明获奖的医疗器械广告，其标明的获奖必须是获得省级以上（含省级）人民政府授予的各类奖。其他各种获奖，不得在广告中标明。

5. 推荐给个人使用的具有治疗疾病或调节生理功能作用的医疗器械，除经医疗器械广告出具机关批准，可以不在广告中标明忠告性语言的以外，均须在广告中标明对患者的忠告语“请在医生指导下使用。”

（三）应交验的证明文件和材料

1. 营业执照（副本）；

2. 生产或经营许可证，已实施生产许可证的产品，应同时提供生产许可证；

3. 产品鉴定证书；

4. 产品说明书；

5. 法律、法规规定应当提交的其它证明。

国外广告申请办理医疗器械广告的，应当提交所属国（地区）政府医疗器械管理部门颁布的生产许可证明文件和产品说明书（附中文译本）。

（四）禁止发布广告的医疗器械

1. 未经国家医药管理部门或省、自治区、直辖市医药管理部门或同级医药行政管理部门批准生产的医疗器械；

2. 监床试用、试生产的医疗器械；

3. 已实施生产许可证而未取得生产许可证生产的医疗器械；

4. 有悖于中国社会习俗和道德规范的医疗器械。

此外还对已批准发布的医疗器械广告，如发生下列情况之一时，广告主和广告经营者必须立即停止发布广告。

1. 使用中发现医疗器械有异常反应或不安全现象；

2. 医疗器械质量下降，不能达到产品质量标准的；

3. 因质量问题，用户或消费者投诉情况属实的。

五、医疗广告

医疗广告是指医疗机构通过一定的媒介或者形式，向社会或者公众宣传其运用科学技术诊疗疾病的活动。医疗机构是指从事疾病诊断治疗活动的医院、卫生院、疗养院、门诊部、诊所、卫生所（室）以及急救站等。

（一）对医疗广告的审查监督管理

根据《医疗广告管理办法》等有关规定，医疗广告的管理机关是各级工商行政管理部门，医疗广告的审查机关是省一级卫生行政部门。

申请审查医疗广告，应交验卫生行政部门出具的《医疗广告证明》。

医疗广告证明文号必须与广告内容同时发布。

（二）对医疗广告内容的监督管理

1. 医疗广告内容仅限于医疗机构名称、诊疗地点，从业医师姓名、技术职称、服务商标、诊疗时间、诊疗科目、治疗方法、通信方式。

2. 西医临床诊疗科目，以《综合医院分级管理标准》的卫生部有关文件为依据，疾病名称以国际分类ICD-9中三位数类目表为依据。

中医临床诊疗科目以全国中医院分级管理标准及国家中药管理部门有关文件为依据；疾病名称以全国中医高等院校统一教材及国家中医药管理部门有关规定为依据；治疗方法、机理以中医药学理论及其有关规范为依据。

3. 医疗广告的文字、语言及画面的含义，不得超出《医疗广告证明》中核准的内容。

4. 医疗广告中禁止出现下列内容：

（1）有淫秽、迷信、荒诞语言文字、画面的；

（2）贬低他人的；

（3）保证治愈或隐含保证治愈的；

（4）宣传诊疗效果及治愈率的、有效率的；

（5）利用患者或医学权威机构、人员和医生的名义、形象或使用其推荐语进行宣传的；

（6）冠以社会秘方或名医传授等内容的；

（7）以通信形式诊断疾病的；

（8）国家卫生行政部门规定不得进行宣传的诊疗方法；

（9）违反其他有关法律、法规的。

（三）应交验证的文件和材料

广告主发布医疗广告，申请办理《医疗广告证明》，应提交下列证明和材料。

1. 《营业执照》（副本）；

2. 《医疗机构许可证》；

3. 医疗广告的专业技术内容；

4. 有关卫生技术人员的证明材料；

5. 诊疗方法的技术资料；

6. 依照国家有关规定，应当提交的其他材料和证明。

六、食品广告

食品广告是指对经过一定加工制作的食物产品或与食物产品相关联的产品所做的广告。食品广告包括食品广告，食品添加剂广告，食品容器广告，食品包装材料广告，食品用具和设备广告，清洗食品或食品用具和设备的洗涤广告等。在这里，食品主要指各种供人食用或饮用的成品和原料，以及按照传统既是食品又是药品（不包括以治疗为目的）的物品。

（一）对食品广告发布审查的监督管理

《标准》第八十二条指出：

申请审查食品广告，应交验食品卫生监督机构出具的《食品广告证明》。

申请审查特殊营养食品广告及食品新资源广告，应交验省级以上卫生行政部门出具的证明。

特殊营养食品，是指通过改变食品中天然营养素的成分含量比例，以适应某些特殊人群营养需要的食品。

食品新资源，是指在我国新发现、新引进或新研制的，无食用习惯或仅在个别地区有食用习惯，而且符合食品基本要求的物品。

（二）对食品广告内容的监督管理

1. 食品广告的语言、文字及画面的含义，不得超出《食品广告证明》中核准的内容。

2. 食品广告中不得出现医疗术语，易于药品混淆的用语以及无法用客观指标评价的用语，如：返老还童、延年益寿、白发变黑、齿落更生、防老抗癌、祖传秘方、宫庭秘方等。

3. 食品广告不得表示或暗示减肥功能，若表示有助于消化、保持体型，应在广告中同时强调体育锻炼、营养均衡等与之相配合。

4. 食品广告表示其低脂、低糖、低盐、低胆固醇等含量的，必须出具卫生监督机构说明其低于同类产品含量的证明。

另外禁止发布母乳替代食品广告。

（三）应交验的证明文件和材料

按照执行的《食品广告管理办法》的规定，广告主申请食品广告审查时，应提交的证明文件：

1. 营业执照；

2. 卫生许可证；

3. 食品卫生监督机构或者卫生行政部门认可的检验单位出具的产品检验合格证明；

4. 必须经省级以上卫生行政部门批准的食品不应当附有批准证明。

经营进口食品的广告主申请发布进口食品广告时，应当提交以下证明和材料；

（1）所属国家（地区）批准生产的证明文件；

（2）国境口岸卫生监督机构签发的卫生证书；

（3）说明书，包装（附中文译本）。

七、烟酒广告

《广告法》第十八条规定：禁止利用广播、电视、报纸、期刊发布烟草广告，禁止在各类娱乐场所、影剧院、会议厅堂、体育比赛场馆等公共场所设置烟草广告，广告主申请利用《广告法》第十八条规定以外的媒介为烟草做广告，须经省、自治区、直辖市工商行政管理局或其授权的省辖市工商行政管理局批准。

同理，做酒类广告也须经省、自治区、直辖市工商行政管理局的批准。

（一）对烟酒广告的管理

1. 禁止利用广播、电视、报刊媒介及法律、法规明令禁止吸烟的场所发布烟草制品广告。

2. 酒类广告及利用非禁止媒介发布烟草制品广告，不得出现以下内容：

(1) 有鼓动、倡导、引诱人们吸烟、饮酒的文字、语言和画面；

(2) 有吸烟和饮酒形象；

(3) 有未成年人形象。

3. 烟酒广告不得表示或暗示医疗、保健效果，如：增加记忆力、健胃健脾。不得使用无法以客观指标评价的用语，如：返老还童、延年益寿、防老抗癌等。

4. 申请发布酒精含量在39度以上烈性酒广告及在非禁止媒介上发布烟草制品广告，应交验以下材料；

(1) 产品质量检验合格证书；

(2) 省、自治区、直辖市工商行政管理局或其授权的省辖市工商行政管理局批准做广告的证明。

(3) 产品获奖证书；

5. 发布39度以下（含39度）酒类广告，必须注明酒的度数。

6. 利用非禁止媒介发布烟草制品广告，必须在广告中标明“吸烟有害健康”或其他类似内容的忠告性语言。

（二）应交验的证明文件和材料

这里主要是指广告主申请利用四大媒体以外的媒体做卷烟广告应验的证明。

1. 卷烟生产企业交验《烟草专卖生产许可证》，卷烟经营单位交验《烟草专卖许可证》；

2. 商标注册证；

3. 产品质量检验合格证书；

4. 省、自治区、直辖市工商行政管理局或其授权的有关部门批准做广告的证明文件。

八、化妆品广告

化妆品广告是指以涂擦、喷洒或者其他类似的方法，散布于人体表面任何部位（皮肤、毛发、指甲、口唇等），以达到清洁、清除不良气味、护肤、美容和修饰目的的日用化学工业产品的广告。

特殊用途化妆品，是指用于育发、染发、烫发、防脱发、美乳、健美、除臭、除雀斑、防晒的化妆品。

根据《化妆品广告管理办法》，化妆品广告的管理机关是国家工商行政管理局和地方各级工商行政管理机关，广告主申请发布化妆品广告，应持有下列证明材料：

1. 营业执照；

2.《化妆品生产企业卫生许可证》；

3.《化妆品生产许可证》；

4. 美容类化妆品，须交验省级以上化妆品检测站（中心）或卫生防疫站出具的检验合格的证明；

5. 特殊用途化妆品，须交验国务院卫生行政部门核发的批准文号；

6. 化妆品如宣称科技成果的，须交验省级以上轻工行业主管部门颁发的科技成果鉴定书；

7. 广告管理法规、规章所要求的其他证明。

申请审查进口化妆品广告，需交验下列证明：

1. 国务院卫生行政部门批准化妆品进口的有关批件；

2. 国家商检部门检验化妆品合格的证明；

3. 出口国（地区）批准生产该化妆品的证明文件（附中文译本）。

另外对于化妆品广告的内容管理中要求化妆品广告禁止出现下列内容：

1. 化妆品名称、制法、成分、效用或性能有虚假夸大的；

2. 使用他人名义保证或以暗示方法使人误解其效用的；

3. 宣传医疗作用或使用医疗术语的；

4. 有贬低同类产品内容的；

5. 使用最新创造、最新发明、纯天然制品、无副作用等绝对化语言的；

6. 有涉及化妆品性能或功能、销量等方面的数据的；

7. 违反其他法律、法规的。

此外还对可能引起不良反应的化妆品，应在广告中注明使用反应、注意事项。

九、金融广告

随着对外开放，世界经济一体化的发展，我国金融体制的改革，金融业的蓬勃发展，各类金融广告陆续出现，管好金融广告，搞活金融广告，是广告发布监督管理面临的一项重要任务和课题。

《标准》第一〇一条规定，金融广告包括银行业、证券业、保险业、信托业、租赁业、金银、外汇买卖，以及各种社会融资活动的广告。

（一）金融广告内容的监督管理

1. 金融广告的内容必须真实、准确、合法、明白，不得欺骗或误导公众。

2. 金融广告应当保证其内容的准确性和完整性，确保公众对广告中所涉及内容的性质（如投资机会、资金用途、附加条件等）有充分的了解，不得夸大或隐匿关键的内容；对于有风险的金融活动，必须在广告中予以说明。

3. 申请发布的融资广告，不得包含下列内容：

(1) 对该融资活动收益前景的评论和建议，或比照其他证券和投资的收益；

(2) 说明或暗示任何付还本金或应支付的任何利息是有保证的。

4. 融资广告提及广告主资产额的，应交验具有法律效力的资产负债证明。

5. 股票广告，应在显著位置标注“股市有风险，股民须慎重入市”或含有类似内容的忠告性语言。

此外金融活动，禁止发布的广告为：

1. 违反国家法律、法规的；

2. 未经国家金融主管部门批准的；

3. 企、事业单位的资金融通行为。

（二）金融广告发布的监督管理

金融行业名目种类繁多，获利机会多，但同时也意味着风险大。因此，违法的金融广告，虚假、不实、诱导的金融广告，对社会和消费者带来的损害是极大的，所以严格把好发布关是非常重要的。

1. 股票发行、上市广告，应分别情况，提交下列证明：

（1）中央企业发布股票发行、上市广告，须提交其主管部门和企业所在地省级或计划单列市 人民政府出具的批准文件、中国证券监督管理委员会复审同意的证明和上市地（上海、深圳）证券交易所上市委员会准予上市的批准文件；

（2）地方企业发布股票发行、上市广告，须提交省级或计划单列市人民政府出具的批准文件、中国证券监督管理委员会复审同意的证明和上市地（上海、深圳）证券交易所上市委员会准予上市的批准文件。

2. 发布其他与股票有关的（如新股认购权利证书、分红派息、配股说明书、年度业绩报告等）广告，应当提交当地省级和计划单列市证券主管机关，及上市地证券主管机关出具的批准文件。

3. 发布定向募集法人股广告，应分别情况，提交下列证明：

（1）中央企业发布定向募集法人股广告，须提交国家经济体制改革委员会的批准文件；

（2）地方企业发布定向募集法人股广告，须提交省级或计划单列市体制改革委员会的批准文件。

4. 发布投资基金证券广告，须提交中国人民银行出具的批准文件。

5. 发布债券广告，应分别情况，提交下列证明：

（1）金融机构债券广告，须提交中国人民银行出具的批准文件；

（2）国家投资债券、国家投资公司债券广告，须提交国家计委出具的批准文件；

（3）中央企业债券广告，须提交中国人民银行和国家计委出具的批准文件；

(4) 地方企业债券、地方投资公司债券广告，须提交省级或计划单列市人民政府出具的批准文件；

6. 企业短期融资券广告，须提交省级或计划单列市人民银行出具的批准文件。

7. 发布储蓄、信贷广告，应提交上一级人民银行出具的批准文件。

8. 发布保险、信托、租赁广告，应提交上级主管部门和同级人民银行出具的批准文件。

9. 发布批发金银及其制品广告，应提交中国人民银行出具的批准文件；发布零售及其制品广告，应提交省级或计划单列市人民银行出具的批准文件。

10. 为社会公益事业集资所发行的彩票广告，须提交国务院的批准文件。

11. 发布其他有偿集资广告，根据国家有关规定提交相应的批准文件。

十、优质名牌产品和获奖产品广告

优质名牌产品和获奖产品是指已获得国家和政府颁发的优质品牌证书和各种获奖证书的产品。

优质名牌产品在国内消费者中享有极高的声誉，人们对它的信赖度超过了任何一种形式的宣传，为了保持它在广大消费者心目中的地位，在对名牌产品进行广告宣传时，必须加强对某些广告经营者利用名牌效应创作违法广告和违规广告的打击力度。

(一) 优质名牌产品和获奖产品的广告审查监督管理

《消费者权益保护法》第二十二条规定：“经营者以广告、产品说明、实物样品或者其它方式表明商品或者服务的质量状况的，应当保证其提供的商品或者服务的实际质量与表明的质量状况相符。”以及《中华人民共和国反不正当竞争法》第五条规定不得采用“擅自使用知名商品特有的名称、包装、装潢，造成和他人的知名商品相混淆，使购买者误认为是该知名商品”的不正当手段，从事市场交易、损害竞争对手。鉴于此，对优质名牌产品和获奖产品的广告审查监督管理的要求是：凡申请发布名优产品，获奖产品的广告，广告主、广告经营者和广告发布者必须提供与产品性质相符的各类证书与获奖证明，并且递交符合国家标准、部颁标准、企业标准的产品质量证明文件。

（二）优质名牌产品和获奖产品的广告审查内容

1．优质名牌产品的广告审查内容是：呈交政府颁发的优质名牌证书以及颁发部门颁发时间和颁发级别等相关内容的证明文件。

2．获奖产品的广告审查内容是：呈交政府或有关部门颁发的获奖证书以及部门、颁发时间和颁发级别等相关内容的证明文件。按照规定，凡广告产品的受奖证明须由省、市、自治区一级以上的行政部门颁发，并且应注明获奖时间于××年或××届，不得出现混淆视听的一届获奖，连年受利的弄虚作假行为。

第九章 广告违法行为查处和法律责任

没有规矩，不成方圆。

近年来，时有广告业中的不法行为沉渣泛起，严重侵害了人民群众的切身利益，为保护广大消费者和生产者的合法权益，为使广告业能健康的发展，必须加强对不法行为的打击力度，加强对广告的监督管理。

第一节 广告违法行为的概念和特点

一、广告违法行为的概念

广告违法行为是指广告当事人违反国家广告管理法规并且依法受到处罚的行为。

广告当事人包括：广告主、广告经营者、广告发布者。

广告管理法规包括：《中华人民共和国广告法》、《广告管理条例》、《广告管理条例施行细则》及部分单项型有关广告法规。

二、广告违法行为的认定

广告违法行为的认定有四点：

1. 广告违法行为必须有违背广告管理法规的行为事实。

构成广告违法行为必须要有违法行为事实的存在，而不仅仅只是广告违法的思想动机，只说不做不构成行为事实。

2. 广告违法行为人必须具有责任能力

责任能力是指承担法律后果的能力，具有责任能力的广告违法行为人是指具有法人资格或是具有责任能力的自然人。

法人是指具有民事权利能力和民事行为能力，已核准登记和能够承担法律责任的人。

自然人是指基于自然状态出生的人，到达法定年龄，并且有责任能力的中国公民。根据我国民法通则，也适用于在中华人民共和国境内的外国人和无国籍人（法律另外规定的除外）。

3. 广告违法行为的结果必须是侵害了广告管理法规所保护的客体。

我国广告管理法规保护的客体包括：广告管理秩序、广告宣传秩序、广告经营秩序。三者彼此联系，相互影响，是一个内容的三个不同的侧面。

4. 广告违法行为必须有主观上的过错

行为人主观上的过错，包括两个方面，故意和过失。

（1）广告故意违法是指广告行为人明知自己的行为会产生违法的后果，仍故意实施违法行为，放任违法的后果发生。

（2）广告过失违法是指广告行为人应当预见或意识到行为的违法性，但却因为疏忽大意而没有预见或虽意识到违法性，却以为可以避免其害，而实施违法行为导致后果发生。

第二节　广告违法行为的表现和种类

一、广告违法行为的表现

（一）从广告违法的起因来分，广告违法行为的表现有两种形式：一是由广告自身原因导致的广告违法行为。二是由于广告刊播，发布行为的不当所导致的广告违法行为。

1. 广告自身原因导致的广告违法行为

广告自身原因导致的广告违法行为主要是指由于广告内容违反了《广告法》中有关广告表现形式的规定，从而造成他人的利益受损或妨碍了国家、社会的经济秩序的正常运行。

《广告法》第二章广告准则，对广告中禁止使用的表现形式有了明文规定，如第七条指出广告中有下列情形之一的，不得刊登、设置、张贴。

（1）使用中华人民共和国国旗、国徽、国歌；

（2）使用国家机关和国家机关工作人员的名义；

（3）使用国家级、最高级、最佳等用语；

（4）妨碍社会安定和危害人身、财产安全，损害社会公共利益；

（5）妨碍社会公共秩序和违背社会良好风尚；

（6）含有淫秽、迷信、恐怖、暴力、丑恶的内容；

（7）含有民族、种族、宗教、性别歧视的内容；

（8）妨碍环境和自然资源保护；

（9）法律、行政法规规定禁止的其他情形。

又如，广告法的第八条规定“广告不得损害未成年人和残疾人的身心健康”。

再如，广告法的第十二条规定“广告不得贬低其他生产经营者的商品或者服务。”等等，有关广告的详尽内容，此处不再一一罗列。

在我们的日常生活中，不难发现，制假售假，掩盖真相、广告误导、冒名顶替的现象，已经成为广告市场竞争中的一股逆流。许多的广告违法行为都是因为违背了《广告法》中所规定的禁止表现形式而产生的。

自然，这其中也包括了无意的因素和故意的因素。

例如，某企业在宣传产品时宣称“在同类产品中，××品牌是最好的”也许他的出发点并无意去贬低他人的产品，只想宣传、推荐自己的产品，但实质上这一宣传已经含有夸大其词，诋毁他人之嫌，已经与广告法，广告准则的规定背道而驰，构成了违法的广告行为。我们不能因为无意识而否认这个已经造成后果的违法行为，该行为毕竟带来了不良的社会影响和损害他人的利益。

另外，还有一些违法的广告主，故意隐瞒事实，故意歪曲真相，构成了广告违法行为。如一则广告词说：“不买不知道，惊喜在购后。”这则广告就是利用了人们好奇的心理，诱人上钩，造成了许多消费者受骗上当，利益受损，其结果败坏了职业道德，违背了社会应有的良好风尚，扰乱了社会的经济秩序。

2. 广告刊播、发布行为的不当所导致的广告违法行为

《广告法》第三章广告活动，第四章广告的审查明确规定了广告主，广告经营者，广告发布者所应遵守的广告活动程序及审查工作。例如《广告法》第二十七条规定："广告经营者，广告发布者依据法律、行政法规查验有关证明文件，核实广告内容。对内容不实或者证明文件不全的广告，广告经营者不得提供设计、制作、代理服务，广告发布者不得发布。”就是要坚决遏制一些广告经营者、广告发布者“一切向钱看”的广告经营作风，杜绝他们不管证明文件是否属实，就妄断“×××产品获国优、省优、部优”的广告违法行为的发生。通常这一类型的广告违法行为涉及的违法当事人是多方的，多因管理不严而造成。

（二）从广告活动涉及的当事人来分，广告违法行为可分为五种类型：广告主的广告违法行为，广告经营者的广告违法行为，广告发布者的违法行为，广告出证者的违法行为和广告中介审查机构的广告违法行为。

1. 广告主的广告违法行为

主要表现为：

（1）发布违法广告的；

（2）应当由广告中介审查机构审查的广告，未送审或未通过审查而发布的；

（3）提供虚假证明或采用欺骗、行贿及其他非法手段骗取广告证明的；

（4）伪造出证机关的证明或广告中介审查机构审查合格决定的；

（5）擅自变更已通过广告中介审查机构审查的广告的；

（6）未经批准擅自发布户外广告的；

（7）其他违反广告管理法规定的行为。

2. 广告经营者的违法行为

主要表现为：

(1) 设计、制作、代理、发布违法广告的；

(2) 明知或应知广告主提交的证明不实，仍为其设计、制作、代理、发布广告的；

(3) 伪造出证机构的证明或广告中介审查机构的审查合格规定的；

(4) 擅自变更已通过广告中介审查机关审查的广告的；

(5) 提供虚假证明或采用欺骗、行贿等非法手段骗取广告中介审查机构的审查合格决定的；

(6) 其他违反广告管理规定的行为。

3. 广告发布者的违法行为

主要表现为：

(1) 违反广告法规规定，不履行广告审查义务的；

(2) 对应广告中介审查机构审查的广告，未查验审查合格决定的；

(3) 明知或应知广告内容不实或审查合格决定不实仍予以发布的；

(4) 规避广告法规规定变相发布广告的；

(5) 其他违反广告管理法规定的行为。

4. 广告示证者的违法行为

主要表现为：

广告出证者出具的证明不实，或有其他违反广告管理法规规定的行为。

5. 广告中介审查机构的广告违法行为

主要表现为：

1) 对内容明显违法的广告仍出具审查合格决定的；

2) 明知或应知申请人提交的证明不实、不全，仍出具审查合格决定的；

3) 其他违反广告管理法规定的行为。

两种不同的分类方法只是从不同的角度划分广告违法行为，它们并非是孤立的，更多的是联系起来考虑，其违法行为及所应承担的法律责任。

二、广告违法行为的种类

按照《广告法》、《广告管理条例》和《广告管理条例施行细则》的规定，广告违法行为分：

（一）非法经营广告

非法经营广告，是指根据广告管理法规规定，未经核准登记或超出核定经营范围从事广告经营活动。具体表现为：

1．无照经营；包括从事常年经营和临时经营。

2．超越核定的经营范围；如广告媒介单位跨媒介代理广告业务。

3．新闻单位内部非广告经营部门经营广告和新闻记者借采访名义招揽广告。

4．外国企业《组织》、外籍人员未经中国具有外商广告经营权的广告经营者代理，在中国境内直接承揽广告。

（二）非法设置户外广告

《广告法》对户外广告做出了特殊的规定，有下列情形之一的，不得设置户外广告。

1．在法律规定的禁设区域设置户外广告，如：在市政机关、文物保护单位周围的建筑控制地带设置张贴广告；

2．没有户外广告经营权的广告经营者未经批准，设置户外广告；

3．已有户外广告经营权的广告经营者超出核准的经营范围设置户外广告；

4．非广告经营者非法设置户外广告（涉及户外广告规划管理问题、场地、手续不合法）。

5．设置、张贴的户外广告内容违反我国的法律、法规，有损社会公德和社会公共利益。

（三）刊播、设置、张贴违法违章广告。

主要有以下几种情形：

1. 虚假广告；

2. 违禁广告；

3. 超越经营范围和国家许可范围的广告；

4. 未标明获奖产品，获奖级别，获奖时间和颁奖部门的广告；

5. 新闻广告；

6. 利用广播、电影、电视、报纸、期刊发布烟草广告和利用各种媒介发布非优质烈性酒广告。

1. 虚假广告

虚假广告是指以欺骗方式进行与实际情况不符合或内容无事实依据的广告宣传。

虚假广告的几种常见类型为：

（1）欺骗性价格广告；例如有的广告商大肆宣扬“买一送一”、“降价1/3”，“让利60万销售”等，表面上虽具有较强的刺激性，但实际上却替代了欺骗公众和消费者的虚假商业行为。

（2）不实质量声称广告；

（3）不实证明广告其包括“不实证词广告”和“不实证据广告”。

（4）骗局广告。

“骗局广告”可以划分为两大类：一是“完全骗局的广告”，二是“部分骗局的广告”。前者表现为完全不兑现广告上的许诺，骗得钱财就开溜；后者则对广告的承诺部分地兑现，有选择地兑现。

2. 违禁广告

违禁广告是指广告管理法规禁止发布的广告，具体内容参见《广告法》第七条第二款第一项至第九项规定。

3. 新闻广告

新闻广告，是指新闻单位在非广告栏目中以新闻形式发布的收取费用的广告。如新闻单位收取费用为企业举办的新闻发布会，或以新闻记者名义发表具有广告宣传性质的新闻。

4. 代理、发布无合法证明或证明不全的广告。

5. 伪造、涂改、盗用或擅自复制广告证明。

6. 为广告客户出具非法或虚假证明。

7. 擅自提高广告代理费或户外广告场地费，建筑占用费收费标准。

《广告管理条例》规定广告代理费、户外广告场地费、建筑物占用费收费标准，是为了从宏观上对广告收费水平加以控制，防止利用广告收费搞不正当竞争或行业价格垄断。任何擅自提高费用的行为都是不允许的。

8. 拒不向工商行政管理机关备案广告收费标准和收费办法。

通过备案制度、工商行政管理机关能够分析广告价格变动的趋势，准确把握广告经营额的增负盈亏，做好宏观方面的调控。

9. 广告经营中的垄断和不正当竞争行为

广告违法行为中更多表现和更突出地表现的是不正当竞争行为，下面我们就不正当的竞争行为略加阐述：

所谓不正当竞争行为，是指经营者违反《反不正当竞争法》的规定，损害其他经营者的合法权益，扰乱社会经济秩序的违法行为。在实际经济生活中，一些经营者往往无视商业活动中的应遵循的自愿、平等、公平、诚实信用原则，采取假冒、伪造、侵权、夸大和不公平的方法进行市场交易活动，就被称之为不正当竞争。

不正当竞争行为在广告上的体现有下面两种情况：一是有意识地欺骗性地抬高自已及商品的地位、商誉；二是不正当、不公平地损害竞争对手及产品的地位、商誉；或是假借“名牌”侵犯别人的权利等。其具体表现形式为：

（1）假冒他人名牌的商业欺诈广告。

（2）利用特殊条件从事独占排他的广告；即公用企业或者其他依法具有独占地位的经营者，在广告限定他人购买其指定的经营者的商品，以排挤其他经营者的公平竞争。

（3）利用回扣行为从事的商业贿赂广告；

（4）采取不正当降价从事承揽低于成本的低价倾销广告；

（5）从事不正当有奖销售行为的广告；

(6) 从事捏造、散布虚伪事实，损害竞争对手的商业信誉、商品声誉的广告。

10. 其他广告违法行为，指违反其他法律、法规中相关的广告管理法律规范的行为。

第三节　广告违法行为的法律责任

一、广告违法行为的法律责任

所谓法律责任，是指当事人由于违反了法律规定的义务而应承担的法律后果。《广告法》对广告违法行为规定了行政、民事、刑事三种法律责任。

(一) 行政法律责任

行政法律责任，简称行政责任，是指当事人因为实施有关行政管理的法律、行政法规或者行政规章所禁止的行为，而引起的必须承担的由行政法律、行政法规所规定的行政管理机关追究的法律后果。行政责任实质上是一种针对比较轻微的行政违法行为，依照有关规定给予的行政制裁。行政责任主要分为两类：一是行政处分，一是行政处罚。

《广告法》对行政责任的规定，主要是行政处罚。在第四十五条、第四十条中对广告审查机关和广告监督管理机关的工作人员的违法行为规定了行政处分。其余所涉及到的行政责任，是指行政处罚。

《广告法》法律责任一章中规定的行政处罚形式主要有：

1. 责令停止发布违法广告；

2. 责令对违法广告公开更正；

3. 没收广告费用；

4. 处以罚款，即对有违法的广告活动的，给予广告费用一倍以上五倍以下的罚款。

5. 并处罚款，即违法广告活动者，除给予上述一、二、三项的处罚外，再给予经济的制裁。

6. 没收违法所得。

7. 停止广告业务。

（二）广告违法行为的民事法律责任

民事法律责任是指公民或法人不履行民事义务，或侵犯他人民事权利时所应该承担的法律后果。民事权利是指民法赋予民事主体在具体的民事法律关系中的享有的权利，它包括财产所有权和与财产所有权有关的财产权、债权、知识产权和人身权。

《广告法》第四十七条规定，广告主、广告经营者、广告发布者违反本法的规定，有下列侵权行为之一的，依法承担民事责任：

1. 在广告中损害未成年人或者残疾人的身心健康的；

2. 假冒他人专利的；

3. 贬低其他生产经营者的商品或者服务的；

4. 广告中未经同意使用他人名义、形象的；

5. 其他侵犯他人合法民事权益的。

我国《民法通则》对民事责任的承担方式，作了详细规定。广告主承担民事责任应当根据具体的案件情况作具体全面的分析。对于侵权损害来说主要是承担赔偿额相当于购买商品或者接受服务的消费者所遭受的实际损失额。对于侵犯他人的姓名权、名誉权、肖像权，给被侵权人造成精神损害的，应当采取精神补偿的方式承担民事责任，即停止侵害、消除影响、恢复名誉、赔礼道歉等，同时按照《民法通则》的规定承担一定的经济赔偿责任。

民事责任一般规定见图 9-1。

（三）广告违法行为的刑事法律责任

广告违法行为造成的危害达到一定严重的程度，触犯了刑法，就构成犯罪。广告行为人违反广告管理法律、法规规定，情节严重构成犯罪时所给予的刑事处罚，即广告违法行为的刑事责任。

我国《广告法》第三十七条、三十九条和四十六条分别规定了广告违法行为，情节严重构成犯罪的，依法追究刑事责任。《条例》第十八条第二款：“对广告违法行为，情节严重，构成犯罪的依法追究刑事责任”。都有所规定。

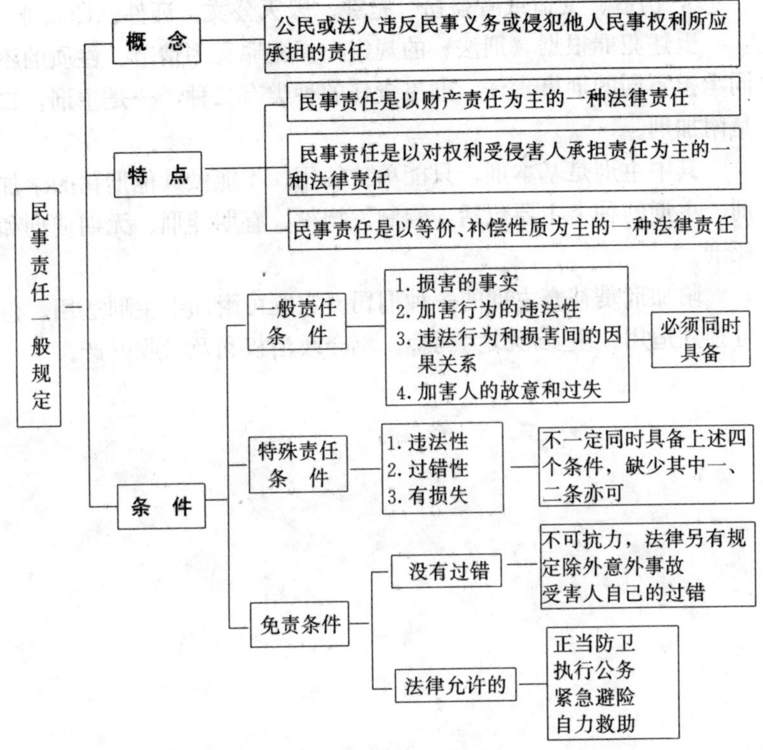

图 9-1　民事责任一般规定表

根据广告违法行为所侵犯的客体不同，可以构成下列犯罪:

1. 诈骗罪。以非法占有为目的，利用虚假广告骗取数额较大的工商企业，事业单位或公民个人的财物。

2. 投机倒把罪。指以牟取非法利润为目的，违反国家法规和政策，利用广告骗买骗卖或推销伪劣商品，扰乱社会主义经济秩序，情节严重的行为。

3. 假冒商标罪。以营利为目的，违反商标法，利用广告假冒其他企业注册商标，情节严重的行为。

4. 诽谤罪。利用广告散布捏造的虚假信息，严重地贬低他人人格，破坏他人名誉，情节严重的行为。

5. 伪造、变造或者盗窃、抢夺、毁灭公文、证件、印章罪。

上述犯罪根据《刑法》的规定，视犯罪行为情节、性质的不同承担不同的刑事责任。刑事责任的种类有二种，一是主刑，二是附加刑。

其中主刑是基本刑，只能单独使用，不能做其他刑罚的附加刑。主刑的种类主要包括：管制、拘役、有期徒刑、无期徒刑和死刑。

附加刑是补充主刑的一种刑罚。它既可附加于主刑适用，也可独立适用。主要形式为罚金，剥夺政治权利及没收财产。

第十章　外国的广告管理

在现代生活中，由于世界各国的政治氛围、经济状况、民族特性、生活方式以及文化的差异，各国的广告内容和创作形式也表现出不同的特色，尤如河谷山川，苍阔空灵，千姿百态，因而，他们对广告的管理呈现出各自截然不同的特有风格。

为了更好地吸收和借鉴发达国家广告管理的成功经验，学习和研究外国广告业自我管理的自律手段和方法，提高我国的广告业的管理水平，本章特就发达国家的广告管理作简单介绍。

第一节　美国的广告管理

一、美国广告的特点

美国是当今世界上的最大的广告国。其广告的特点和美国国民精神特点十分相似，国民文化的个性化、自由化倾向明显，崇尚个人主义，以自我为中心的意识强烈，他们所创作的广告具有形式多样，活泼幽默，以我为是，褒已贬彼的特征。

与一些国家禁止不能在广告中与同类产品作比较的条例相比，美国却允许在广告中将同类产品相比较，但前提是广告所叙必须属实，这更显示出美国广告的一大特点。美国广告的另一特点是允许作政治性广告。尽管政治性广告的管理并不成功，但是作为世界上唯一允许政府首脑候选人买断广告时间为自己作宣传的这一广告行为来看，不能不说是美国广告的另一大特点。

二、美国政府对广告的管理

美国最早的广告法案，可能要算1911年通过的《普全泰因克广告法案》，该法案的主要内容是“凡个人、酒店、公司、会社欲直接或间接销售，或用其他方法处理商品，证券，劳务及任何物品，或欲增加此项事物的消费量，或任何方法诱使群众缔结契约，取得权利，或发生利害关系而制成此广告，揭载于本州各报或其他刊物，或发表于书籍，布告，招贴，告白，通告，小册，书信者，凡其陈述之事实，有不确，欺诈或使人误信者治罪。”这项法案原为纽约州法律，后经多次修订，并为其它州所采用。

美国的广告立法比较完善，除了全国性的广告立法之外，还有州立法。全国性的广告立法制定得比较原则，州立法制定得比较具体。政府涉及的广告管理机构总共有数十个，主要有：

1. 联邦贸易委员会；
2. 联邦通讯委员会；
3. 食品和药品管理局；
4. 邮政管理局；
5. 烟酒税务局；
6. 证券和交易委员会；
7. 国内航空局；
8. 国会图书馆；
9. 专利局。

这些机构分别负责管理与自己业务有关的广告。

（一）联邦贸易委员会（FTC）

联邦贸易委员会（Fedoral Trude Commission），简称FTC，它是1914年由国会设立的，是美国管理广告的最综合，最权威的机构。其主要职责是制定广告管理的规章并负责监督实施，查处各种违反广告法规的虚假广告和违反商业原则的不道德的广告。FTC有权发布禁止或修改法令，公布处理决定，罚款，冻结银行存款，封存商品，责令发布更正或认错广告。如果广告商或生产者接受委员会的决定，则可免予处罚，否则，委员会可向联邦法院起诉，通过司法途径，进行强制性的解决。如果广告商或生产者刊播虚假广告的事实成立，罚款额可达上千万美元，损失极其惨重，而且，一旦法院判决就得服从，否则，每天将受到一万美元的罚款。FTC 由五名委员构成，委员由总统提名，参议院通过后上任，任期五年。该委员会下设六个局，其中欺诈行为局下设食品药物广告处，一般广告处，对全国广告进行管理。

（二）联邦通讯委员会

FCC.（Fedoral Communications Commissiom），依 1934 年的《信息法》而成立，旨在管理州与州之间和国际广播，电视，电话，电报通讯工作，同时负责批准或吊销各类电台、电视台的营业执照，以间接的方式对广告实施管理，另外 FCC 制定商业广告的调节标准及调节的内容。

FCC 所属有一支庞大的审查队伍，其主要任务是对电视广告进行全面的审查，凡发现属于“不公正，虚假的违法”广告，立即采取停止播放，罚款，赔偿损失或作更正广告的措施。若电视台或广告客户不执行联邦通讯委员会的决定，委员会还可请求法院强制执行。

（三）食品及药物管理局

FDA（Food and Drug Administration），它是最具体的广告管理机构，责任是行使 1938 年制订的《食品、药品和化妆品法》。该局主要负责管理各类包装物品和医药品的广告，包装及商标。它要求各种标签都要充分展示，并且制止包装上的欺骗性文字，对有毒或危险品的包装要严格检查，发现问题及时纠正。另外还负责监督食品，药品，食品添加剂的使用，以防止、控制有害食品进入市场。

（四）邮政管理局

邮政管理负责查验邮递广告中的欺诈行为，有权停止违法邮件，对非法的虚假广告有管制权。

（五）烟酒税务局

烟酒税务局负责对烟酒类的广告监督管理。

（六）粮食局

粮食局负责管理有关种子、农产品类的广告。

（七）证券交易委员会

证券交易委员会负责金融业，股份和证券的广告。

（八）国内航空局

国内航空局负责管理州际商业性航空公司的广告监督管理。

（九）国会图书馆

国会图书馆负责管理涉及版权的图书资料，其中包括广告、音乐、书籍、软件等。

（十）专利局

专利局全权负责检查商标广告方面的管理。

三、美国广告行业的自律管理

1911年美国倡导的“广告真实运动”标志着广告行业自律的开始。广告行业自律并随着广告业自身的发展以及保护消费者权益运动的日益高涨而蓬勃发展。美国广告行业自律属纯粹型自律，是指广告主，广告代理公司，广告媒体完全决定广告作品能否刊播发布，媒体受众的意见仅供参考。美国的自律机构主要是：美国的全国广告审查理事会（Natinal Advertising Review Council）下属的全国广告部（Natinal Advertising Division 简称NAD）和全国广告审查委员会（Natinal Advertising Review Board 简称NARB）自律系统。

由改善商业活动协议会，美国广告联盟，美国广告协会，美国广告主协会四个团体分别派员组成。

虽然NARB并无任何法律上的强制惩罚力量，但几乎所有广告商都愿与其合作，听从它的最终判决。只有1%的广告商不服判决而闹到联邦法院。具体审理的过程是，当NAR发现某广告带欺骗性时，就会要求中止或修改之。如对方不服则会被递交FTC或其他联邦政府的法律组织解决。

第二节 日本的广告管理

一、日本广告的特点

50 年代，日本从美国引进了市场营销学，从此日本开始重视把市场营销理论和广告理论加以综合研究。于是，日本的广告理论界首先提出了如广告生产率，忘却率，效果测定，DAG-MAR 理论，热门媒体和冷门媒体，媒体评价模式等概念。

一方面由于日本广告源于美国，因此吸收了西方广告的许多精华，并在许多方面显现出西化的特点。另一方面由于日本作为经济发展强国之一，高度的工业化发展水平，市场商品极为丰富，同时也造成了供大于求的局面，自然，产品竞争所导致的产品广告的竞争亦日趋激烈。因此必须要求其在广告管理上形成自己的管理特色。

日本的广告风格虽在很多方面已经西化，但依然可以捕捉到东方文化所特有的含蓄风格。同属东方文化的日本文化受中国文化影响较深，这一点在“车到山前必有路，有路必有丰田车”的这句广告词中表现得淋漓尽致。

日本广告表现中尤其善于诉诸情感，看似朴实的广告，却往往巧于心计，极易引起消费者的注意，打动消费者的心扉。

总之，日本广告在体现西方文化的同时，又折射出东方文化的特点，加上其独具的民族特性，使日本在广告业的管理中显现出其特定的管理风格。

二、日本政府对广告的管理

早在 1934 年，日本就制定了《非正当竞争防止法》；40 年代，日本又制定了《日本广告律令》、《广告取缔法》等，实行宣传管制；1962 年，制定了《不正当赠品及不正当标示防止法》；80 年代，颁发了《消费者保护基本法》、《药物法》、《食品法》、《户外广告法》以及《滞销商品及其不正当宣传防止法》等。

根据各个法律法规中关于广告的规定，日本广告的一般准则是：

（一）各类广告活动不得有不正当的表示，禁止提供过度的广告奖品。

（二）禁止把不正当的引诱顾客行为作为竞争的手段。

（三）禁止那些广泛的告示他人的使商品营业混淆的表示，以及使人对商品的产地、品质、内容、数量等有误解的广告。

（四）禁止在销售商品时进行欺骗性的，使人误解的广告宣传。

（五）禁止接受有关专刊和注册登记的虚假广告表现。

（六）广告中，负有使用法定计量单位的义务。

（七）禁止对化妆品进行虚假广告，禁止播放美容师推荐的化妆品的广告。

（八）禁止药品、医药外用品、医药用具有虚假、夸大的广告宣传。

禁止利用医师等人进行保证疗效的推荐性广告，限制特殊疾病用药品的广告方法；禁止未获批准的药品进行广告宣传。

（九）医生、医院、诊疗所及助产院，只能作纯告知性的广告。

另外日本政府管理广告的组织主要是日本广告审查机构。该机构成立于1974年，主要工作是对广告客户进行管理，负责对广告内容进行审查，对有问题的广告责令客户进行矮正性广告，并受理消费者对广告主的投诉，维护消费者的利益。

三、日本广告行业的自律管理

日本广告组织认为，自律是广告行业自觉尊重法律的具体体现，也是维护消费者权益和广告业有序运行的一种高度自觉行为。因此日本广告的自律性很强，各类广告公司，一般都能自觉遵守法律条文，同时能很好地做到行业自律。所以日本的广告管理可以说是在法规指导下的自律管理。

日本广告行业现有50多个各类型的广告组织，其中影响较大的是社团法人，全日本广告联盟、日本广告主协会、日本广告业协会等。它们各自都有自律条文，如全日本广告联盟的“广告道德纲要”；日本广告协会的“正确的广告”；日本证券协会的“广告规则”；日本新闻协会的“报纸广告道德纲要”以及“报纸广告刊载标准”等。彼此互相监督，检查和自律管理。

第三节 英国的广告管理

英国的广告管理在欧洲可称得上是成功的典范，据统计约有40多个法律、法规涉及到广告的内容。其中较为主要的有《公平贸易法》、《食品与药物法》、《商标法》等。早在1907年，英国就颁布了禁止广告妨碍公司娱乐场所及风景区自然美的“广告法”，(Advertisement Regulation Act) 1925年再次修订了扩大其禁止的范围，把损及公路、铁路、水道和公共场所以及妨碍居民行人的广告皆列入了禁止范围，我们从下面的阐述中，可窥其一斑。

一、英国政府对广告的管理

(一) 药品广告管理

药品广告要求必须真实，不允许直接或间接去误导公众和作虚夸宣传，不允许用非专业人员不易理解的词汇在公众中造成困惑，不允许鼓励正常健康的人服用药物以期增进健康水平，不允许宣称或暗示对服用某药品的疗效提供保证。

药品广告不得用“天然疗效”描述，不得因药品可口而在其性质、成分、用途方面进行误导，不得暗示该药品没有任何副作用，且疗效优于或相同于另一未指名但可判明的药品，不得用名人或著名机构的效应作为该药品的推荐资料，药品广告中不可出现有儿童在没有成人照管的情况下获取或服用的情景。

(二) 烟酒广告管理

从1965年起，英国就禁止在电视上做卷烟广告，并明确规定任何烟草制品广告必须说明:“吸烟有害健康”。对于酒类广告，同样也有不少限制，如，不得宣传饮酒的作用，不得鼓励人们过量饮用等。

(三) 化妆品广告管理

英国规定，化妆品广告必须具有对人体实际试验的数据后，才能说明产品具有某种新的独特的功效。

二、英国广告行业的自律管理

英国广告管理的成功很大程度上归功于其出色的自我管理系统，该系统有一个“独立广播权威”和一部由全国 20 多个广告协会组织起草拟定的“广告实践委员会法典”组成。

（一）非广播媒体的规则

1. 初步拟定“广告实践委员会法典”；

2. 由“广告标准权威（ASA）”负责监督妥善管理各类广告业的申诉问题；

3. 对香烟等商品广告进行事前审查；

4. 对于广告业中人正确解释法典与提出意见。

（二）“独立广播权威”对电视、广播进行事前审查改为剧本创作完稿和制作 完成前后两个阶段事前审查。该机构是一个完全独立的，不带任何偏见的组织，其职责是审查各类广告，保证广告的真实性，防止广告有夸大、失真、虚假的宣传，维护公众的权益。

1981 年的一项民意测验也充分显示出英国民众对于广告政府管理和自律管理的信赖程度，其中，43%的人认为，如允许刊登含酒精的饮料广告必须由政府来管理，而 42%的人则认为，只需广告业自我管理，由行业自律就可以发布广告。

无论是客观的广告管理成效，还是民意测验的统计结果都充分反映出英国的广告管理的成功，其严谨、自律的风格与国家和国民的形象也是相映成彰，国家对广告的管理随着国民经济的发展更是日益完善。

第四节　澳大利亚的广告管理

澳大利亚的广告业和广告管理因受其地理位置、文化风俗和社会制度的影响，有着与美国、日本、英国都不同的管理特色，在很大程度上接近东方文化。

一、澳大利亚政府对广告的管理

澳大利亚政府对广告的管理采取强制性的措施，政府对广告的管理机构主要由澳大利亚贸易实践委员会、澳大利亚广播电视局和地方政府组成。

（一）澳大利亚广播电视局

主要负责管理广告审批，颁发广播，电视台等媒体单位的开业执照，制定电视、广播节目的广告标准以及处理违反广播电视标准的案件。

（二）澳大利亚贸易实践委员会

该委员会的主要任务是促进企业竞争，保护消费者的权益，对广告内容进行事后监督管理，遇有违反法律的广告违法行为向法院起诉，并交由司法机构加以处理。

此外，各地方政府也积极响应，贯彻和执行国家的有关广告管理法规，制订适应地方政府的广告管理办法，以加强户外等广告的管理。

二、澳大利亚广告行业的自律管理

澳大利亚广告业的行业管理极为成功。在自律管理方面的优良素质较美国、英国和西方国家的管理更为突出。广告行业的自我管理机构有澳大利亚广告主协会、澳大利亚广告公司联合会和澳大利亚媒体委员会三家组成，并在此基础上成立了澳大利亚广告业委员会和广告标准局。广告行业自律队伍的阵容强大，管理效果的成绩斐然。

（一）广告业委员会

主要负责协调广告主、广告经营者和广告发布者三方的关系，并向全国的企业和商业以及社会公众进行广告宣传、宣传广告的作用和效果。

（二）广告标准局

广告标准局是该国广告行业自我管理体系的仲裁机构，主要负责广告业务运作过程中的违法行为的仲裁。标准局的领导成员一半来自广告界的广告人，另一半来自社会各界的知名人士。以保证仲裁结果的公平和公正。

（三）广告媒体委员会

1. 颁发媒体许可证和监督检查广告公司的财务状况，如有违反该委员会的规定，将被取消媒体经营业务资格。

2. 按不同广告内容建立事前审查制度，对广告内容逐一进行事前审查和监督管理。并着重抓好电视、广播、印刷品三大重点媒体的事前审查工作。

3. 研究行业管理中出现的各类问题，制订行业自律条约，并设有专项广告内容的管理机构，层层落实，监督行业行规的执行情况。

4. 调解和仲裁有关贬低、恶意中伤的广告案例。

三、重点媒体、重点广告的管理

澳大利亚政府管理部门和广告行业管理部门联手对重点媒体和重点广告进行监督管理是它广告管理的又一个主要特点，两者联合，对这些重点媒体和广告进行分工负责。陆续制订了许多单项法规，如“香烟广告法”、“减肥广告法”、“广告道德法”、“药品广告法”等，并对电视、广播、印刷出版物三大媒体也加大监管的力度。三大专业媒体负责审查广告内容，其他媒体的广告内容一般由广告公司自已负责审查，这种做法使广告管理能集中精力，抓住重点，明确法律责任。

总之，澳大利亚的广告纠纷或广告违规违法行为大都是通过政府和司法部门的途径进行强制管理的，因此，广告主或广告经营者在进行广告作业时都较为谨慎，自觉遵守广告法规。同时，行业管理也十分到位和有效，从而使广告业最大限度地避免和阻止了各类虚假广告的出现。

第五节　加拿大的广告管理

加拿大对广告业的管理是采取政府管理和广告业自我管理双管齐下，相辅相成的政策。一方面通过政府行为的强制作用来监督管理广告，另一方面，广告业自身也建立了切实可行的自我调节、自我管理的机制。

一、加拿大政府对广告业的监督管理

（一）政府按有关法律条款编印的《广告法则》规定：

1. 商业广告发布时间限于每小时不超过12min。

2. 广播中不允许出现虚假的、欺骗性或导向性错误的广告。

3. 广播电视节目中不允许播放香烟和烈性酒的广告。

4. 广告内容不允许出现色情、裸体、凶杀的表演情景。

5. 广告内容不准曲解、引用专家、权威的言论。

6. 广告宣传中不能刊载贬低他人，损害他人名誉和肖像的内容。

7. 广告活动必须公平竞争，严禁做诱售广告，不允许攻击和怀疑竞争者的产品和服务。

8. 广告宣传不准模仿其他广告图片、标语和说明，以免消费者产生误解和混淆。

9. 广告不准出现违反交通安全和可能引起危险事件的内容。

10. 禁止利用迷信或恐吓手段进行广告宣传，以达到扩大销售的目的。

11. 禁止隐匿广告本身的商业意向，不准出现潜意识的广告。

12. 在提供担保或保证时，必须详细列出担保和保证的条件限度，并提供担保人的个人资料。

（二）儿童广告

1. 儿童广告的露出时间规定在每周一到周六上午9点到10点20分之间。

2. 儿童广告禁忌使用“只有多少钱”、“花钱很少的”等具有诱惑性的语言。

3. 儿童专题节目中不允许插播广告。

4. 在儿童节目中出现过的演员、节目主持人或播音员，不准再出现在儿童商品广告中。

5. 禁止将儿童作为广告对象。

（三）药品、化妆品广告

1. 药品、医疗器械和化妆品的广告事前审查严格，对广告的设计要求极严，制作发布前须送国家卫生福利部审查通过。

2. 药品广告须以经临床试验后统计的可靠数据作为依据，不得含有误导或含糊不清的词句和表述。

3. 药品广告不得出现“天然、天然原料、天然效应、有机物”等可能会引起误导的词汇。

4. 药品广告不准以专家评语、新闻媒介报导或批准书做为促销手段。

5. 药品广告不允许将自身药品和竞争者药品进行比较，广告中不准出现关于己强彼弱的宣传内容，如声明自身药品毫无毒副作用而影射竞争者药品具有毒副作用等。

6. 药品广告中不得出现儿童索要药品或以服用药品做游戏以及卡通人物促销儿童药品的情景。

7. 药品中的麻醉药品、管制药品、人用处方药品以及标有“专供治疗使用”的部分药品，禁止进行广告宣传。

二、加拿大广告的自律管理

加拿大广告行业的自我管理组织是广告基金会。该组织下设四个工作委员会，主要处理有关广告道德、教育、研究、公众宣传和涉及到消费者权利或政府方面的事务。基金会的活动经费由广告主、广告公司、媒介三方共同分担。

广告基金会在全国各地都建有分支机构，成立地方理事会，以便于处理各地方的广告事务和广告纠纷。

在广告行业自律自管的过程中，广告宣传、公众意见和传播媒介的强制力等三大因素对广告业的自我约束起到了有效可靠的保证作用。广告业的自律和自我管理的过程大致如下：

（一）广告宣传

向社会公众宣传广告准则，鼓励公众举报不符合准则要求的广告。整个宣传活动由广告公司策划，媒体提供发布的空间和时间，广告界自发合作完成。

（二）公众意见

在审理广告的纠纷、控告案时，公众的意见和观点起着决定性的作用。当控告的情况被证实是属实的，基金会下属的工作委员会，会事先与广告主取得联络，进行交涉，以求得广告主主动采取自我更正的态度和行动。否则，将纠纷案提交到全体委员会会议上作出裁决。

（三）媒介的强制力

当广告主或其他当事人不服从委员会的裁决，并对已发布的广告不采取主动撤回或其他补救措施时，委员会即通知相关媒介，立即停止该广告的发布事宜。

第十一章 广告案例评析

“最”贵的一个字

古有一字千金，今有一字万贯。

1995 年 5 月，济南东方科工贸有限公司向济南市中级人民法院状告青岛科苑经济技术开发有限公司，诉称对方的广告语严重损害了东方公司产品“刘东理疗镜”的信誉，给其造成重要经济损失。为此，请求法院判令科苑公司公开道歉，并赔偿经济损失 6.2 万元。

事情的起因是：科苑公司于 1994 年 10 月在《青岛晚报》、《青岛电视报》上为产品达克防近视眼罩各刊登了一次广告，标题分别为“治疗近视，达克最佳”，“治疗近视，唯有达克”。

然而，据有关人士透露，“刘东理疗镜”自获得国家发明专利以来，因其产品具有“学治同步行”的治疗特点而受到北京同仁医院专家的首肯和广大消费者的青睐，但由于青岛科苑公司刊登的误导广告，致使东方公司在该地区蒙受不小的经济损失。最后的结果是：经过一审，二审的判决，科苑公司不得不为其“最”字广告，付出了 6.2 万元的赔偿费用。

这是一起典型的不正当竞争行为所引起的广告纠纷案。不正当竞争行为在广告中体现为两种情况：一是有意识地、欺骗性地抬高自己及商品的地位、商誉；二是不正当、不公平地损害竞争对手及产品的地位、商誉，或是假借“名牌”侵犯别人的权利。此例广告纠纷案属于前一种情况，它无形之中损害了其他经营者的合法权益，是扰乱社会经济秩序的行为，违反了《广告法》第七条第二款所规定的“不允许广告主，广告经营者采用国家级、最高级、最佳等用词的广告表现形式”。

“特别节目”涮你没商量

199×年的1月23日、24日，《郑州晚报》在头版显著位置连续刊发了一则欲言又止的奇怪消息：“广大市民，元月25日早晨6时30分请注意收看郑州电视台特别节目”，与此同时，郑州电视台也多次播发了同样的消息；一些配有BP机的朋友，也多次收到了传呼台发布的与上述内容一样的信息。

由于象这样在晚报、电视台、传呼台反复刊登、播发同一内容的消息没有先例，加之这一则悬念片一般颇为“玄虚”的广告用语，在市民中间引起了各种猜测，议论纷纷。一时间此字幕广告弄得人心惶惶，甚至有些年事已高的离退休老人，为了观看所谓的“特别节目”，而又因为害怕受过度刺激，在收看节目前就准备好了急救药品……

1月25日凌晨，事先获得消息的郑州市民，早早地起床围坐在电视机前，等待收看所谓的“特别节目”。6点30分，节目准时播出，仅是一部酒类产品的广告专题片！郑州市民在“没商量”的情况下实实在在地被“涮”了一把！众多的观众才不禁大呼上当。事件发生后，河南省委宣传部和郑州市委宣传部对有关新闻单位进行了严肃批评。

广告是一则带有违法性质的广告。据分析，可知其违反了《广告法》第13条第1款规定：“广告应当具有可识别性，能够使消费者辩明其为广告”，该广告却明显违反了这一规定，“特别节目”特在哪里，又和其他新闻或产品广告报道“别”在何处，却使得民众分不清事实真伪，而反倒造成了种种猜测和不安。

小小广告词　惹来大官司

前不久，北京中关村的15家电脑公司联名状诉位于蓝岛大厦西侧犬玛商厦内的百脑汇。起因是百脑汇于4月份开始，在通往中关村的三趟公交汽车302路，320路，332路的车体上刊登了以下语：现在买电脑，马上后悔！

据悉，此广告语推出后，中关村电脑市场呈现出明显的疲软态势，不少原本一个月能卖几十台电脑的公司，现在只能卖出几台，有些店甚至“颗粒无收”。不少顾客都表示要等百脑汇开业之后再说，有的干脆说要等待百脑汇的“惊喜价”，这样一来，本来就已竞争激烈的电脑市场变得更加动荡不安。

除此之外，百脑汇还在中关村散发了大量内容为“现在买电脑绝对后悔”的有奖问卷，另外，他们还在报纸上策划了“NOVA来也!”的专版报道，文中把中关村所在的百颐路比作“屠宰一条街”，把村内众商家筹办的中关村电脑节比作“杀猪宰羊会”。

不当的广告宣传不仅误导了消费者，还严重损害了包括15家电脑公司在内的中关村电脑商家的信誉，影响了它们正常的经营活动。该广告违反了《广告法》第4条的规定，即广告不得含有虚假的内容，不得欺骗和误导消费者”。另外广告中所含贬低同类行业中其他与之竞争的产品的内容，违反了《广告法》第12条的规定：“广告不得贬低其他生产经营者的商品或者服务”，所谓“贬低”就是“给予不公正的评价，使消费者产生误解，削弱其他竞争产品与之竞争的能力。含有贬低内容的广告，是对竞争对手的人格权的严重侵犯，这种以损害对手合法权益的市场竞争行为，破坏了社会主义市场的竞争秩序，属于不正当竞争行为。

侵权非得指名道姓吗？
——国内首起广告无指名侵权案

1996年6月12日被告宏大公司在某报刊登的广告中称“大

气曝晒中——粉末喷涂彩铝表面一般 3 年后即会褪色，宏大氟碳漆彩铝能保持 30 年色彩依旧”——当您看到这样一则广告时，会作何思考呢？

近日，国内首起广告无指名侵权案，已由上海市高级人民法院作出了终审判决：被告上海宏大铝业装饰有限公司被判停止侵权，登报道歉，并赔偿原告经济损失 29 万元。

事情的前因后果是：原告上海振兴铝型材厂和被告上海宏大铝业装饰有限公司同为生产彩色喷涂铝合金的企业，在喷涂原料上，振兴厂采用粉末涂料，宏大公司则是进口碳涂料。

上述广告刊登之后，本来与原告振兴厂订立合同的单位，以广告中所宣传的粉末喷涂彩铝存在质量问题为由，向原告提出退货或终止原合同履行的请求，造成了振兴铝型厂的重大经济损失。此案审理期间，原审法院委托质量检验协会进行了技术鉴定，原告提供的两块色板所用的粉末涂料号，与 1994 年 6 月竣工的上海市府大厦中，由振兴厂提供制作、安装的彩色铝门框所用的粉末涂料为同一色号，经现场察看分析，迄今东西南北窗表面，变色均不显著。原审法院认为：原告和被告生产同类产品，但被告却在刊登的对比广告中，对同类产品使用不同原料而产生质量差异进行缺乏科学的虚假宣传，该广告里未能指明具体的生产经营者，但指明了对比的具体产品，明显贬低了原告生产的产品、质量，其内容足以使消费者产生误解，实际上也损害了原告的产品声誉和商业信誉，被告的行为已构成不正当竞争，应承担侵权所造成的民事责任。

综上分析可知，广告违反了：

（一）《广告法》对反不正当竞争所作的原则性规定，根据第 21 条的规定。“广告主，广告经营者，广告发布者不得在广告活动中进行任何形式的不正当竞争。”其中的“不正当竞争行为”包括：从事捏造、散布虚伪事实，损害竞争对手的商业信誉，商品声誉等。

（二）《广告法》第 4 条中的规定：广告不得含有虚假的内容，不得欺骗和误导消费者。

“洗脚店”户外广告
——醉翁之意不在酒？

近日，济南市妇联不断接到关于一幅户外广告画的投诉电话，此广告牌位于省城经纬七路上一座四层楼楼顶，牌上写有“怡人洗脚城”，画面中一个粗大脚丫子里非常逼真地画着一个年轻女子，五个脚趾头则紧压在妇女肖像的头顶。

投诉者皆认为此广告含有明显的歧视、侮辱妇女的成分，严重地伤害了广大妇女的自尊心，市妇联有关同志到现场检查核实，反映的情况属实，并表示再不允许这样的低俗广告悬挂在闹市街头。

广告违反了《广告法》中第七条第七款的有关内容：“广告中不得含有民族、种族、宗教、性别歧视的内容”。否则，便是违法广告，其广告主，广告经营者，广告发布者应受到相应的处罚。

另外由于此广告属于户外广告，广告法中对户外广告还有以下限制性的规定：即从事户外广告活动不得妨碍生产或人民生活，损害市容、市貌。户外广告应该能够美化环境，给人以美的享受和愉快的心情，然而此广告却恰恰相反，因此应该加强对户外广告的审查和管理，杜绝此类不健康广告出现在闹市街头。

“虚假”的诚实与“诚实”的虚假

让人眼花缭乱的广告，到底是真实的宣传还是虚幻的泡影？应该说，广告是“源于真实，高于真实。”

《广告法》第五条的内容规定“广告主、广告经营者、广告发布者从事广告活动，应当遵守法律、行政法规，遵循公平、诚实信用的原则。”

另外第九条规定：“广告中对商品的性能、产地、用途、质量、价格、生产者、有效期限、允诺或者对服务的内容、形式、质量、价格、允诺有表示的，应当清楚、明白。”

然而，法律给出的毕竟只是条条框框，如何看待它，对待它，因不同的当事人而异，同时也会因为不同的做法而得到不同的回报。

60 年代初，在全球经济的萧条期，汽车工业不景气，产品出现了“卖难”的情形，然而，法国雷诺公司却因审时度势地推出了“受伤的雷诺”这一广告策略，而在同业中堪称“一枝独秀”。

雷诺的做法是向世人宣布，该公司新近推出的产品，因种种原因，车身有划伤的痕迹，只是肉眼不易看出，为此，他们已将伤痕处用胶纸贴上，以便醒目示人。当然，价格方面他们会酌情减让……冲着雷诺的“诚实”，虽然平均每辆车只用了 500 美元，但却在市场上掀起了购买雷诺车热。雷诺的“诚实”感动了“上帝”，也最终得到了“上帝”的青睐。

另一个相反的例子是，某市一家开发商在某住宅小区开盘之前，在媒体上登广告声称，“小区绿化率 60%”，“离内环线步行 15 分钟即达”，“建筑风格采用欧式”，此住宅每平方米售价 2000 元。由于其超常的绿化率，较好的地段，时髦的风格，以及诱人的价格，唤起了人们强烈的购买欲，开盘发售当天，就有 80 多人赶赴现场购房，但到实地一看，绿化率不足 40%，楼盘模型也完全是兵营式的普通建筑，而且事实上从小区到内环线即使步行半小时也难以到达，更可气的是，每平方米加上朝向和楼层费实际要 2800 元。结果当天，不仅无一人购房，而且来访者纷纷指责开发商在广告上不负责任的宣传。第二天，又有 100 多人赶往售楼现场，但有的人才到小区入口，就听到了已看过现场购房者的诉说，于是当场就打道回府了。三天中，来看房者近 300 人，但却一套也没有卖掉。虚假广告最终毁了开发商的信誉，不但卖不掉，还贴上了不小的广告投入，真是“赔了夫人又折兵”!

由此可见：诚实是广告的立身之本，产品要取信于民，赢得市场的认可，重要的一点是广告须真实可信。消费者是不容愚弄的，任何欺骗用户，虚假夸大的广告，到头来都只是搬起石头砸自己的脚!

慎用他人作嫁衣
——因对广告无知而引起的侵权案

广告人常自嘲是“为他人作嫁衣裳”，此话不假；然而倘若广告要“用他人作嫁衣裳”就切记要慎之又慎了！

1986 年第 5 期《啄木鸟》杂志封底刊登的一幅整版广告，引起了《民法通则》颁布后北京市法院受理的第一宗民事纠纷案，涉及的是广告侵犯肖像权及受理的整个过程。

该封底广告是：著名影星杨在葆身着黑色茄克，上面叠印着“阳春口服液”字样以及广告词：“阳春口服液，用于肾阳不足，肾亏损引起的失眠、健忘、肾虚腹疼……”同年 11 月 17 日，杨在葆向法院递上了诉讼状，状告《啄木鸟》杂志编辑部，群众出版社出版发行部，北京市广告艺术公司等部门侵犯其肖像权，次年法院调解成功，裁定北京广告艺术公司和《啄木鸟》杂志编辑部在该杂志封底用同样篇幅公开刊登向杨在葆道歉的声明，发行数量不得少于 1986 年第 5 期。

从受理的整个过程和几方的说法中，我们可以大概推论出广告侵权及纠纷产生的具体原因。

《啄木鸟》编辑部认为：虽然杂志是由本方编辑的，但其只负责内容及封面，封三和封底的广告位应由群众出版社发行部负责。

但群众出版社出版发行部则认为：自己在承接广告时，一般只按有关规定审查一下，例如这药品是否假药；文字上有无虚假宣传；是否经主管单位批准等等。对于版面文字和画面，主要审查是否含有反动和淫秽内容，至于照片是谁，是否涉及侵权问题，则应归咎于广告的设计者：广告艺术公司。

北京市广告艺术公司对此事的说法是：我们只是延续了过去的做法，“过去”从来没有出过什么事，另外，照片是从 1985 年出版的挂历上找来的，我们只以为是发表过的个人照片，没有问题。……

北京市药材公司则表示，没有想到一个广告会引起这么大的风波，竟还要打官司。……

一环推一环的说法，究其原因，还是法律观念的缺乏和法制的不健全，使得这桩侵权案关系复杂，牵联众多。

总而言之，这则广告违反了《广告法》中的如下有关规定：

（一）《广告法》中的第二十五条的内容："广告主或者广告经营者在广告中使用他人名义，形象的应当事先取得他人的书面同意，使用无民事行为能力人，限制行为能力人的名义，形象的，应当事先取得其监护人的书面同意"。

（二）《广告法》中第二十一条的内容："广告经营者，广告发布者依据法律、行政法规查验有关证明文件，核实广告内容。对内容不实或者证明文件不全的广告，广告经营者不得提供设计制作、代理服务，广告发布者不得发布"。

一看吓一跳，换肤真"奇妙"

广告，可以是为厂商带来衣食之源的"父母"，然而它可以是消费者的再生父母吗？

1993年3、4月份起，各种换肤类产品先是火爆了广州，接着震动了上海、北京，各种媒介的广告和大量的文章对此类产品的效果进行大肆宣传，相关的广告主要有：

（1）该产品不用打针吃药，不用开刀动手术，使用一次到八次，就可以使皮肤由粗糙、灰暗、苍老，变得细腻、光洁、富有光采和弹性，且有"换然一新的奇效"。并进行现场特写，证明其"功效显著"，最后一再声称："没有任何副作用和中毒过敏现象"。

（2）使用两次年轻10岁，使用8次彻底换个模样……医院验证有效率达100％。

（3）不论男士女士，不管油性、干性皮肤，也不分春夏秋冬，……使用者都是幸运的顾客。

广告语真可称得上是天花乱坠，不一而足，但遗憾的是，所谓"奇妙换肤霜"并不可能有点石成金的奇效，更无回天之术，有相当多的人使用了该产品却并未见效，有的还在使用之后，“面部出现黑斑”，用后有头晕症状，面部有刺痛感。鉴于上述种种，有的顾客在商厦柜台前，对该产品进行现场投诉，众多感到受骗上当的顾客纷纷向消费者协会和工商部门投诉，新闻单位也群起而评击“奇妙换肤霜”及其广告宣传。此后，北京市工商局正式下文暂停“奇妙换肤霜”的广告宣传，文件明文规定：“根据该换肤霜广告宣传中存在不实之处，及北京市消费者协会近期收到大量投诉，要求北京各广告宣传单位立即停止对其宣传……”就这样，使用换肤霜的热浪慢慢平息了。

根据《广告法》和其他一些法律法规的规定，可知：

(1)“使用两次年轻十岁，使用八次彻底换个模样”，等语言明显存在不实之处，带有严重的误导性，违反了《广告法》关于广告应真实，不得欺骗，误导消费者的一般原则，以及关于广告禁止使用最高级词汇的规定。

(2)“没有任何副作用和中毒过敏现象”等内容，违反了《化妆品广告管理办法》中关于化妆品广告禁止出现“无副作用”等绝对化语言的规定。

(3)“经医院验证有效率达100%”等内容，直接违反了《化妆品卫生监督条例》的有关产品有效率的规定。

(4)“无论男士女士，不管是干性皮肤，还是油性皮肤，也不分春夏秋冬”为内容，违反了在化妆品广告中不得使用他人名义保证或以暗示方式使人误解其疗效的规定。

综上所述，奇妙换肤霜的广告是虚假广告，是一种违法的广告——广告是制造诱惑，激发购买欲的手段，然而一旦厂商的承诺超出了利益保证，面对付出了“脸面”代价后成熟起来的消费者，最后吃亏的还是广告主自身啊！

半个多世纪前的“美女”官司

上海滩，经常会发生一些颇具传奇色彩的真人真事。

解放前，由华成烟草公司生产的“金鼠”牌香烟，在上海卷烟市场，颇有声誉，但主要只在中下层市民中销售。为创制一个提升产品档次的商标，把自己的香烟推入上层社会，华成公司一直苦觅不得。一天，公司经理在路径一家照相馆时，看见橱窗里有一帧穿着时髦，头发乌黑，秀丽端庄的美女照片，突发灵感，立即请设计人员把这张颇具吸引力的美女照片翻印在烟盒上，取名“美丽牌”，还在照片两边写上了“有美皆备，无丽不臻”两行文案，经过一番包装，“美丽牌”香烟就此问世了。谁知，某一日，法租界的一张传票送到了华成公司，原来这个烟盒上的美女竟是法租界魏某的姨太太！就这样，一场轰动上海滩的“美女”官司闹开了。更有趣的是：刚开始时，华成公司还有些忐忑不安，谁知后来官司越是打下去，美女牌香烟就越出名，销售量也越大，于是华成公司反而一再造势，不肯轻易了结这场官司。

这是一段半个多世纪前的故事了。时至今日，“美丽牌”香烟已成为了旧上海的标识之一。倘若没有那场官司，也许香烟的品牌不会如此名声大振。但是从现代广告法的角度去探讨，它违反了《广告法》中有关侵权的规定：即“广告应尊重他人权利，广告涉及他人名义、名誉、形象、言论、专有标记，注册商标与人身权和财产权，必须在公布前经权利人书面同意”同时，《广告法》中第二十五条也作了相应的规定，“广告主或者广告经营者在广告中使用他人名义、形象的，应当事先取得他人的书面同意，使用无民事行为能力人、限制民事行为能力人的名义、形象的，应当事先取得其监护人的书面同意。”而按照《广告法》中第四十七条的规定；广告主、广告经营者、广告发布者违反了未经同意而使用他人名义、形象的规定，应承担相应的民事责任。

如果这桩官司换在今日（当然，法租界是不会再有的了），也不会形成这一段旷日持久的拉锯战了。

第十二章 广 告 法 规

广告管理条例

第一条 为了加强广告管理，推动广告事业的发展，有效地利用广告媒介为社会主义建设服务，制定本条例。

第二条 凡通过报刊、广播、电视、电影、路牌、橱窗、印刷品、霓虹灯等媒介或者形式，在中华人民共和国境内刊播、设置、张贴广告，均属本条例管理范围。

第三条 广告内容必须真实、健康、清晰、明白，不得以任何形式欺骗用户和消费者。

第四条 在广告经营活动中，禁止垄断和不正当竞争行为。

第五条 广告在管理机关是国家工商行政管理机关和地方各级工商行政管理机关。

第六条 经营广告业务的单位和个体工商户（以下简称广告经营者），应当按照本条例和有关法规的规定，向工商行政管理机关申请，分别情况办理审批登记手续：

（一）专营广告业务的企业，发给《企业法人营业执照》；

（二）兼营广告业务的事业单位，发给《广告经营许可证》；

（三）具备经营广告业务能力的个体工商户，发给《营业执照》；

（四）兼营广告业务的企业，应当办理经营范围变更登记。

第七条 广告客户申请刊播、设置、张贴的广告，其内容应当在广告客户的经营范围或者国家许可的范围内。

第八条 广告有下列内容之一的，不得刊播、设置、张贴；

（一）违反我国法律、法规的；

（二）损害我国民族尊严的；

（三）有中国国旗、国徽、国歌标志、国歌音响的；

（四）有反动、淫秽、迷信、荒诞内容的；

（五）弄虚作假的；

（六）贬低同类产品的。

第九条 新闻单位刊播广告，应当有明确的标志。新闻单位不得以新闻报道形式刊播广告，收取费用；新闻记者不得借采访名义招揽广告。

第十条 禁止利用广播、电视、报刊为卷烟做广告。

获得国家级、部级、省级各类奖的优质名酒，经工商行政管理机关批准，可以做广告。

第十一条 申请刊播、设置、张贴下列广告，应当提交有关证明；

（一）标明质量标准的商品广告，应当提交省辖市以上标准化管理部门或者经计量认证合格的质量检验机构的证明；

（二）标明获奖的商品广告，应当提交本届、本年度或者数届、数年度连续获奖的证书，并在广告中注明获奖级别和颁奖部门；

（三）标明优质产品称号的商品广告，应当提交政府颁发的优质产品证书，并在广告中标明授予优质产品称号的时间和部门；

（四）标明专利权的商品广告，应当提交专利证书；

（五）标明注册商标的商品广告，应当提交商标注册证；

（六）实施生产许可证的产品广告，应当提交生产许可证；

（七）文化、教育、卫生广告，应当提交上级行政主管部门的证明；

（八）其他各类广告，需要提交证明的，应当提交政府有关部门或者其授权单位的证明。

第十二条 广告经营者承办或者代理广告业务，应当查验证明，审查广告内容。对违反本条例规定的广告，不得刊播、设置、张贴。

第十三条 户外广告的设置，由当地人民政府组织工商行政管理、城建、环保、公安等有关部门制订规划，工商行政管理机关负责监督实施。

在政府机关和文物保护单位周围的建筑控制地带以及当地人民政府禁止设置、张贴广告的区域，不得设置、张贴广告。

第十四条 广告收费标准，由广告经营者制订，报当地工商行政管理机关和物价管理机关备案。

第十五条 广告业务代理费标准，由国家工商行政管理机关会同国家物价管理机关制定。

户外广告场地费，建筑部门协商制订，报当地人民政府批准。

第十六条 广告经营者必须按照国家规定设置广告会计帐薄，依法纳税，并接受财政、审计、工商行政管理部门的监督检查。

第十七条 广告经营者承办或者代理广告业务，应当与客户或者被代理人签订书面合同，明确各方的责任。

第十八条 广告客户或者广告经营者违反条例规定，由工商行政管理机关根据情节轻重，分别给予下列处罚；

（一）停止发布广告；

（二）责令公开更正；

（三）通报批评；

（四）没收非法所得；

（五）罚款；

（六）停业整顿；

（七）吊销营业执照或者广告经营许可证。

违反本条例规定，情节严重构成犯罪的，由司法机关依法追究刑事责任。

第十九条 广告客户和广告经营者对工商行政管理机关处罚决定不服的，可以在收到的处罚通知这日起十五日内，向上一级工商行政管理机关申请复议。对复议决定仍不服的，可以在收到复议决定之日起三十日内，向人民法院起诉。

第二十条 广告客户和广告经营者违反本条例规定，使用户和消费者蒙受损失，或者有其他侵权行为的，应当承担赔偿责任。

损害赔偿，受害人可以请求县以上工商行政管理机关处理。当事人对工商行政管理机关处理不服的，可以向人民法院起诉。受害人也可以直接向人民法院起诉。

第二十一条 本条例由国家工商行政管理局负责解释；施行细则由国家工商行政管理局制定。

第二十二条 本条例自 1987 年 12 月 1 日起施行。1982 年 2 月 6 日国务院发布的《广告管理暂行条例》同时废止。

关于受理违法广告举报工作的规定

第一条 为保护公民、法人和其他组织的合法权益，依法规范工商行政管理机关受理违法广告举报工作，特制定本规定。

第二条 国家工商行政管理局负责监督、指导、协调地方各级工商行政管理机关受理违法广告举报工作，调查处理有重大影响的举报。

第三条 省、自治区、直辖市工商行政管理局负责指导、协调辖区内违法广告举报受理工作，调查处理或者指定下级工商行政管理机关调查处理辖区内有重大影响和上级转办的举报。

第四条 市（地区）、县级工商行政管理局具体受理本地和调查处理上级机关转办的举报。

第五条 公民、法人和其他组织对以下违法广告，有权向工商行政管理机关举报：

（一）损害国家和社会公共利益的广告。

（二）损害公民、法人和其他组织合法权益的广告。

（三）不符合社会主义精神文明建设要求的广告。

（四）内容虚假的广告。

（五）其他违反国家法律、法规及有关规定的广告。

第六条 举报违法广告，举报人除特殊情况可以以电话、电报形式或者委托他人举报外，一般应当以信函形式进行举报。为便于调查核实，举报材料应写明真实姓名及联系方法。

举报人认为必要，可以到工商行政管理机关当面举报。

第七条 举报人应当对举报的违法事实举证，说明具体的举报事项，提供违法广告发布的媒介、版面、时间等有关的证据材料。

在必要情况下，工商行政管理机关也可以要求被举报的广告主、广告经营者、广告发布者举证。

第八条 工商行政管理机关应当对接到举报材料的有关事项进行登记，注明举报材料的来源、去向及承办人，对内容不清，暂时难以核实或者转办的举报材料，应当保存一年以上。

第九条 工商行政管理机关对无法调查核实的匿名举报信函，可以不予受理。

对利用举报捏造事实，损害竞争对手信誉，进行不正当竞争的单位或者个人，工商行政管理机关应当依法严肃处理。

第十条 工商行政管理机关发布时间超过两年的违法广告的举报，可以不予受理。

第十一条 工商行政管理机关一般应当按照对广告发布者或者自行发布广告的广告主的管理权限受理举报。对不在管辖权限内的举报，应当于十日内转交有管辖权的工商行政管理机关调查处理。

对典型重大举报，上级工商行政管理机关认为有必要，可以自行调查处理，或者与下级工商行政管理机关共同调查处理。

第十二条 广告发布地的工商行政管理机关接到反映异地广告主、广告发布者在本地进行违法广告活动的举报，可以视情况按照有关规定及时立案查处，予以制止和纠正。

第十三条 工商行政管理机关应当根据举报材料，对举报事实进行初步认定和调查核实。对事实清楚、情节简单的违法广告，应当自接到举报材料之日起一个月内立案查处；对调查核实六个月仍难以认定的举报，应当将情况报告上级机关。

对立案后的违法广告，工商行政管理机关应当依据有关行政处罚程序进行处理。

第十四条 工商行政管理机关在调查核实举报的违法广告的过程中，认为需要委托广告主要所在地工商行政管理机关协助调查、核实的，应当出具书面委托函；受委托的工商行政管理机关应当积极予以协助，并自收到委托函之日起一个月内，调查核实清楚所委托的事项，函复原发文机关。发出委托函一个月后仍未收到复函的，原发文机关可以请求广告主所在地上级工商行政管理机关协调处理。

第十五条 下级工商行政管理机关对上级机关转办的典型重大举报，应当按照上级工商行政管理机关的要求，在立案查处后报送处理情况。

第十六条 对涉及侵害举报人的民事权益的违法广告，工商行政管理机关在按照行政程序对违法广告当事人做出处理后，应举人的要求，可以将处理结果告知举报人。

第十七条 工商行政管理机关对不属于举报范围的情况反映、工作建议等群众来函来电，应当认真对待，作为广告监督管理机关的工作参考。对举报的内容属于其他部门管辖的，应当转交有关部门处理。

第十八条 各级工商行政管理机关受理违法广告举报的工作人员，应当按照本规定的要求依法行政，并为举报人保密。对严重违反本规定的行为，依照《广告法》第四十六条的规定处理。

第十九条 本规定自一九九七年一月一日起执行。

关于在查处广告违法案件中如何确认广告费金额的通知

一、对广告发布者，广告费以广告发布费全部金额确认。为该广告附带提供其他服务的，则应将服务费与广告发布费合并计算。

二、对广告经营者，广告费以广告代理费，广告设计、制作费的全部金额确认。为该广告附带提供其他服务的，则应将其服务费与广告代理、设计、制作费合并计算。

三、对广告主，广告费按其承担的广告设计、制作、代理、发布等费用的总金额合并计算。

四、对已经发布的违法广告，广告经营者、广告发布者尚未收到广告费的，按照发布广告的实际情况计算广告费，其标准以广告主与广告经营者、广告发布者签订的书面合同规定的标准确认；未签订书面合同的，或合同不能反映收费金额的，按广告经营者、广告发布者向广告监督管理机关备案、公布的广告收费标准确认；未向广告监督管理机关备案的，比照违法当事人同类广告的收费标准确认。

五、在查处广告违法案件中，对当事人违反《广告法》规定，各方之间不订立书面合同，不将收费标准向广告监督管理机关备案的，应当依法从重处罚。

六、本通知发布前的有关规定与本通知不符的，以本通知为准。

1995年7月7日

关于实行《广告业务员证》制度的规定

一、《广告业务员证》是专职从事承揽、代理广告业务的人员（以下简称广告业务人员）外出开展广告业务的有效凭证。凡经批准经营广告业务的单位或个体工商户，其广告业务人员都必须按照本规定领取《广告业务员证》后，方可从事广告业务活动。

二、广告业务人员申请办理《广告业务员证》，应向所在地工商行政管理机关提出书面申请，并提交本单位证明文件和有关材料，经省、自治区、直辖市或其授权的省辖市工商行政管理机关审核批准后，发给《广告业务员证》。

三、广告业务员人应当具备下列条件：

（一）广告经营单位中专职从事广告业务的正式职工；

（二）通过省辖市以上工商行政管理机关专业培训和考核，获得《结业证书》；

（三）具备良好的职业道德，经营作风正派。

四、持有《广告业务员证》的人员，必须在本单位的经营范围内开展广告业务活动。与广告客户签订合同时，应在合同书上注明广告业务员证号。

五、企业、事业、机关、团体广告客户不得与非广告业务员进行广告业务活动。

六、凡被撤销的广告经营者或不再从事承揽、代理广告业务的人员，其《广告业务员证》即行作废，原单位应负责将《广告业务员证》收交发证机关予以注销。未按规定收交者，由所在地工商行政管理机关追究单位法定代表人或负责人的责任。

七、《广告业务员证》由国家工商行政管理局统一印制，以省、自治区、直辖市为单位自行编号并加盖钢印。《广告业务员证》有效期为三年。各级工商行政管理机关应对《广告业务员证》的发放、使用加强管理，任何单位、个人不得擅自复制、伪造、转让、出售。

八、未取得《广告业务员证》，擅自承揽、代理广告业务或利用《广告业务员证》超越经营范围为其他单位承揽、代理广告业务，属非法经营广告。按照《广告管理条例施行细则》第二十一条处理。

九、本规定自1991年1月1日起执行。

广告审查员管理办法

第一条 为了加强对广告发布活动的管理，严格执行各类广告发布标准，根据《中华人民共和国广告法》第二十八条的规定，制定本办法。

第二条 设立广告审查员是建立广告业务管理制度的一项内容。广告经营者、广告发布者应当依照本办法的规定，配备广告审查员，并建立相应的管理制度。

第三条 广告经营者、广告发布者设计、制作、代理、发布的广告，应当经过本单位广告审查员书面同意。

第四条 广告审查员应当履行下列职责：

（一）依照国家法律、法规、行政规章和国家有关规定，审查本单位设计、制作、代理、发布的广告，签署书面意见；

（二）负责管理本单位广告档案；

（三）向本单位的负责人提出改进广告审查工作的意见和建议；

（四）协助本单位负责人处理本单位遵守广告管理法规的相关事宜。

第五条 广告审查的范围是广告设计定稿、广告创意稿及制作后的广告品、代理或者待发布的广告样件。

第六条 广告审查员按照下列程序审查广告：

（一）查验各类广告证明文件的真实性、合法性、有效性，对证明文件不全的，提出补充收取证明文件的意见；

（二）核实广告内容的真实性、合法性；

（三）检查广告形式是否符合有关规定；

（四）审查广告整体效果，确认其不致引起消费者的误解；

（五）检查广告是否符合社会主义精神文明建设的要求；

（六）签署对该广告同意、不同意或者要求修改的书面意见。

第七条 对于已经广告审查机关审查的广告中存在的违反广告管理法规的问题，广告审查员可以向该审查机关提出，并可以同时向工商行政管理机关报告。

第八条 广告审查的书面意见，是广告档案的组成内容，应当自广告最后一次发布之日起，保存两年。

第九条 广告审查员应当由所在单位委派，参加工商行政管理机关统一组织的培训、考试并取得《广告审查员证》之后，方获得从事广告审查工作的资格。

第十条 工商行政管理机关对广告审查员的管理与监督：

（一）办理《广告审查员证》的颁发、迁移、收回、注销等手续并建立管理档案；

（二）组织广告审查员学习国家广告管理法规、政策；

（三）掌握广告审查员的工作情况，并及时给予表扬鼓励或者批评教育；

（四）对广告审查员做出错误审查决定的情况进行记录；

（五）受理广告审查员关于广告审查工作的意见、建议和投诉。

第十一条 广告审查员调换工作单位，应当到工商行政管理机关办理迁移手续。广告审查员跨地区调换工作单位的，应当先到原工作地工商行政管理机关办理《广告审查员证》调出手续，凭原工作地工商行政管理机关的调出证明和被聘单位的介绍信，到新工作地工商行政管理机关办理调入手续。

广告审查员调换工作岗位十八个月以上未办理迁移手续的，《广告审查员证》自动作废。

第十二条 工商行政管理机关对于因审查失误造成违法广告的广告审查员，应当根据情况给予批评，或者收回其《广告审查员证》一至六个月。情节严重者，注销其《广告审查员证》。

对于《广告审查员证》被收回者，其所在单位应当立即暂停其广告审查工作。

第十三条 对广告审查员实行年度审验（简称年审）制度。广告审查员无特殊原因逾期六个月不参加年审的，由工商行政管理机关注销其《广告审查员证》。

广告审查员失职，致使本单位因广告违法受到处罚达三次者，为年审不合格。

年审不合格的广告审查员，工商行政管理机关应当收回其《广告审查员证》，并对其进行广告管理法规培训后，再予发还；在收回《广告审查员证》期间，所在单位应当暂停该广告审查员的广告审查工作。

对连续二年年审不合格的广告审查员，工商行政管理机关应当取消其资格，注销其《广告审查员证》。

广告审查员的《广告审查员证》被注销后，五年内不得重新考取。

第十四条 工商行政管理机关对广告审查员的批评、表扬，《广告审查员证》的收回、迁移，应当在《广告审查员证》和广告审查员管理档案中予以注明。

第十五条 工商行政管理机关对广告经营者、广告发布者执行本办法的情况进行年度专项检查。年度专项检查应当与对广告经营者、广告发布者的广告经营专项检查一并进行。在检查中发现违反本办法和其他广告违法行为的，一并予以处理。

第十六条 违反本办法有关规定造成违法广告的，工商行政管理机关应当依照有关规定从重处罚。

第十七条 广告审查机关和自行发布广告的广告主，可以参照本办法，在当地工商行政管理机关指导下，设立广告审查员。

第十八条 本办法自 1997 年 1 月 1 日起施行。

关于加强海峡两岸广告交流管理的通知

一、台湾企业和个人可以在大陆发布企业广告、商品广告和寻亲广告，其它广告不得在大陆发布。

二、台湾企业发布企业广告和商品广告，应委托大陆具有外商广告代理权的广告公司代理。台湾个人发布寻亲广告，可以委托前述大陆广告公司代理，也可以直接委托大陆广告媒介单位承办。

三、对台湾企业和个人在大陆发布的广告，实行在代理、发布前集中审查。国家工商行政管理局委托海峡经济科技合作中心负责广告审查的具体事务，并对审查工作进行监督、指导。

代理或承办台湾企业和个人广告业务的大陆广告公司或广告媒介单位，应在签订广告合同之前，向海峡经济科技合作中心申请广告审查。通过审查的，方可签订广告合同。发布的广告内容，应以审查通过的为准。

四、中央电视台（不含第四套节目，下同）、中央人民广播电台、人民日报（国内版）、解放军报、《求是》杂志，不得发布台湾企业广告和商品广告。

中央电视台转播体育比赛、文艺演出时，设置在场馆内外的台湾企业广告和商品广告，可能作为背景出现，但不得专门制作、播出台湾企业广告和商品广告。

五、台湾企业广告、商品广告和个人寻亲广告，不得出现“中华民国”等含有“两个中国”及“一中一台”含义的内容。

六、大陆企业去台湾发布广告，应委托大陆具有外商广告代理权的广告公司代理，并由代理的广告公司向海峡经济科技合作中心申请广告审查。广告内容以审查通过的为准。

七、台湾企业广告、商品广告和个人寻亲广告的收费标准，参照港、澳地区来大陆广告的收费标准执行，并以外汇结算。

八、违反上述规定的，由工商行政管理机关依据广告管理法规的规定处罚。

附件：海峡经济科技合作中心简介

1994 年 7 月 20 日

关于进一步加强境内企业在香港发布广告管理的通知

一、境内企业在香港发布广告，必须委托我局指定的广告公司代理（名单另附）。

未被指定的广告公司及其他广告经营者，不得经营上述广告代理业务。

二、指定代理的广告公司，应了解香港传媒的覆盖率、收视率、发行量等情况，并为委托代理的境内企业提供相应的咨询服务，切实履行广告代理责任。

对指定代理的广告公司未能履行广告代理责任的，我局将撤销其广告代理资格。

三、严禁香港传媒、企业及其在内地设立的常驻代表机构（包括各种名义的办事机构），直接向境内企业承揽广告业务。因直接承揽广告业务而与境内企业签订合同，属于无效经济合同，必须立即终止履行。香港传媒（不含其在内地设立的常驻代表机构）经我局核准并领取《广告经营许可证》者除外。

四、未被指定代理境内企业在香港发布广告业务的广告公司及其他广告经营者，非法经营该项代理业务，或香港传媒、企业及其在内地设立的常驻代表机构，非法直接承揽境内企业广告业务，依照《广告管理条例施行细则》第二十一条规定予以处罚。

五、本通知自1995年9月1日起施行。

附件：国家工商行政管理局指定代理的广告公司名单

1995年5月9日

国家工商行政管理局指定代理的广告公司名单

中国广告联合总公司
中国国际广告公司
北京广告公司
北京汇晶广告咨询服务中心
广东省广告公司
深圳市美术广告公司
上海广告公司
江苏国际广告公司
福建省广告公司

临时性广告经营管理办法

第一条 为了维护广告市场秩序，加强对临时性广告经营的监督管理，依据《中华人民共和国广告法》第二十六条和《广告管理条例》第六条的规定，制定本办法。

第二条 临时性广告经营，是指某项活动的主办单位，面对社会筹集资金，并在活动中为出资者提供广告服务的经营行为。

第三条 下列活动及临时性广告经营的，主办单位应当向工商行政管理机关申请，经批准后，方可进行：

（一）体育比赛、体育表演活动；

（二）文艺演出、文艺表演活动；

（三）影视牌制作活动；

（四）展览会、博览会、交易会等活动；

（五）评比、评选、推荐活动；

（六）纪念庆典活动；

（七）广告管理法规规定应当经过批准的其他活动。

第四条 临时性广告经营，应当由活动主办单位委托广告经营者承办；经省、自治区、直辖市以上人民政府同意举办的大型活动，经过省级及省级以上广告监督管理机关批准，也可以成立临时性广告经营机构的自行承办。

第五条 申请临时性广告经营，应当具备下列条件：

（一）在我国法律、法规许可的范围内；

（二）能够提供必要回报的广告媒介、服务形式；

（三）广告经营单位具有与申请事项相符的经营资格，临时性广告经营机构应当配备广告专业人员和广告审查人员，并按照规定建立有关制度。

第六条 申请临时性广告经营，应当提交下列文件、证件：

（一）广告经营申请单位负责人签署的，包括广告经营时间、地点、广告经营范围、广告征集地域、广告收费标准等内容的申请报告；

（二）活动主办单位委托广告经营单位承办广告业务的委托书和双方各自权利、义务的协议书；

（三）主办单位就该项活动的合法性、公益性所提出的可行性报告；

（四）政府有关主管部门对可行性报告的批准文件；

（五）广告经营单位的营业执照或广告经营许可证；

（六）省级以上人民政府批准设立临时性广告经营机构及其职能的文件；

（七）临时性广告经营机构的广告专业人员和广告审查人员名

单、广告管理制度；

（八）经主办单位和承办单位认可的经费预算书；

（九）广告管理法规及有关法律、法规规定应当提交的其他文件、证件。

第七条 各级工商行政管理机关按下列分工办理临时性广告经营审批：

（一）经国务院或中央和国家机关各部门、各人民团体同意举办的活动，活动举办地域广告征集涉及不同省（自治区、直辖市）的，由国家工商行政管理局审批；

（二）经中央和国家机关各部门、各人民团体同意举办的活动，广告征集在一省（自治区、直辖市、计划单列市）内的，由所在省（自治区、直辖市或计划单列市）工商行政管理局审批；

（三）经地方政府或其他所属部门同意举办的活动，由活动举办地的省辖市及省辖市以上工商行政管理局或其授权的县及县以上工商行政管理局审批。

第八条 临时性广告经营申请，应当在活动举办的三十日前提出。工商行政管理机关在提交文件、证件齐备后予以受理，在受理后七日内作出批准或不批准的决定。

经审查，符合临时性广告经营条件的，由工商行政管理机关发给《临时性广告经营许可证》。

批准的主要事项有：活动申请者名称、活动名称、活动举办地、广告征集地、广告经营者名称、经营范围、经营期限。

第九条 活动主办单位在领取《临时性广告经营许可证》时，应当按照有关规定交纳登记费。

第十条 已经批准，但需要延长经营期限或增加广告经营范围、增加广告征集地、改变活动举办地的，广告经营者应当向批准机关办理变更手续。

第十一条 经批准从事临时性广告经营的广告经营者和临时性广告经营机构，应当遵守广告管理法规，并接受工商行政管理机关监督管理。

第十二条 临时性广告经营时间超过一年的，应当按有关规定，接受工商行政管理机关进行的广告经营专项检查。对检查不合格的，由批准该项经营的工商行政管理机关收缴其《临时性广告经营许可证》。

第十三条 违反本办法第三条、第十条规定的，由工商行政管理机关依据《广告管理条例施行细则》第二十一条的规定，对违法当事人予以处罚。

其它广告违法行为，依据广告法律、法规的有关规定处罚。

第十四条 本办法由国家工商行政管理局解释。

第十五条 本办法自公布之日起施行。

户外广告登记管理规定

第一条 为规范户外广告，促进户外广告健康发展，根据《中华人民共和国广告法》、《广告管理条例》及《广告管理条例施行细则》，制定本规定。

第二条 本规定所称户外广告包括：

（一）利用公共或者自有场地的建筑物、空间设置的路牌、霓虹灯、电子显示牌（屏）、灯箱、橱窗等广告；

（二）利用交通工具（包括各种水上漂浮物和空中飞行物）设置、绘制、张贴的广告；

（三）以其他形式在户外设置、悬挂、张贴的广告。

第三条 县以上人民政府工商行政管理局是户外广告的登记管理机关。

国家工商行政管理局负责指导和协调全国户外广告的登记管理。

省、自治区、直辖市工商行政管理局负责指导和协调辖区内户外广告的登记管理。

地级以上市（含直辖市）工商行政管理局负责辖区内［县（市）除外］户外广告的登记管理。

县（市）工商行政管理局对辖区内户外广告进行登记管理。

地级以上市（含直辖市）工商行政管理局对辖区内重要区域的户外广告，认为有必要直接进行登记管理的，可以直接进行登记管理。

第四条 未经工商行政管理机关登记，任何单位不得发布户外广告。

第五条 申请户外广告登记，应当具备下列基本条件：

（一）依法取得与申请事项相符的经营资格；

（二）拥有相应户外广告媒体的所有权；

（三）广告发布地点、形式在国家许可的范围内，符合当地人民政府户外广告设置规划的要求；

（四）户外广告媒体一般不得发布各类非广告信息，有特殊需要的，应当符合国家有关规定。

第六条 凡办理户外广告登记，应当向工商行政管理机关提出申请，填写《户外广告登记申请表》，并提交下列证明文件：

（一）营业执照；

（二）广告经营许可证；

（三）广告合同；

（四）场地使用协议；

（五）广告设置地点，依法律、法规需经政府有关部门批准的，应当提交有关部门出具有批准文件；

（六）政府有关部门对发布非广告信息的批准文件。

第七条 户外广告登记申请，应当在广告发布三十日前提出。工商行政管理局机关在证明、文件齐备后予以受理，在七日内做出批准或者不予批准的决定，并书面通知申请人。

经审查符合规定的，核发《户外广告登记证》，并由登记机关建立户外广告登记档案。

第八条 户外广告必须按登记的地点、形式、规格、时间等内容发布，不得擅自更改。

第九条 已经批准，但需要延长时间或者变更其他登记事项的，应当向原登记机关申请办理变更登记。文件和证明齐备后，登记机关应当在七日内做出准予变更登记或者不予变更登记的决定，并书面通知申请人。

第十条 户外广告登记后，三个月内未予发布的，应当向原登记机关申请办理注销登记。

第十一条 户外广告的内容必须真实、合法、符合社会主义精神文明建设的要求，不得以任何形式欺骗和误导消费者。

第十二条 各种户外广告设施的设计、制作和安装设置，应当符合相应的技术、质量标准，不得粗制滥造。

户外广告应当定期维修、保养，做到整齐、安全、美观。

第十三条 户外广告使用文字、汉语拼音、计量单位等，应当符合国家规定，书写规范准确。

第十四条 户外广告内容应当报原登记机关备案。

第十五条 在户外广告经营中，禁止任何形式的垄断和不正当竞争行为。

任何部门不得滥用行政权力使其所属经营机构垄断，或者变相垄断某一领域的户外广告经营，排斥其他经营者。

第十六条 个体工商户、城乡居民个人张贴各类招贴广告，应当在县（区）工商行政管理机关专门设置的公共广告栏目内张贴，并到设置地工商行政管理所办理简易登记手续。

公共广告栏的管理办法，由当地工商行政管理局依照有关法律、行政法规制定。

第十七条 违反本规定第四条，未经登记擅自发布户外广告的，由登记管理机关没收非法所得，处5千元以下罚款，并限期拆除；愈期不拆除的，强制拆除，其费用由发布者承担。

第十八条 违反本规定第八条，擅自违反登记事项发布户外广告的，由登记管理机关责令停止发布广告；情节严重的，由登记管理机关注销其登记证。

第十九条 违反本规定第十条的，由登记管理机关注销其登记证。

第二十条 违反本规定第十二条的，由登记管理机关责令限期改正；逾期不改正的，由登记管理机关注销其登记证。

第二十一条 违反本规定其他条款的，依照《中华人民共和国广告法》、《广告管理条例》、《广告管理条例施行细则》等有关规定处罚。

第二十二条 本规定由国家工商行政管理局负责解释。

第二十三条 本规定自1996年1月1日起施行。

广告经营者、广告发布者资质标准及广告经营范围核定用语规范

一、广告经营者、广告发布者资质标准，是从事广告经营活动的基本资格要求，是广告监督管理机关对广告经营者、广告发布者进行广告经营审批登记的重要依据，也是广告监督管理机关对广告经营者、广告发布者经营活动进行监督检查的重要内容。

二、广告经营范围，是广告监督管理机关针对广告经营者、广告发布者的基本条件、从业人员的基本素质，确认其经营业务的许可范围。其内容规范为：

设计：指根据广告目标进行的广告创意、构思、广告中的音乐、语言、文字、画画等经营性创作活动。

制作：指根据广告设计要求，制作可供刊播、设置、张贴、散布的广告作品等经营性活动。

发布：指利用一定媒介或形式，发布各类广告，利用其他形式发布带有广告性质的信息的经营活动。

代理：指广告经营者接受广告主或广告发布者委托，从事的广告市场调查、广告信息咨询、企业形象策划、广告战略策划、广告媒介安排等经营活动。

三、广告经营者的资质标准及广告经营范围核定用语规范

1. 综合型广告企业

具有提供设计制作和全面代理服务能力的广告企业（包括：有

限责任公司、股份有限公司、中外合资经营、中外合作经营等经济形式)。

资质标准:

(1) 有与广告经营范围相适应的经营管理人员、策划设计人员、制作人员、市场调查人员(以上人员均须取得广告专业技术岗位资格证书)、财会人员,其中专业人员具有大专以上学历的,不少于从业人数的2/3;

(2) 有与广告设计、制作、代理业务相适应的资金、设备和经营场所,注册资本不少于50万元人民币,经营场所不少于$100m^2$;

(3) 有与广告经营范围相适应的经营机构及广告经营管理制度;

(4) 有专职广告审查人员。

核定广告经营范围用语规范:

例:设计、制作、发布、代理国内外各类广告。

2. 广告设计、制作企业(兼营广告设计、制作业务的企业比照执行)

从事影视、广播、霓虹灯、路牌、印刷品、礼品、灯箱、布展等广告设计和制作的企业。

资质标准:

(1) 有与广告经营范围相适应的经营管理人员、设计人员、制作人员(以上人员均须取得广告专业技术岗位资格证书)、财会人员,其中专业人员具有大专以上学历的,不少于从业人员的1/2;

(2) 有与广告经营范围相适应的资金、设备、器材和场地,经营场所不少于$40m^2$,制作场所因广告制作项目而定;

(3) 有与广告经营范围相适应的经营机构和广告经营管理制度;

(4) 有专职广告审查人员。

核定广告经营范围用语规范

例:设计和制作印刷品、影视、××、××广告。

3. 个体工商户

从事影视、广播、路牌、印刷品、礼品、灯箱、布展等广告设计和制作的个体工商户。

资质标准：

（1）户主应当取得广告专业技术岗位资格证书，具有与其经营范围相应的学历或从业经历，应当接受过广告法律、法规、培训；

（2）有与广告经营范围相适应的资金、设置、器材和场地，经营场所不小于 $20m^2$，制作场所因广告制作项目而定。

核定广告经营范围用语规范

例：设计和制作影视、广播、路牌、印刷品、××、××广告。

四、广告发布者的资质标准及广告经营范围核定用语规范

1. 新闻媒介单位

利用电视、广播、报纸等新闻媒介发布广告的电视台、广播电台、报社。

资质标准

（1）有直接发布广告的媒介；

（2）有与广告经营范围相适应的经营管理人员、编审技术人员（以上人员均须取得广告专业技术岗位资格证书）、财会人员和广告经营管理制度；

（3）有专门的广告经营机构和经营场所，经营场所面积不小于 $20m^2$；

（4）有专职广告审查人员；

（5）广告费收入单独立帐。

核定广告经营范围用语规范

例：（1）××电视台

利用自有电视台，发布国内外电视广告，承办分类电视广告业务。

（2）××报社

利用《××报》，发布国内外报纸广告，承办分类报纸广告业务。

(3) ××广播电台

利用自有广播电台，发布国内外广播广告，承办分类广播广告业务。

2. 具有广告发布媒介的企业、其他法人或经济组织，利用自有或自制音像制品、图书、橱窗、灯箱、场地（馆）、霓虹灯等发布广告的出版（杂志、音像）社、商店、宾馆、体育场（馆）、展览馆（中心）、影剧院、机场、车站、码头等。

资质标准

(1) 有直接发布广告的媒介；

(2) 有与广告经营范围相适应的经营管理人员、专业技术人员（以上人员均须取得广告专业技术岗位资格证书）、财会人员和广告经营管理制度；

(3) 有专门的广告经营机构和经营场所，经营场所面积不小于 $20m^2$，有相应的广告设计和制作设备；

(4) 有专职广告审查人员；

(5) 广告费收入单独立帐。

核定广告经营范围用语规范

例：(1) ××音像社

设计和制作音像制品广告，利用本社出版的音像制品发布广告。

(2) ××出版（杂志）社

设计和制作印刷品广告，利用本社出版的印刷品发布广告。

(3) ××商店（场）、宾馆、饭店

设计和制作招牌、灯箱、橱窗、霓虹灯广告，利用本店内招牌、灯箱、橱窗、霓虹灯发布广告。

(4) ××体育场（馆）、展览馆（中心）、影剧院

设计和制作招牌、灯箱、电子牌、条幅广告，利用本场（馆）内招牌、灯箱、电子牌、条幅发布广告。

(5) ××车站（码头、机场）

设计和制作招牌、灯箱、电子牌广告，利用本场（站）内招牌、灯箱、电子牌发布广告。

关于在全国范围内实行“广告业专用发票”制度的通知

一、凡在工商行政管理机关批准登记经营广告的单位和个体工商户，在开展广告业务收取费用时，应一律使用税务机关统一监制的“广告业专用发票”（式样附后），并套印税务机关发票监制章。其他发票均不得用于广告业务收费。

二、凡需使用“广告业专用发票”的单位和个体工商户，分别持工商行政管理机关核发的《企业法人营业执照》、《营业执照》、《广告经营许可证》、《临时性广告经营许可证》，向所在地税务机关办理印领手续，再到所在地工商行政管理机关登记备案。

三、“广告业专用发票”的经营项目栏应明确填写“广告发布费”或“广告设计制作费”或“广告代理费”。

四、“广告业专用发票”是广告经营者与广告客户进行广告业务财务往来的凭证，也是工商企业广告费用列入销售成本的唯一合法凭证。

使用“广告业专用发票”的单位和个体工商户，应按照《全国发票管理办法》的规定，建立印领用存等各项制度，切实加强管理。

工商企业必须严格执行《关于企业广告费用开支问题的若干规定》。对没有使用“广告专用发票”的广告费用一律不准列入成本和营业外支出。

五、经批准可以从事广告业务的外商投资企业，由各地工商行政管理、税务机关按照国家税务局《关于对外商投资企业和外国企业发票管理的暂行规定》并参照“广告业专用发票”式样，制定具体管理办法。

六、凡被注销登记的广告经营单位和个体工商户，应向原购领“广告业专用发票”的税务机关办理发票的缴销手续，一律不准私自处理。

七、一切印制、使用“广告业专用发票”的单位和个体工商户，都必须遵守本规定，并依据国家有关规定，接受工商行政管理和财务、税务、审计机关的监督管理。

1990 年 10 月 12 日

关于实行广告发布业务合同示范文本的通知

合同示范文本如下：

CF-92-0305　　　　　　　　　　　　　　No.

广告发布业务合同

广告客户或代理单位名称（以下称甲方）：__________

广告发布单位名称（以下称乙方）：__________

甲乙双方根据国务院《广告管理条例》及有关规定，签订本合同，并共同遵守。

一、甲方委托乙方于____年____月____日至____年____月____日期间发布________广告。

二、广告发布媒介为________________。

三、单位广告规格为________________。

四、广告采用________样稿（样带），未经甲方同意，乙方不得改动广告样稿（样带）。

五、乙方有权审查内容和表现形式，对不符合法律、法规的广告内容和表现形式，乙方应要求甲方作出修改，甲方作出修改前，乙方有权拒绝发布。

六、广告样稿（样带）为合同附件，与本合同一并保存。

七、广告单位价______元，加急费______元，其他费用______

元，扣除优惠______元，扣除代理费______元，播出次数______，总计______元。

八、甲方应在______年______月______日前将广告发布费付给乙方，付款方式______。

九、违约责任__________________。

十、合同纠纷解决方式：__________________（经济合同仲裁或法院起诉）。

十一、其他____。

广告服务收费管理暂行办法

第一条 为了加强广告服务收费管理，规范收费行为，促进广告业的健康发展，依据《中华人民共和国广告法》和国家有关价格管理、广告管理的规定，制定本办法。

第二条 广告经营者、广告发布者提供广告设计、制作、代理与广告发布服务的收费，应当遵守本办法。

第三条 各级人民政府的价格主管部门会同工商行政管理部门共同做好广告服务收费的管理与监督工作。

第四条 广告服务收费应当坚持自愿委托与合理、公开的原则。广告经营者、广告发布者应当遵守国家的价格法规和政策，开展正当的价格竞争，提供质价相符的服务。

第五条 广告服务收费标准，除国家另有规定者外，由广告经营者、广告发布者自行制定。

第六条 制定广告服务收费标准及收费办法，应当符合下列要求：

（一）广告服务收费标准，应当根据提供广告服务的工作繁简和广告的覆盖面及收受率情况，以广告的服务成本为基础，加合理利润，参照当地广告市场同一期间、同一档次、同种服务项目的价格水平合理确定。

（二）广告服务收费，应当实行同一广告服务项目同质同价，不能根据不同服务对象制定不同的收费标准及收费办法。

（三）严格执行国家有关禁止牟取暴利的规定，广告服务的利润不得超过省级人民政府价格主管部门会同有关业务主管部门测定公布的同一期间、同一档次的同种服务项目的平均利润率的合理幅度。省级人民政府价格主管部门未专项公布广告服务平均利润率及其合理幅度的，各类广告服务的利润率一般不应超过公布的其他服务项目中利润最高项目的平均利润及其合理幅度。

第七条 广告经营者、广告发布者要严格执行国家关于商品和服务实行明码标价的规定，按照规范的广告服务收费价目表方式标示收费标准及收费办法；广告服务收费价目表，应当悬挂在广告服务经营场所或者收费地的醒目位置。广告发布者还应当将本单位的广告收费及收费办法通过其发布广告的媒介向社会公布。

广告服务收费价目表由国务院价格主管部门统一规范式样。

第八条 广告经营者、广告发布者制定的广告服务收费标准及收费办法，应当依法到政府价格主管部门和工商行政管理部门备案。

中央在京直属单位的广告经营者、广告发布者制定的广告服务收费标准及收费办法，向国务院价格主管部门和国家工商行政管理局备案；中央在京以外直属单位的广告经营者、广告发布者的广告服务收费备案管理，由国务院价格主管部门、国家工商行政管理局委托所在地省级价格管理部门、工商行政管理部门负责。其他广告经营者、广告发布者的广告服务收费备案管理的分工权限，按照省级价格主管部门会同同级工商行政管理部门规定的办法执行。

第九条 广告服务收费标准及收费办法备案程序如下：

（一）广告经营者、广告发布者应当于执行制定的收费标准及收费办法之日前，填写广告服务收费价目表，附制定收费标准及收费办法的说明，按广告收费备案管理权限，报政府价格主管部门和工商行政管理部门备案。

广告经营者、广告发布者应当使用符合规范要求的广告服务收费价目表备案，报送备案的收费价目表应当一式三份，正本由广告经营者、广告发布者留用，副本由价格管理部门和工商行政管理部门分别存档。

（二）价格管理部门和工商行政管理部门接受备案后，应当在广告经营者、广告发布者留用的收费价目表的备案受理机关签章栏内，加盖价格管理部门和工商行政管理部门备案专用章。广告服务收费标准及收费办法履行备案签章手续后生效。

（三）广告经营者、广告发布者应当认真执行备案后的收费标准及收费办法，不得在备案项目之外开展其他服务项目收费。调整收费标准时，应当按照以上程序和要求重新办理备案手续。

第十条 政府价格主管部门和工商行政管理部门在受理广告经营者、广告发布者收费标准及收费办法备案时，发现其所制定的收费标准或者收费办法有与本办法第六条规定不符的，应当劝告其修改。对不听劝告，坚持维持原定收费标准或者收费办法的，备案受理机关可在广告服务经营单位留用的收费价目表的备案受理机关签章栏内，加注“未接受政府价格主管部门、工商行政管理部门修改收费标准劝告或收费办法劝告”字样后，予以履行备案手续。

第十一条 对广告经营者、广告发布者制定的收费标准或者收费办法需要进行劝告的，应当由政府价格主管部门会同工商行政管理部门提出，并以签有两个部门备案专用章的“劝告书”形式实施劝告。

备案受理机关实施劝告，应当在接到备案文件之日起三十日下达“劝告书”。广告经营者、广告发布者应当在接到“劝告书”之日起十五日内做出接受劝告者不接受劝告的答复。

第十二条 广告服务收费标准及收费办法的备案与劝告，不影响政府价格监督机构对广告经营者、广告发布者价格违法行为的检查处罚。

第十三条 广告经营者接受企业委托提供广告代理服务，应当认真做好广告的市场调查、信息咨询、战略策划、企业形象策划、媒介安排等各项工作。广告代理收费标准为广告费的15%。

广告场地占用的收费标准，应当根据广告的设置方式与地段及占用建筑物或者空间的情况合理确定，原则上不超过广告费的30%。具体收费标准及管理办法，由省级政府价格主管部门会同工商行政管理等有关部门结合本地实际情况制定。

第十四条 国家依法指定的广告媒介单位发布证券上市公司信息广告，其收费标准应当低于普通商业广告的收费标准。具体收费标准在不超过普通商业广告收费的70%的幅度内，由广告媒介单位与企业协商议定。

第十五条 广告经营者、广告发布者应当尊重广告主对服务项目和价格的选择权，主动向广告主介绍有关广告服务及收费的真实情况，由其自行做出选择。

第十六条 广告经营者、广告发布者之间开展价格竞争，不得采取垄断、哄抬价格和支付回收费等不正当方式。

第十七条 各级政府价格管理部门应当会同工商行政管理部门对广告经营者、广告发布者执行本办法的情况进行年度检查。对检查不合格的，除责令其改正外，不予通过工商行政管理部门开展的广告经营的年度专项检查签章。

第十八条 广告经营者、广告发布者有下列违反本办法的行为的，由政府价格监督检查机构和广告监督管理机关分别依照国家有关价格和广告监督管理的有关法规予以处罚：

（一）不执行国家有关广告代理、广告场地占有及发布证券上市公司信息广告收费规定的；

（二）不按规定履行广告服务收费标准及收费办法备案手续的；

（三）不执行规定的明码标价制度的；

（四）违反国家有关禁止不正当价格竞争和牟取暴利的规定，有垄断、哄抬价格和支付回扣费等不正当行为的；

（五）其他违反本办法的行为。

第十九条 广告经营者、广告发布者有第十八条第（二）项所列违反本办法行为的，处以1万元以下罚款；拒不改正的，停止其广告业务。

第二十条 本办法发布前的有关规定凡与本办法抵触的，以本办法为准。

第二十一条 本办法由国家计委、国家工商行政管理局负责解释。

第二十二条 本办法自1996年3月1日起施行。

关于广告公司营业额计算方法的通知

各省、自治区、直辖市及计划单列市工商行政管理局：

目前，具有代理广告业务的广告公司，对广告营业额的计算方法不够准确，主要在代理广告业务中，没有扣除其代客户付给媒介的广告发布费及转包给第三方的广告制作费，使全行业统计结果出现某些误差。

为解决上述问题，保证统计数据的准确性，现将广告公司代理业务营业额的正确计算方法重申如下：广告公司从事代理业务的营业额，应以客户委托该公司办理广告业务的全部费用，减去其中代客户付给媒介的广告发布费及转包给第三方的广告制作费，即从事广告代理业务实际收取的佣金额计算。

本通知请各地转发至辖区内各广告公司。

1994年1月1日

关于外商来华广告代理费标准问题的答复

广东省工商行政管理局：

你局《关于外商来华广告代理费标准的请示》（粤工商函［1992］258号）收悉。现答复如下：

根据《广告管理条例》及其施行细则的规定，承接外商来华广告付给外商的代理费为广告费的15%；国内广告经营单位再代理的代理费仍为15%，其计算方式为，从付给外商代理费后的广告费中支出15%。

1992年9月12日

关于加强融资广告管理的通知

一、凡在中华人民共和国境内利用各种媒介或形式发布融资广告，均须遵守本通知的规定。

本通知中的“融资”，系指企业法人或其他组织向社会有偿筹集资金的活动，包括各种股票、债券等有价证券的发行、转让及其他各种形式的集资活动。

二、融资广告的内容必须真实、准确、合法、明白。

三、融资广告应当保证其内容的准确性和完整性，确保公众对广告内容（如投资机会、资金用途、附加条件等）有充分的了解，不得夸大或隐匿关键的内容。对于有风险的融资活动，必须在广告中予以说明，不得利用融资广告欺骗或误导公众。

四、融资广告不得比照其他证券和投资的利益；对该融资活动投资前景的预测，须提交有法定资格的会计师事务所出具的预测报告。

五、融资广告不得说明或暗示付还本金或支付利息是有绝对保证的。

六、融资广告中提及广告客户资产额或涉及具体数据的，应当提交具有法律效力的资产负债证明。

七、股票广告应在显著位置标注“股市有风险，投资者须慎重入市”或含有类似内容的忠告性语言。

八、禁止发布下列融资广告：

（一）企业内部集资；

（二）未经国家授权部门批准而向社会发行融资证券；

（三）违反国家法律、法规及其他有关规定而发行各种融资证券及从事其他集资或变相集资活动。

九、发布股票招股说明书、上市公告书，以及披露其他与股票有关的重大信息，应根据《股票发行与交易管理暂行条例》、《公开发行股票公司信息披露实施细则》（试行）的要求，提交有关证明文件。

十、发布投资基金证券广告必须提交中国人民银行出具的批准文件。

十一、发布债券广告，应分别情况提交下列证明：

（一）金融机构债券广告，须提交中国人民银行出具的批准文件；

（二）国家投资债券、国家投资公司债券广告，须提交国家计划委员会出具的批准文件；

（三）中央企业债券广告，须提交中国人民银行和国家计划委员会出具的批准文件；

（四）地方企业债券广告，须提交中国人民银行省、自治区、直辖市、计划单列市分行会同同级计划主管部门出具批准文件；

（五）地方投资公司债券广告，须提交省级或计划单列市人民政府出具的批准文件；

（六）企业短期融资广告，须提交省级或计划单列市人民银行出具的批准文件。

十二、发布定向募集法人股广告，应分别情况提交下列证明：

（一）中央企业发布定向募集法人股广告，须提交国家经济体制改革委员会出具的批准文件；

（二）地方企业发布定向募集法人股广告，须提交省级或计划单列市经济体制改革委员会出具的批准文件。

十三、为社会公益事业集资所发行的彩票广告，须提交国务院的批准文件。

十四、发布其他集资广告，根据国家有关规定提交相应的批准文件。

十五、境外企业在中国境内发布融资广告，须提交国务院有关主管部门出具的批准文件。

十六、广告经营者承办或者代理融资广告，应当查验证明，审查广告内容。对不符合本通知规定的，不得承办或代理。

十七、广告客户或广告经营者违反本通知第二、三条的，依据《广告管理条例施行细则》（以下简称《细则》）第十九条规定予以处罚。

十八、广告客户违反本通知第四条至第八条规定的，依据《细则》第二十二条规定予以处罚。

十九、广告客户违反本通知第九条至第十五条规定的，依据《细则》第二十六条规定予以处罚；广告经营者违反本通知十六条规定的，依据《细则》第二十七条规定予以处罚。

二十、本通知自发布之日起施行。

1993 年 9 月 10 日

关于禁止发布有关性生活内容的通知

各省、自治区、直辖市及计划单列市工商行政管理局：

近来，某些省市出现“性生活保健热线”电话广告，并将咨询项目逐条刊登在广告中。发布此类广告，同我局工商广字（1989）第 284 号《关于严禁刊播有关性生活产品广告的规定》精神不符，应按照工商企字（1996）第 55 号《关于贯彻执行国务院（1995）154 号文件精神清理不良文化的通知》的要求禁止发布。各地工商行政管理机关发现此类广告，应责令停止发布，对情节恶劣、后果严重的，可以按照违反《广告法》第三条、第七条第二款的规定，予以查处。

1996 年 2 月 28 日

关于对企业招牌是否属于广告问题的答复

涟源市人民法院：

你院关于企业招牌是否属于广告问题的来函收悉。现答复如下：

招牌是广告宣传的一种媒介。企业（或事业单位）自己承担费用，为传递信息、树立形象、招徕顾客等进行自我宣传而制作的招牌，通常叫招牌广告，属于广告管理的范围。因此，你院受理的涟源三川艺术社不服娄底区工商行政管理局《娄地工商广复字［1989］第002复议决定书》而提起的行政诉讼案所涉及的企业招牌是广告，应当属于广告管理的范围。

1990年3月14日

烟草广告管理暂行办法

第一条 为了加强对烟草广告的监督管理，维护人民身体健康，根据《中华人民共和国广告法》（以下简称《广告法》）及国家有关规定，制定本办法。

第二条 本办法所称烟草广告，是指烟草制品生产者或者经销者（以下简称烟草经营者）发布的，含有烟草企业名称、标识，烟草制品名称、商标、包装、装潢等内容的广告。

第三条 禁止利用广播、电影、电视、报纸、期刊发布烟草广告。

禁止在各类等候室、影剧院、会议厅堂、体育比赛场馆等公共场所设置烟草广告。

第四条 禁止利用广播、电视、电影节目以及报纸、期刊的文章，变相发布烟草广告。

第五条 在国家禁止范围以外的媒介或者场所发布烟草广告，必须经省级以上广告监督管理机关或者其授权的省辖市广告监督管理机关批准。

烟草经营者或者其被委托人直接向商业、服务业的销售点和居民住所发送广告品，须经所在地县级以上广告监督管理机关批准。

第六条 烟草广告中不得有下列情形：

（一）吸烟形象；

（二）未成年人形象；

（三）鼓励、怂恿吸烟的；

（四）表示吸烟有利人体健康、解除疲劳、缓解精神紧张的；

（五）其他违反国家广告管理规定的。

第七条 其他商品、服务的商标名称及服务项目名称与烟草制品商标名称相同的，该商品、服务的广告，必须以易于辨认的方式，明确表示商品名称、服务种类，并不得含有该商品、服务与烟草制品有关的表示。

广告主发布前款规定的广告，应当提供下列证明文件：

（一）由政府有关部门出具的该企业生产或者经营该商品、服务的资格证明文件；

（二）该商品或者服务在我国取得的商标注册证；

（三）该企业在我国境内实际从事该商品、服务的生产或者经营活动的证明；

（四）广告管理法律、法规规定的其他证明文件。

第八条 在各类临时性广告经营活动中，凡利用烟草经营者名称、烟草制品商标为活动冠名、冠杯的，不得通过广播、电视、电影、报纸、期刊发布带有冠名、冠杯内容的赛事、演出等广告。

第九条 烟草经营者利用广播、电视、电影、报纸、期刊发布下列广告时，不得出现烟草制品名称、商标、包装、装潢。出现的企业名称与烟草商标名称相同时，不得以特殊设计的办法突出企业名称。

（一）社会公益广告；

（二）迁址、换房、更名等启事广告；

（三）招工、招聘、寻求合作、寻求服务等企业经营广告；

（四）广播、电影、电视节目首尾处出现的鸣谢单位或者赞助单位名称；

（五）报纸、期刊报纸、栏头上注明的协办单位名称。

第十条 烟草广告中必须标明“吸烟有害健康”的忠告语。忠告语必须清晰、易于辨认，所占面积不得少于全部广告面积的10％。

第十一条 违反本办法第三条、第四条、第七条、第八条、第九条规定的，依据《广告法》第四十二条的规定，由广告监督管理机关责令负有责任的广告主、广告经营者、广告发布者停止发布，没收广告费用，可以并处广告费用一倍以上五倍以下的罚款。

第十二条 违反本办法第五条、第六条、第十条规定的，由广告监督管理机关责令广告主、广告经营者、广告发布者停止发布，没收广告费用，并处以一万元以下的罚款。

第十三条 本办法由国家工商行政管理局负责解释。

第十四条 本办法自1996年1月1日起施行。

酒类广告管理办法

第一条 为了加强对酒类广告的管理，保护消费者的合法权益，维护社会良好风尚，根据《中华人民共和国广告法》（以下简称《广告法》）、《广告管理条例》及《广告管理条例施行细则》，制定本办法。

第二条 本办法所称酒类广告，是指含有酒类商品名称、商标、包装、制酒企业名称等内容的广告。

第三条 发布酒类广告，应当遵守《广告法》和其他有关法律、行政法规的规定。

第四条 广告主自行或者委托他人设计、制作、发布酒类广告，应当具有或者提供真实、合法、有效的下列证明文件：

（一）营业执照以及其他生产、经营资格的证明文件；

（二）经国家规定或者认可的省辖市以上食品质量检验机构出具的该酒符合质量标准的检验证明；

（三）发布境外生产的酒类商品广告，应当有进口食品卫生监督检验机构批准核发的卫生证书；

（四）确认广告内容真实性的其他证明文件。

任何单位和个人不得伪造、编造上述文件发布广告。

第五条 对内容不实或者证明文件不全的酒类广告，广告经营者不得经营，广告发布者不得发布。

第六条 酒类广告应当符合卫生许可的事项，并不得使用医疗用语或者易与药品相混淆的用语。

经卫生行政部门批准的有医疗作用的酒类商品，其广告依照《药品广告审查办法》和《药品广告审查标准》进行管理。

第七条 酒类广告中不得出现以下内容：

（一）鼓励、倡导、引诱人们饮酒或者宣传无节制饮酒；

（二）饮酒的动作；

（三）未成年人的形象；

（四）表现驾驶车、船、飞机等具有潜在危险的活动；

（五）诸如可以“消除紧张和焦虑”、“增加体力”等不科学的明示或者暗示；

（六）把个人、商业、社会、体育、性生活或者其他方面的成功归因于饮酒的明示或者暗示；

（七）关于酒类商品的各种评优、评奖、评名牌、推荐等评比结果。

（八）不符合社会主义精神文明建设的要求，违背社会良好风尚和不科学、不真实的其他内容。

第八条 在各类临时性广告活动中，以及含有附带赠送礼品的广告中，不得将酒类商品作为奖品或者礼品出现。

第九条 大众传播媒介发布酒类广告，不得违反下列规定：

（一）电视：每套节目每日发布的酒类广告，在特殊时段（19：00～21：00）不超过二条，普通时段每日不超过十条；

（二）广播：每套节目每小时发布的酒类广告，不得超过二条；

（三）报纸、期刊：每期发布的酒类广告，不得超过二条，并不得在报纸第一版、期刊封面发布。

第十条 违反本办法第四条第二款规定的，依照《广告法》第三十七条规定处罚。

第十一条 违反本办法第五条规定的，依照《广告管理施行细则》第二十七条规定处罚。

第十二条 违反本办法第六条规定的，依照《广告法》第四十一、第四十三条规定处罚。

第十三条 违反本办法第七条、第八条、第九条规定的，依照《广告法》第三十九条规定处罚。

第十四条 本办法由国家工商行政管理局负责解释。

第十五条 本办法自1996年1月1日起施行。

食品广告管理办法

第一条 为加强对食品广告的管理，保障消费者的合法权益，根据《中华人民共和国食品卫生法（试行）》、《广告管理条例》的有关规定，制定本办法。

第二条 凡利用各种媒介或者形式在中华人民共和国境内发布的食品广告，均属本办法管理范围。

第三条 食品广告内容必须真实、健康、科学、准确，不得以任何形式欺骗和误导消费者。

第四条 食品广告的管理机关是国家工商行政管理局和地方各级工商行政管理机关；食品广告业专业技术内容的出证者是地（市）级以上食品卫生监督机构。

第五条 申请发布食品广告，必须持有食品卫生监督机构出具的《食品广告证明》（式样附后）；未有该证明的，不得发布广告。

第六条 申请办理《食品广告证明》，应当提交以下证明材料：

（一）营业执照；

（二）卫生许可证；

（三）食品卫生监督机构或者卫生行政部门认可的检验单位出具的产品检验合格证明；

（四）必须经省级以上卫生行政部门批准的食品还应当附有批准证明。

第七条 经营进口食品的企业发布进口食品广告，应向其所在地的省、自治区、直辖市食品卫生监督机构办理《食品广告证明》；国外食品生产、经营企业及其委托人在我国境内申请发布食品广告，应向其广告代理单位所在地的省、自治区、直辖市食品卫生监督机构办理《食品广告证明》。在办理上述《食品广告证明》时，应当提交以下证明和材料：

（一）所属国家（地区）批准生产的证明文件；

（二）国境口岸卫生监督机构签发的卫生证书；

（三）说明书、包装（附中文译本）。

第八条 食品卫生监督机构在出具《食品广告证明》时，应当查验证明材料，审查广告内容，在十五日内作出决定。符合规定的，出具《食品广告证明》。对不符合本办法规定的，不得出具《食品广告证明》。

必须经省级以上卫生行政部门批准的食品的广告证明，由广告客户所在地省级食品卫生监督机构出具。

其他食品的广告证明由广告客户所在地地（市）级食品卫生监督机构出具。

第九条 《食品广告证明》的有效期二年。在有效期内改变食品的配方、定型包装或者广告内容，以及期满后继续进行广告宣传的，必须重新办理《食品广告证明》。

第十条 《食品广告证明》不得伪造、涂改、出租、出借、转让、出卖或者擅自复制。

食品广告证明文号必须与广告内容同时发布。

食品广告证明文号的统一格式为：（省、自治区、直辖市简称）卫食宣字（　　）年　　号。

第十一条　广告客户所在地以外发布广告时，应当在广告发布前十五日内将《食品广告证明》及有关证明材料复印件，送广告发布地省级以上食品卫生监督机构备案盖章。未经备案盖章的，不得发布。

第十二条　广告经营者承办或者代理食品广告，必须查验《食品广告证明》，按照核定的内容设计、制作、代理、发布广告。未取得《食品广告证明》的，广告经营者不提承办或者代理。

第十三条　禁止发布下列食品广告：

（一）食品卫生法禁止生产经营的食品；

（二）宣传疗效的食品；

（三）母乳代用品。

前款（三）项所称母乳代用品，系指市场销售或通过其他途径提供的，部分或全部地作为母乳代用品的任何食品，包括婴儿配方食品，市场销售或以其他形式提供的经改制或不经改制适宜于部分或全部代替母乳的其他乳制品、食品和饮料，包括瓶饲辅助食品、饲瓶和奶嘴。

第十四条　食品广告中不得出现医疗术语、易与药品混淆的用语以及无法用客观指标评价的用语。

第十五条　经批准发布的食品广告，发生下列情况之一的，由食品卫生监督机构注销其食品广告证明文号，收缴《食品广告证明》，并由工商行政管理机关以书面形式通知广告经营者停止发布广告：

（一）食品质量下降，不符合卫生标准的；

（二）食品被污染或者造成食物中毒的；

（三）企业被吊销卫生许可证、营业执照的；

（四）其他由卫生行政部门和工商行政管理机关认为不宜继续宣传的。

第十六条　广告客户或者广告经营者违反本办法第三条、第十四条规定的，依据《广告管理条例施行细则》（以下简称《细则》）第十九条规定予以处罚，并由食品卫生监督机构吊销《食品广告证明》。

第十七条 广告客户违反本办法第五条、第九条、第十条第二款制定的，依据《细则》第二十二条规定予以处罚。

第十八条 广告客户违反本办法第六条、第十条第一款规定，或者出证者违反本办法第八条规定，出具非法、虚假广告证明的，依据《细则》第二十六条规定予以处罚。

第十九条 广告经营者违反本办法第二十条规定的，依据《细则》第二十七条规定予以处罚。

第二十条 广告客户或者广告经营者违反本办法第十三条规定的，依据《细则》第二十三条规定予以处罚。

第二十一条 本办法有关广告管理部门由国家工商行政管理局负责解释；有关食品广告专业技术内容部分由卫生部负责解释。

第二十二条 本办法自1993年10月1日起施行。

医疗广告管理办法

第一条 为加强对医疗广告的管理，保障人民身心健康和生命安全，根据《广告管理条例》，制定本办法。

第二条 凡利用各种媒介或者形式在中华人民共和国境内发布的医疗广告，均属本办法管理范围。

医疗广告是指医疗机构（下称广告客户）通过一定的媒介或形式，向社会或者公众宣传其运用科学技术诊疗疾病的活动。

第三条 医疗广告内容必须真实、健康、科学、准确，不得以任何形式欺骗和误导公众。

第四条 医疗广告的管理机关是国家工商行政管理局和地方各级工商行政管理机关；医疗广告专业技术内容的出证者是省、自治区、直辖市卫生行政部门。

第五条 医疗广告内容仅限于医疗机构名称、诊疗地点、从业医师姓名、技术职称、服务商标、诊疗时间、诊疗科目、诊疗方法、通信方式。

第六条 诊疗科目以国家卫生行政部门有关文件为依据；疾病名称以国际疾病分类第九版（ICD-0）中三位数类目表和全国医学高等院校统一教材及国家卫生行政部门的有关规定为依据；诊疗方法以医药学理论有关规范为依据。

第七条 医疗广告中禁止出现下列内容：

（一）有淫秽、迷信、荒诞语言文字、画面的；

（二）贬低他人的；

（三）保证治愈或者隐含保证治愈的；

（四）宣传治愈率、有效率等诊疗效果的；

（五）利用患者或者其他医学权威机构，人员和医生的名义、形象或使用其推荐语进行宣传的；

（六）冠以祖传秘方或名医传授等内容的；

（七）单纯以一般通信方式诊疗疾病的；

（八）国家卫生行政部门规定的不宜进行广告宣传的诊疗方法；

（九）违反其他有关法律、法规的。

第八条 广告客户必须持有卫生行政部门出具的《医疗广告证明》（式样附后），方可进行广告宣传。

第九条 广告客户申请办理《医疗广告证明》，应当向当地卫生行政部门提交下列证明材料：

（一）医疗机构执业许可证；

（二）医疗广告的专业技术内容；

（三）有关卫生技术人员的证明材料；

（四）诊疗方法的技术资料；

（五）依照国家有关规定，必须进行营业登记的，应当提交营业执照。

第十条 县（区）级和地（市）级卫生行政部门在接到申请后，应在十日内完成初步审查，并将审查意见和申请提交的证明材料逐级上报至省级卫生行政部门。

省级卫生行政部门受理申请后，应当查验有关证明材料，审查广告内容（中医医疗广告内容由省级中医药管理部门审查），并在十五日内做出决定，符合规定的，出具《医疗广告证明》。

第十一条 《医疗广告证明》的有效期一年。在有效期内变更广告内容或者期满后继续进行广告宣传的，必须重新办理《医疗广告证明》。

《医疗广告证明》不得伪造、涂改、出租、出借、转让、出卖或者擅自复制。

医疗广告证明文号必须与广告内容同时发布。

第十二条 广告经营者承办或代理医疗广告，必须查验《医疗广告证明》，并按照核定的内容设计、制作、代理、发布医疗广告。未取得《医疗广告证明》的，广告经营者不得承办或者代理。

第十三条 发布户外医疗广告，必须持《医疗广告证明》到当地工商行政管理机关办理发布手续。

第十四条 广告客户或者广告经营违反本办法第三条规定的，依据《广告管理条例施行细则》（以下简称《细则》）第十九条规定予以处罚，并吊销《医疗广告证明》。

第十五条 广告客户违反本办法第五条，第六条、第七条第（三）、（四）、（五）、（六）、（七）、（八）项，第八条，第十一条第一、三款规定的，依据《细则》第二十二条规定予以处罚，并吊销《医疗广告证明》，责令停止发布广告。

第十六条 广告客户或者广告经营者违反本办法第七条第（二）项规定的，依据《细则》第二十条规定予以处罚；违反本办法第七条第（一）、（九）项规定的，依据《细则》第二十三条规定予以处罚。

第十七条 广告客户违反本办法第九条、第十一条第二款规定的，或者出证者违反本办法第十条规定，出具非法、虚假证明的，依据《细则》第二十六条规定予以处罚。

第十八条 广告经营者违反本办法第十二条规定的，依据《细则》第二十七条规定予以处罚。

第十九条 广告客户或者广告经营者违反本办法第十三条规定的，依据《细则》第二十八条规定予以处罚。

第二十条 本办法规定的行政处罚，由工商行政管理机关负责实施。其中吊销《医疗广告证明》的决定，由卫生行政部门执行。

第二十一条 本办法规定的行政处罚，可以单独或者合并使用。对停止发布广告的处罚决定，当事人必须立即执行。

第二十二条 违反本办法规定，情节严重，构成犯罪的，由司法机关依法追究刑事责任。

第二十三条 本办法所称“医疗机构”，是指从事疾病诊断、治疗活动的医院、卫生院、疗养院、门诊部、诊所、卫生所（室）以及急救站等。

第二十四条 本办法有关广告管理部分由国家工商行政管理局负责解释;有关医疗广告专业技术内容部分由卫生部负责解释。

第二十五条 本办法自1993年12月1日起施行。

化妆品广告管理办法

第一条 为加强对化妆品广告的管理，保障消费者的合法权益，根据《广告管理条例》的有关规定，制定本办法。

第二条 凡利用各种媒介或者形式在中华人民共和国境内发布的化妆品广告，均属本办法管理范围。

本办法所称的化妆品，是指以涂擦、喷洒或者其他类似的办法，散布于人体表面任何部位（皮肤、毛发、指甲、口唇等），以达到清洁、消除不良气味、护肤、美容和修饰目的的日用化学工业产品。

本办法所称的特殊用途化妆品，是指用于育发、染发、烫发、脱发、美乳、健美、除臭、祛斑、防晒的化妆品。

第三条 化妆品广告内容必须真实、健康、科学、准确，不得以任何形式欺骗和误导消费者。

第四条 化妆品广告的管理机关是国家工商行政管理局和地方各级工商行政管理机关。

第五条 广告客户申请发布化妆品广告，必须持有下列证明材料：

（一）营业执照；

（二）《化妆品生产企业卫生许可证》；

（三）《化妆品生产许可证》；

（四）美容类化妆品，必须持有省级以上化妆品检测站（中心）或者卫生防疫站出具的检验合格的证明；

（五）特殊用途化妆品，必须持有国务院卫生行政部门核发的批准文号；

（六）化妆品如宣称为科技成果的，必须持有省级以上轻工行业主管部门颁发的科技成果鉴定书；

（七）广告管理法规、规章所要求的其它证明。

第六条 广告客户申请发布进口化妆品广告，必须持有下列证明材料：

（一）国务院卫生行政部门批准化妆品进口的有关批件；

（二）国家商检部门检验化妆品合格的证明；

（三）出口国（地区）批准生产该化妆品的证明文件（应附中文译本）；

第七条 广告客户对可能引起不良反应的化妆品，应当在广告中注明使用方法、注意事项。

第八条 化妆品广告禁止出现下列内容：

（一）化妆品名称、制法、成份、效用或者性能有虚假夸大的；

（二）使用他人名义保证或者以暗示方法使人误解其效用的；

（三）宣传医疗作用或者使用医疗术语的；

（四）有贬低同类产品内容的；

（五）使用最新创造、最新发明、纯天然制品、无副作用等绝对化语言的；

（六）有涉及化妆品性能或者功能、销量等方面的数据的；

（七）违反其他法律、法规规定的。

第九条 广告经营者承办或者代理化妆品广告，应当查验证明，审查广告内容。对不符合规定的，不得承办或者代理。

第十条 有下列情况之一的，工商行政管理机关可以责令广告客户或者广告经营者停止发布广告：

（一）化妆品引起严重的皮肤过敏反应或者给消费者造成严重人身伤害等事故的；

（二）化妆品质量下降而未达到规定标准的；

（三）营业执照、《化妆品生产企业卫生许可证》或者《化妆品生产许可证》被吊销的。

第十一条 广告客户或者广告经营者违反本办法第三条规定的，依据《广告管理条例施行细则》（以下简称《细则》）第十九条规定予以处罚。

第十二条 广告客户违反本办法第五条、第六条规定，或者广告证明出具者出具非法、虚假证明的，依据《细则》第二十六条规定予以处罚。

第十三条 广告客户违反本办法第七条、第八条第（五）、（六）项规定的，依据《细则》第二十二条规定予以处罚。

第十四条 广告客户或者广告经营者违反本办法第八条第（一）、（二）、（三）、（七）项规定的，依据《细则》第二十三条规定予以处罚；违反本办法第八条第（四）项规定的，依据《细则》第二十条规定予以处罚。

第十五条 广告经营者违反本办法第九条规定的，依据《细则》第二十七条规定予以处罚。

第十六条 本办法规定的行政处罚，可以单独或者合并使用。对停止发布广告的处罚决定，当事人必须立即履行。

第十七条 本办法由国家工商行政管理局负责解释。

第十八条 本办法自1993年10月1日起施行。

药品广告审查办法

第一条 依据《中华人民共和国广告法》、《中华人民共和国药品管理法》的有关规定，制定本办法。

第二条 凡利用各种媒介或者形式发布药品广告，包括药品生产、经营企业的产品宣传材料，均应当按照本办法进行审查。

第三条 药品广告审查的依据：

（一）《中华人民共和国广告法》；

（二）《中华人民共和国药品管理法》；

（三）国家有关广告管理的行政法规及广告监督管理机关的广告审查标准。

第四条 国务院卫生行政部门和省、自治区、直辖市卫生行政部门（以下简称省级卫生行政部门）为药品广告的审查机关。广告审查机关在同级广告监督管理机关的指导下，对药品广告进行审查。

药品广告审查机关负有向广告监督管理机关提出对违法药品广告进行查处的责任。

第五条 利用重点媒介发布的药品广告，新药、境外生产的药品的广告，需经国务院卫生行政部门审查，并取得药品审查批准文号后，方可发布。

其他药品广告，需经广告主所在地省级卫生行政部门审查，并取得药品审查批准文号后，方可发布。需在异地发布的药品广告，须持所在地卫生行政部门审查批准文件，经广告发布地的省级卫生行政部门换发广告发布地的药品广告审查批准文号后，方可发布。

第六条 凡申请发布药品广告，应当向药品广告审查机关提出申请，填写《药品广告审查表》，并提交下列证明文件：

（一）申请人及生产者的营业执照副本；

（二）《药品生产企业许可证》或者《药品经营企业许可证》副

本；

（三）该药品的生产批准文件、质量标准、说明书、包装；

（四）该药品的《商标注册证》或其他由国家工商行政管理局商标局出具的证明该商标注册的文件；

（五）有商品名称的药品，必须提交国务院卫生行政部门批准的该商品名称的批准材料；

（六）法律、法规规定的其他确认广告内容真实性的证明文件。

第七条 凡申请发布境外生产的药品的广告，应当向国务院卫生行政部门提出申请，填写《药品广告审查表》，并提交下列证明文件及相应的中文译本：

（一）申请人及生产者的营业执照副本；

（二）该药品的《进口药品注册证》；

（三）该药品的质量标准、说明书、包装；

（四）法律、法规规定的其他确认广告内容真实性的证明文件。

申请发布境外生产的药品的广告，可以由申请者委托中国境内的药品经销者或者广告经营者代为办理审查手续。

第八条 药品广告的初审：

药品广告审查机关对广告申请人提供的证明文件的真实性、有效性、合法性、完整性和广告制作前文稿的真实性、合法性进行审查，并于受理申请之日起十日内做出初审决定，发给《药品广告初审决定通知书》。

第九条 药品广告的终审：

广告申请人凭药品广告初审合格决定，将制作的广告作品送交原广告审查机关，原广告审机机关在受理申请之日起十日内做出终审决定。对终审合格者，签发《药品广告审查表》，并发给药品广告审查批准文号；对终审不合格者，应当通知广告申请人，并说明理由。

广告申请人可以直接申请终审。广告审查机关应当在受理申请之日起十日内做出终审决定。

第十条 药品广告审查机关发出的《药品广告初审决定通知

书》和《药品广告审查表》，应当由广告审查机关的负责人签字，并加盖药品广告审查专用印章。

药品广告审查机关应当将通过终审的《药品广告审查表》，送同级广告监督管理机关备查。

第十一条 药品广告审查批准文号的有效期为一年。有效期满后需继续发布的，应当在期满前二个月向原审查机关重新提出申请。

第十二条 有下列情况之一的药品广告，审查机关应当调回复审，复审期间，停止发布该药品广告：

（一）广告审查批准依据发生变化的；

（二）国务院卫生行政部门认为省级广告审查批准机关的批准不妥的；

（三）广告监督管理机关提出复审建议的；

（四）广告审查机关认为应当调回复审的其他情况。

第十三条 有下列情况之一的药品广告，原审查机关应当收回《药品广告审查表》，撤销药品广告审查批准文号：

（一）临床发现药品有新的不良反应的；

（二）《药品生产企业许可证》、《药品经营企业许可证》、《营业执照》被吊销的；

（三）药品被撤销生产批准文号的；

（四）药品广告内容超出药品广告的审查机关审查批准的内容的；

（五）被国家列为淘汰的药品品种的；

（六）药品广告复审不合格的；

（七）卫生行政部门认为不宜发布的；

（八）广告监督管理机关立案查处的。

第十四条 广告内容需要改动或者药品的质量标准发生变化的药品广告，应当重新申请审查。

第十五条 药品广告审查机关做出撤销药品广告审查批准文号的决定，应当同时送同级广告监督管理机关备查。

第十六条 药品广告审查机关发现药品广告未经审查批准核发药品审查批准文号，或者超出审查批准内容等违法事实的，应当及时填写《违法药品广告通知书》，提请同级广告监督管理机关查处。查处情况及时通知同级药品广告审查机关。

第十七条 药品广告审查批准文号和药品生产批准文号，应当列为广告内容同时发布。

第十八条 按初审程序申请的广告，广告经营者应当依据药品广场审机机关核发的《药品广告初审决议通知书》内容设计、制作。

第十九条 广告发布者发布药品广告，应当查验《药品广场审查表》，核实广告内容。《药品广告审查表》应当为原件或者经原审查机关签章的复印件，并保存一年。未经批准的药品广告，不得发布。

第二十条 非药品宣传对疾病治疗作用的，广告监督管理机关按照《中华人民共和国广告法》第四十一条的规定进行查处，卫生行政部门按照假药依法进行查处。

第二十一条 对违反本办法及《药品广告审查标准》发布药品广告的，按照《中华人民共和国广告法》、《中华人民共和国药品管理法》的有关规定予以处罚。

第二十二条 广告审查机关违反广告审查依据，做出审查批准决定，致使违法广告发布的，由国家广告监督管理机关向国务院卫生行政部门通报情况，按照《中华人民共和国广告法》第四十五条的规定予以处理。

第二十三条 本办法自发布之日起施行。

药品广告审查标准

为了保证药品广告的真实性、合法、科学，制定本标准。

一、发布药品广告，应当遵守《中华人民共和国广告法》、《中华人民共和国药品管理法》及有关药品监督管理的规定，符合国家广告监督管理机关制定的《药品广告审查办法》规定的程序。

二、下列药品不得发布广告：

（一）麻醉药品、精神药品、毒性药品、放射性药品；

（二）治疗肿瘤、爱滋病，改善和治疗性功能障碍的药品，计划生育用药，防疫制品；

（三）《中华人民共和国药品管理法》规定的假药、劣药；

（四）戒毒药品以及国务院卫生行政部门认定的特殊药品；

（五）未经卫生行政部门批准生产的药品和试生产的药品；

（六）卫生行政部门明令禁止销售、使用的药品和医疗单位配制的制剂；

（七）除中药饮片外，未取得注册商标的药品。

三、药品广告内容应当以国务院卫生行政部门或省、自治区、直辖市卫生行政部门批准的说明为准，不得任意扩大范围。

四、药品广告中不得含有不科学地表示功效的断言或者保证。如“疗效最佳”、“药到病除”、“根治”、“安全预防”、“安全无副作用”等。

药品广告不得贬低同类广告，不得与其他药品进行功效和安全性对比，不得进行药品使用前后的比较。

五、药品广告中不得含有“最新技术”、“最高科学”、“最先进制法”、“药之王”、“国家级新药”等绝对化的语言和表示；不得含有违反科学规律，明示或者暗示包治百病，适合所有症状等内容。

六、药品广告中不得含有治愈率、有效率及获奖的内容。

七、药品广告中不得含有利用医药科研单位、学术机构、医疗机构或者专家、医生、患者的名义、形象作证明的内容。

八、药品广告不得使用儿童的名义和形象，不得以儿童为广告诉求对象。

九、药品广告不得含有直接显示疾病症状、病理和医疗诊断的画面，不得令人感到已患某种疾病，不得使人误解不使用该药品会患某种疾病或者加重病情，不得直接或者间接怂恿任意、过量使用药品。

十、药品广告中不得含有“无效退款”、“保险公司保险”等承诺。

十一、药品广告中不得声称或者暗示服用该药能应付现代紧张生活需要，标明或者暗示增加性功能。

十二、药品商品名称不得单独进行广告宣传。广告宣传需使用商品名称的，必须同时使用药品的通用名称。

十三、国家规定应当在医生指导下使用的治疗性药品的广告中，必须标明“按医生处方购买和使用”。

十四、药品广告审查批准文号应当列为广告内容同时发布。

十五、违反本标准的药品广告，广告经营者不得设计、制作，广告发布者不得发布。

医疗器械广告审查办法

第一条 依据《中华人民共和国广告法》的有关规定，制定本办法。

第二条 凡利用各种媒介或者形式发布有关用于人体疾病诊断、治疗、预防、调节人体生理功能或者替代人体器官的仪器、设备、器械、装置、器具、植入物、材料及其他相关物品的广告，包括医疗器械的产品介绍、样本等，均应当按照本办法予以审查。

第三条 医疗器械广告审查的依据：

（一）《中华人民共和国广告法》；

（二）国家有关医疗器械的管理规定；

（三）国家有关广告管理的行政法规及广告监督管理机关制定的广告审查标准。

第四条 国家医药管理局和省、自治区、直辖市医药管理局或者同级医疗器械行政监督管理部门（以下简称省级医疗器械行政监督管理部门），在同级广告监督管理机关，对医疗器械广告进行审查。

第五条 境外生产的医疗器械产品广告，及利用重点媒介（见目录）发布的医疗器械广告，需经国家医药管理局审查批准，并向广告发布地的省级医疗器械行政监督管理部门备案后，方可发布。

其他医疗器械广告，需经生产者所在地的省级医疗器械行政监督管理部门审查批准，并向发布地的省级医疗器械行政监督管理部门备案后，方可发布。

第六条 医疗器械广告的申请：

（一）申请审查境内生产的医疗器械产品广告，应当填写《医药器械广告审查表》，并提交下列证明文件：

1．申请人及生产者的营业执照副本以及其他生产、经营资格的证明文件；

2．产品注册证书或者产品批准书，实施生产许可证管理的产品，还应当提供生产许可证；

3．产品使用说明书；

4．法律、法规规定的及其确认广告内容真实性的证明文件。

（二）申请审查境外生产的医疗器械产品的广告，应当填写《医疗器械广告审查表》，并提交下列证明文件及相应的中文译本：

1．申请人及生产者的营业执照副本以及其他生产、经营资格的证明文件；

2．医疗器械生产企业所在国（地区）政府批准该产品进入市场的证明文件；

3．产品标准；

4．产品使用说明书；

5．中国法律、法规规定的及其他确认广告内容真实性的证明文件。

提供本条规定的证明的复印件，需由原出证机关签章或者出具所在国（地区）公证机构的公证文件。

第七条 申请广告审查可以委托医疗器械的经销者或者广告

经营者代为办理。

第八条 医疗器械广告的审查：

（一）初审

医疗器械广告审查机关对广告申请人提供的证明文件的真实性、有效性、合法性、完整性和广告制作前文稿的真实性、合法性进行审查，并于受理申请之日起五日内做出初审决定，发给《初审决定通知书》。

（二）终审

广告申请人凭初审合格决定及广告作品，再次送交原广告审查机关，广告审查机关受理申请之日起五日内，作出终审决定。对终审合格者，签发《医疗器械广告审查表》及广告审查批准号；对终审不合格者，应当通知广告申请人并说明理由。

（三）广告申请人可以直接申请终审，广告审查机关在受理申请之日起十日内做出终审决定。

（四）广告发布地审查机关对生产者所在地的审查机关做出的复审决定仍持异议的，应当提交上级广告审查机关进行裁定。审查意见以裁定结论为准。

第九条 医疗器械广告审查机关发出的《初审决定通知书》和带有广告审查批准号的《医疗器械广告审查表》，应当由广告审查机构负责人签字，并加盖医疗器械广告审查专用章。

医疗器械广告审查机关应当将带有广告审查批准号的《医疗器械广告审查表》，送同级广告监督管理机关备查。

第十条 医疗器械广告审查批准号的有效期为一年，其中产品介绍和样本审查批准号的有效期可延至三年。

第十一条 经审查批准的医疗器械广告；有下列情况之一的，广告审查机关应当调回复审。

（一）广告审查依据发生变化的；

（二）国家医药管理局认为省级广告审查机关的批准不妥的；

（三）广告监督管理机关或者发布地医疗器械广告审查机关提出复审建议的；

（四）广告审查机关认为应当调回复审的其他情况。

复审期间，广告停止发布。

第十二条　经审查批准的医疗器械广告，有下列情况之一的，应当重新申请审查：

（一）医疗器械广告审查批准号的有效期届满；

（二）广告内容需要改动；

（三）医疗器械产品标准发生变化。

第十三条　经审查批准的医疗器械广告，有下列情况之一的，原审查机关应当收回《医疗器械广告审查表》，撤销广告审查批准号：

（一）医疗器械在使用中发现问题而被撤销产品注册号或者批准号；

（二）被国家列为淘汰的医疗器械品种；

（三）广告复审不合格；

（四）应当重新申请审查而未申请或者重新审查不合格。

第十四条　广告审查机关做出撤销广告审查批准号的决定，应当同时送同级广告监督管理机关备查。

第十五条　医疗器械广告经审查批准后，应当将广告审查批准号列为广告内容，同时发布。未标明广告审查批准号或者批准号已过期、被撤销的医疗器械广告，广告发布者不得发布。

第十六条　广告发布者发布医疗器械广告，应当查验《医疗器械广告审查表》原件或者经原审查机关签章的复印件，并保存一年。

第十七条　对违反本办法规定发布医疗器械广告的，按《中华人民共和国广告法》第四十三条的规定予以处罚。

第十八条　广告审查机关对违反广告审查依据的广告作出批准决定，致使违法广告发布的，由国家广告监督管理机关向国家医药管理局通报情况，按照《中华人民共和国广告法》第四十五条的规定予以处理。

第十九条　本办法自发布之日起施行。

附件：一、《医疗器械广告审查表》（略）

二、《医疗器械广告初审决定通知书》（略）

三、重点媒介目录（略）

医疗器械广告审查标准

为了保证医疗器械广告的真实性、合法、科学，制定本标准。

一、发布医疗器械广告，应当遵守《中华人民共和国广告法》及国家有关医疗器械管理的规定，符合《医疗器械广告审查办法》规定的程序。

二、下列医疗器械不得发布广告：

（一）未经国家医药管理局或省、自治区、直辖市医药管理局（或同级医药行政监督管理部门）批准进入市场的医疗器械；

（二）未经生产者所在国（地区）政府批准进入市场的境外生产的医疗器械；

（三）应当取得生产许可证而未取得生产许可证的生产者生产的医疗器械；

（四）扩大临床试用、试生产阶段的医疗器械；

（五）治疗艾滋病，改善和治疗性功能障碍的医疗器械。

三、医疗器械广告应当与审查批准的产品市场准入说明书相符，不得任意扩大范围。

四、医疗器械广告中不得含有表示功效的断言或者保证，如“疗效最佳”、“保证治愈”等。

医疗器械广告不得贬低同类产品，不得与其他医疗器械进行功效和安全性对比。

五、医疗器械广告中不得含有“最高技术”、“最先进科学”等绝对化语言和表示。

六、医疗器械广告中不得含有治愈率、有效率及获奖的内容。

七、医疗器械广告中不得含有利用医疗科研单位、学术机构、医疗机构或者专家、医生、患者的名义、形象作证明的内容。

八、医疗器械广告不得含有直接显示疾病症状和病理的画面，不得令人感到已患某种疾病，不得使人误解不使用该医疗器械会患某种疾病或者加重病情。

九、医疗器械广告中不得含有“无效退款”、“保险公司保险”等承诺。

十、医疗器械广告不得利用消费者缺乏医疗器械专业、技术知识和经验的弱点，以专业术语或者无法证实的演示误导消费者。

十一、推荐给个人使用的医疗器械，应当标明“请在医生指导下使用”。

十二、医疗器械广告的批准文号应当列为广告内容同时发布。

十三、违反本标准的医疗器械广告，广告经营者不得设计、制作，广告发布者不得发布。

农药广告审查办法

第一条 根据《中华人民共和国广告法》和国家有关规定，制定本办法。

第二条 凡利用各种媒介或形式发布关于防治农、林、牧业病、虫、草、鼠害和其他有害生物（包括病媒害虫）以及调节植物、昆虫生长的农药广告，均应当按照本办法进行审查。

第三条 农药广告审查的依据：

（一）《中华人民共和国广告法》；

（二）《农药登记规定》及国家有关农药管理的法规；

（三）国家有关广告管理的行政法规及广告监督管理机关制定的广场审查标准。

第四条 国务院农业行政主管部门和省、自治区、直辖市农业行政主管部门（以下简称省级农业行政主管部门）在同级广告管理机关的指导下，对农药广告进行审查。

第五条 通过重点媒介发布的农药广告和境外生产的农药的广告，需经国务院农业行政主管部门审查批准，并取得农药广告审查批准文号后，方可发布。

其它农药广告，需经所在地省级农业行政主管部门审查批准；异地发布，须向广告发布地省级农业行政主管部门备案后，方可发布。

第六条 农药广告审查的申请：

（一）申请审查境内生产的农药的广告，应当填写《农药广告审查表》，并提交下列证明文件：

1. 农药生产者和申请人的营业执照副本及其他生产、经营资格的证明文件；

2. 农药生产许可证或准产证；

3. 农药登记证、产品标准号、农药产品标签；

4. 法律、法规、规定的及其他确认广告内容真实性的证明文件。

（二）申请审查境外生产的农药的广告，应当填写《农药广告审查表》，并提交下列证明文件及相应的中文译本：

1. 农药生产者和申请人的营业执照副本或其他生产、经营资格的证明文件；

2. 中华人民共和国农业行政主管部门颁发的农药登记证、农药产品标签；

3. 法律、法规规定的及其他确认广告内容真实性的证明文件。

提供本条规定的证明文件复印件，需由原出证机关签章或者出具所在国（地区）公证机关的证明文件。

第七条 农药广告的审查：

（一）初审。农药广告审查机关对申请人提供的证明文件的真实性、有效性、合法性、完整性和广告制作前文稿的真实性、合法性进行审查，在受理广告申请之日起七日内做出初审决定，并发给《农药广告初审决定通知书》。

（二）终审。申请人凭初审合格决定，将制作的广告作品送交原农药广告审查机关进行终审，农药广告审查机关在受理之日起七日内做出终审决定。对终审合格者，签发《农药广告审查表》，并发给农药广告审查批准文号。对终审不合格者，应当通知广告申请人，并说明理由。

广告申请人可以直接申请终审。广告审查机关应当在受理申请之日起十日内，做出终审决定。

农药广告审查机关应当将通过终审的《农药广告审查表》送同级广告监督管理机关备查。

申请农药广告审查，可以委托农药经销者或者广告经营者办理。

第八条 农药广告审查批准文号的有效期为一年。

第九条 经审查批准的农药广告，有下列情况之一的，原广告审查机关应当调回复审：

(一) 在使用中对人畜、环境有严重危害的；

(二) 国家有新的规定的；

(三)国家农药广告审查机关发现省级广告审查机关的审查不妥的；

(四) 广告监督管理机关提出复审建议的；

(五) 广告审查机关认为应当复审的其他情况。

复审期间，广告停止发布。

第十条 经审查批准的农药广告，有下列情况之一的，应当重新申请审查：

(一) 农药广告审查批准文号有效期届满；

(二) 农药广告内容更改。

第十一条 经审查批准的农药广告，有下列情况之一的，由原广告审查机关收回《农药广告审查表》，撤销广告审查批准文号：

(一) 该农药产品被撤销农药登记证、生产许可证（或准产证）；

(二) 发现该农药产品有严重质量问题；

(三) 要求重新申请审查而未申请或者重新申请审查不合格；

(四) 广告监督管理机关已立案进行查处。

第十二条 农药广告审查机关做出撤销农药广告审查批准文号的决定，应当同时送同级广告监督管理机关备查。

第十三条 农药广告经审查批准后，应当将广告审查批准文号列为广告内容同时发布。未标明广告审查批准文号、广告审查批准文号已过期或者被撤销的广告，广告发布者不得发布。

第十四条 广告发布地的广告审查机关对原广告审查机关的审机结果有异议的，应当提请上一级广告审查机关裁定。审查结果以裁定结论为准。

第十五条 广告发布者发布农药广告，应当查验《农药广告审查表》原件或者经广告审查机关签章的复印件，并保存一年。

第十六条 对违反本办法规定发布农药广告的，按照《中华人民共和国广告法》第四十三条的规定予以处罚。

第十七条 广告审查机关违反广告审查依据，做出审查批准决定，致使违法广告发布的，由国家广告监督管理机关向国务院农业行政主管部门通报情况，按照《中华人民共和国广告法》第四十五条的规定予以处理。

第十八条 本办法自发布之日起施行。

附件：一、《农药广告审查表》(略)

二、《农药广告初审决定通知书》(略)

三、《广告审查批准文号》(略)

四、发布农药广告重点媒介目录（略）

农药广告审查标准

为了保证农药广告的真实、合法、科学，制定本标准。

一、发布农药广告，应当遵守《中华人民共和国广告法》及国家有关农药管理的规定，符合国家广告监督管理机关制定的《农药广告审查办法》规定的程序。

二、未经国家批准登记的农药不得发布广告。

三、农药广告内容应与当《农药登记证》和《农药登记公告》的内容相符，不得任意扩大范围。

四、农药广告中不得含有不科学地表示功效的断言或者保证，如“无害”、“无毒”、“无残留”、“保证高产”等。

农药广告不得贬低同类产品，不得与其他农药进行功效和安全性对比。

五、农药广告中不得含有效率及获奖的内容。

六、农药广告中不得含有农药科研、植保单位、学术机构或者专家、用户的名义、形象作证明的内容。

七、农药广告中不得使用直接或暗示的方法，以及模棱两可、言过其实的用语，使人在产品的安全性、适用性或者政府批准等方面产生错觉。

八、农药广告中不得滥用未经国家认可的研究成果或者不科学的词句、术语。

九、农药广告中不得含有“无效退款”、“保险公司保险”等承诺。

十、农药广告中不得出现违反农药安全使用规定的用语、画面。如在防护不符合要求情况下的操作，农药靠近食品、饲料、儿童等。

十一、农药广告的批准文号应当列为广告内容同时发布。

十二、违反本标准的农药广告，广告经营者不得设计、制作，广告发布者不得发布。

兽药广告审查办法

第一条 依据《中华人民共和国广告法》、《兽药管理条例》的有关规定，制定本办法。

第二条 凡利用各种媒介或者形式发布用于预防、治疗、诊断畜禽等动物疾病，有目的地调节其生理机能并规定作用、用途、用法、用量的物质（含饲料药物添加剂）的广告，包括企业产品介绍材料等，均应当按照本办法进行审查。

第三条 兽药广告审查的依据：

（一）《中华人民共和国广告法》；

（二）《兽药管理条例》、国家有关兽药管理的规定及兽药技术标准；

（三）国家有关广告管理的行政法规及广告监督管理机关制定的广告审查标准。

第四条 国务院农牧行政管理机关和省、自治区、直辖市农牧行政管理机关（以下简称省级农牧行政管理机关）在同级广告监督管理机关的监督指导下，对兽药广告审查。

第五条 利用重点媒介（见目录）发布的兽药广告，以及保护期内新兽药、境外生产的兽药的广告，需经国务院农牧行政管理机关审查，并取得广告审查机关批准文号后，方可发布。

其他兽药广告需经生产者所在地的省级农牧行政管理机关审查，并取得广告审查批准文号后，方可发布。需在异地发布的兽药广告，须持所在地农牧行政管理机关审查的批准文件，经广告发布地的省级农牧行政管理机关换发广告发布地的兽药广告审查批准文号后，方可发布。

第六条 兽药广告审查的申请：

（一）申请审查境内生产的兽药的广告，应当填写《兽药广告审查表》，并提交下列证明文件：

1. 生产者的营业执照副本及其他生产、经营资格的证明文件；

2. 农牧行政管理机关核发的兽药产品批准文号文件；

3. 省级兽药监察所近期（三个月内）出具的产品检验报告单；

4. 经农牧行政管理机关批准、发布的兽药质量标准，产品说明书；

5. 法律、法规规定的及其他确认广告内容真实性的证明文件。

（二）申请审查境外生产的兽药的广告，应当填写《兽药广告审查表》，并提交下列证明文件及相应的中文译本：

1. 申请人及生产者的营业执照副本或者其他生产、经营资格的证明文件；

2.《进口兽药登记许可证》；

3. 该兽药的产品说明书；

4. 境外兽药生产企业办理的兽药广告委托书；

5. 中国法律、法规规定的及其他确认广告内容真实性的证明文件。

提供本条规定的证明文件复印件，应当由原出证机关签章或者出具所在国（地区）公证机构的公证文件。

第七条 申请兽药广告审查，可以委托中国的兽药经销者或者广告经营者代为办理。

第八条 兽药广告的审查：

（一）初审

兽药广告审查机关对申请人提供的证明文件的真实性、有效性、合法性、完整性和广告制作前文稿的真实性、合法性进行审查，在受理广告申请之日起七日内做出初审决定，并发给《兽药广告初审决定通知书》。

（二）广告申请人凭初审合格决定，将制作的广告作品送交原广告审查机关。广告审查机关在受理之日起十日内做出终审决定。对终审合格者，签发《兽药广告审查表》及广告审查批准号；对终审不合格者，应当通知广告申请人，并说明理由。

（三）广告申请人可以直接申请终审，广告审查机关应当在受理申请之日起十五日内做出终审决定。

第九条 兽药广告审查机关发出的《兽药广告初审决定通知书》和带有广告审查批准号的《兽药广告审查表》，应当由广告审查机关负责人签字，并加盖兽药广告审批专用章。

兽药广告审查机关应当将带有广告审查批准号的《兽药广告审查表》寄送同级广告监督管理机关备查。

第十条 兽药广告审查批准号的有效期为一年。

《兽药生产许可证》、《兽药经营许可证》的有效期限不足一年，兽药经广告审查批准号的有效期以上述许可证有效期限为准。

第十一条 经审查批准的兽药广告，有下列情况之一的，广告审查机关应当调回复审：

（一）该兽药在使用中发生畜禽死亡，以及造成一定经济损失的；

（二）兽药广告审查依据发生变化的；

（三）兽药产品标准发生变化的；

（四）国务院农牧行政管理机关认为省级农牧行政管理机关的批准决定不妥的；

（五）广告监督管理机关或者发布地省级农牧行政管理机关提出复审建议的；

（六）广告审查机关认为应当调回复审的其他情况。

复审期间，广告停止发布。

第十二条 广告发布地的广告审查机关对生产者所在地的审查机关做出的终审决定持有异议的，应当提请上级广告审查机关进行裁定，并以裁定结论为准。

第十三条 经审查批准的兽药广告，有下列情况之一的，应重新申请审查：

（一）广告审查批准号有效期满的；

（二）广告内容需要改动的。

第十四条 经审查批准的兽药广告，有下列情况之一的，原广告审查机关应当收回《兽药广告审查表》，撤销广告审查批准号：

（一）兽药生产、经营者被吊销《兽药生产许可证》或《兽药经营许可证》的；

（二）兽药产品在使用中发生严重问题而被撤销生产批准文号的；

（三）被国家列为淘汰或者禁止生产、使用的兽药产品的；

（四）兽药广告审查批准号有效期内，经国务院农牧行政管理机关统计兽药抽检不合格的次数累计三批次以上的；

（五）广告复审不合格的；

（六）应当重新申请审查而未申请或者重新审查不合格的。

第十五条 兽药广告审查机关做出撤销广告审查批准文号的决定，应当同时寄送同级广告监督管理机关备查。

第十六条 兽药广告经审查批准后，应当将广告审查批准号列为广告内容，同时发布。未注明广告审查批准号或者该批准号已过期、被撤销的兽药广告，广告发布者不得发布。

第十七条 广告发布者发布兽药广告，应当查验《兽药广告审查表》原件或者经原审查机关签章的复印件，并保存一年。

第十八条 对违反本办法规定发布兽药广告的，按照《中华人民共和国广告法》第四十三条和《兽药管理条例》的规定予以处罚。

第十九条 广告审查机关对违反广告审查依据的广告做出审查批准决定，致使违法广告得到发布的，由国家广告监督管理机关向国务院农牧行政管理机关通报情况，按照《中华人民共和国广告法》第四十五条的规定予以处理。

第二十条 本办法自发布之日起施行。

附件：一、兽药广告审查表（略）

二、兽药广告初审决定通知书（略）

三、广告审查批准文号（略）

四、重点媒介目录（略）

兽药广告审查标准

为了保证兽药广告的真实、合法、科学，制定本标准。

一、发布兽药广告，应当遵守《中华人民共和国广告法》及国家有关兽药管理的规定，符合国家广告监督管理机关制定的《兽药广告审查办法》规定的程序。

二、下列兽药不得发布广告：

（一）兽用麻醉药品、精神药品以及兽医医疗单位配制的兽药制剂；

（二）所含成份的种类、含量、名称与国家标准或者地方标准不符的兽药；

（三）临床应用发现超出规定毒副作用的兽药；

（四）国务院农牧行政管理部门明令禁止使用的，未取得兽药产品批准文号或者未取得《进口兽药登记许可证》的兽药。

三、兽药广告中不得含有不科学地表示功效的断言或者保证。如“疗效最佳”、“药到病除”、“根治”、“安全预防”、“完全无副作用”等。

兽药广告不得贬低同类产品，不得与其他兽药进行功效和安全性对比。

四、兽药广告中不得含有“最高技术”、“最高科学”、“最进步制法”、“包治百病”等绝对化的表示。

五、兽药广告中不得含有治愈率、有效率及获奖的内容。

六、兽药广告中不得含有利用兽医医疗、科研单位、学术机构或者专家、兽医、用户的名义、形象作证明的内容。

七、兽药广告不得含有直接显示疾病症状和病理的画面，也不得含有“无效退款”、“保险公司保险”等承诺。

八、兽药广告中兽药的使用范围不得超出国家兽药标准的规定；不得出现违反兽药安全使用规定的用语和画面。

九、兽药广告批准文号应当列为广告内容同时发布。

十、违反本标准的兽药广告，广告经营者不得设计、制作，广告发布者不得发布。

印刷品广告管理暂行办法

第一条 为加强印刷品广告管理，保护消费者合法权益，根据《中华人民共和国广告法》、《广告管理条例》及国家有关规定，制定本办法。

第二条 凡利用各种手段印制，并通过张贴、发送、邮寄等形式发布的散页、图书、票据以及包装、装潢等各类印刷品广告，均属本办法管理范围。

利用报纸、期刊发布广告，广告管理法规另有规定的，从其规定。

第三条 印刷品广告必须真实、合法，符合社会主义精神文明建设的要求。

印刷品广告不得含有虚假内容，不得以任何形式欺骗和误导消费者。

第四条 发布印刷品广告，不得妨碍公共秩序、社会生产及人民生活。

第五条 印刷品广告中不得出现非广告内容。

第六条 印刷品广告必须有广告标记，能够使消费者辨明其为广告。有固定名称的印刷品广告，固定名称中应当含有“广告”字样。

第七条 未经工商行政管理机关登记，任何单位或者个人不得发布印刷品广告。

第八条 印刷品广告的登记，由广告发布地省辖市以上工商行政管理局或者其授权的县（市）工商行政管理局负责。跨省（自治区、直辖市）连续发布固定形式（固定名称、固定规格）的印刷品广告，须报国家工商行政管理局登记。

第九条 广告主、广告经营者、广告发布者发布印刷品广告，应当向广告发布地工商行政管理机关提出申请，填写《印刷品广告发布申请表》，并提交下列证明文件：

（一）营业执照或者广告经营许可证；

（二）载明发布形式、时间、地点、商品（服务）名称的申请报告；

（三）固定形式印刷品广告需提交广告样式；

（四）广告管理法规及有关法律、法规规定应当提交的其他证明文件。

工商行政管理机关应当在证明文件齐备后七日内作出决定。经审查，符合规定的，对广告主核发《印刷品广告发布登记证》；

对广告经营者、广告发布者核发《临时性广告经营许可证》。

第十条 具有设计、制作广告经营范围的印刷企业，可以直接印制印刷品广告。

未有广告设计、制作经营范围的印刷企业，经广告经营者代理方可印制印刷品广告。

第十一条 广告经营者、广告发布者设计、制作、代理、发布印刷品广告前，应当依法对广告内容进行审查。

第十二条 发布印刷品广告时，《印刷品广告发布登记证》或者《临时性广告经营许可证》持有人应当将广告品送工商行政管理机关备案。

第十三条 凡发布于商场、娱乐场所及等候室、影剧院、体育比赛场馆等公共场所的印刷品广告，上述场所的管理者必须查验《印刷品广告发布登记证》或者《临时性广告经营许可证》。对未经登记或者与登记事项不符的印刷品广告，应当拒绝其发布。

第十四条 散发、张贴印刷品广告，应当随身携带《印刷品广告发给登记证》或者《临时性广告经营许可证》的有效复制件；在户外张贴印刷品广告，还应当同时携带工商行政管理机关核发的户外广场批准文件的有效复制件，接受工商行政管理机关的检查。

第十五条 广告主、广告经营者、广告发布者发布印刷品广告，必须标明发布单位名称、地址、印制时间、印刷品广告发布登记证号或者临时性广告经营许可证号。

第十六条 印刷品广告的设计、制作，必须符合国家有关质量、技术标准，不得粗制滥造。

第十七条 县级以上工商行政管理机关及其派出机构负责对印刷品广告进行监督管理。

第十八条 违反本办法规定，发布虚假广告及不符合社会主义精神文明建设要求的广告的，工商行政管理机关可以收缴违法印刷品广告，并予以销毁。情节严重的，收回《印刷品广告发布登记证》或者《临时性广告经营许可证》。

对上述同时具有包装等其他使用价值的违法印刷品广告，由工商行政管理机关监督其改正后，可以继续使用。

第十九条 违反本办法第四条规定的，由工商行政管理机关责令其停止发布活动，处以一千元以下的罚款；情节严重的，收回《印刷品广告发布登记证》或者《临时性广告经营许可证》，依法停止其广告业务；构成犯罪的，由司法机关追究其刑事责任。

第二十条 违反本办法第五条、第六条规定的，依照《中华人民共和国广告法》第四十条第二款予以处罚。

第二十一条 违反本办法第七条规定的，对广告主依照《广告管理条例施行细则》第二十二条予以处罚；对广告经营者、广告发布者，依照《广告管理条例施行细则》第二十一条予以处罚。

第二十二条 违反本办法第十条规定的，依照《广告管理条例施行细则》第二十一条予以处罚。

第二十三条 违反本办法第十二条规定的，由工商行政管理机关予以警告，可以处以一千元以下的罚款。

第二十四条 违反本办法第十三条规定的，由工商行政管理机关对商场或者有关公共场所予以警告，可以处以一千元以下的罚款。

第二十五条 违反本办法第十四条规定，未经登记或者未按登记事项张贴、散发印刷品广告的，由工商行政管理机关对张贴、散发行为人予以警告，可以处以二十元以下罚款。

第二十六条 违反本办法第十五条规定的，依照《广告管理条例施行细则》第二十二条予以处罚。

第二十七条 违反本办法其他规定的，依照《中华人民共和国广告法》及《广告管理条例》、《广告管理条例施行细则》等法律、法规、规章的规定予以处罚。

第二十八条 本办法自 1997 年 3 月 1 日起施行。

房地产广告发布暂行规定

第一条 发布房地产广告，应当遵守《中华人民共和国广告法》、《中华人民共和国城市房地产管理法》、《中华人民共和国土地管理法》及国家有关广告监督管理和房地产管理的规定。

第二条 本规定所称房地产广告，指房地产开发企业、房地产权利人、房地产中介服务机构发布的房地产项目预售、预租、出售、出租、项目转让以及其它房地产项目介绍的广告。

居民私人及非经营性售房、租房、换房广告，不适用本规定。

第三条 房地产广告必须真实、合法、科学、准确，符合社会主义精神文明建设要求，不得欺骗和误导公众。

第四条 凡下列情况的房地产，不得发布广告：

（一）在未经依法取得国有土地使用权的土地上开发建设的；

（二）在未经国家征用的集体所有的土地上建设的；

（三）司法机关和行政机关依法裁定、决定查封或者以其他形式限制房地产权利的；

（四）预售房地产，但未取得该项目预售许可证的；

（五）权属有争议的；

（六）违反国家有关规定建设的；

（七）不符合工程质量标准，经验收不合格的；

（八）法律、行政法规规定禁止的其他情形。

第五条 发布房地产广告，应当具有或者提供下列相应真实、合法、有效的证明文件：

（一）房地产开发企业、房地产权利人、房地产中介服务机构的营业执照或者其他主体资格证明；

（二）建设主管部门颁发的房地产开发企业资质证书；

（三）土地主管部门颁发的项目土地使用权证明；

（四）工程竣工验收合格证明；

（五）发布房地产项目预售、出售广告，应当具有地方政府建设主管部门颁发的预售、销售许可证明；出租、项目转让广告，应当具有相应的产权证明；

（六）中介机构发布所代理的房地产项目广告，应当提供业主委托证明；

（七）工商行政管理机关规定的其他证明。

第六条 房地产预售、销售广告，必须载明以下事项：

（一）开发企业名称；

（二）中介服务机构代理销售的，载明该机构名称；

（三）预售或者销售许可证号。

广告中仅介绍房地产项目名称的，可以不必载明上述事项。

第七条 房地产广告不得含有风水、占卜等封建迷信内容，对项目情况进行的说明、渲染，不得有悖社会良好风尚。

第八条 房地产广告中涉及所有权或者使用权的，所有或者使用的基本单位应当是有实际意义的完整的生产、生活空间。

第九条 房地产广告中对价格有表示的，应当清楚表示为实际的销售价格，明示价格的有效期限。

第十条 房地产中表现项目位置，应以从该项目到达某一具体参照物的现有交通干道的实际距离表示，不得以所需时间来表示距离。

房地产广告中的项目位置示意图，应当准确、清楚、比例恰当。

第十一条 房地产广告中涉及的交通、商业、文化教育设施及其他市政条件等，如在规划或者建设中，应当在广告中注明。

第十二条 房地产广告中涉及面积的，应当表明是建筑面积或者使用面积。

第十三条 房地产广告涉及内部结构、装修装饰的，应当真实、准确。预售、预租商品房广告，不得涉及装修装饰内容。

第十四条 房地产广告中不得利用其他项目的形象、环境作为本项目的效果。

第十五条 房地产广告中使用建筑设计效果图或者模型照片的，应当在广告中注明。

第十六条 房地产广告中不得出现融资或者变相融资的内容，不得含有升值或者投资回报的承诺。

第十七条 房地产广告中涉及贷款服务的，应当载明提供贷款的银行名称及贷款额度、年期。

第十八条 房地产广告中不得含有广告主能够为入住者办理户口、就业、升学等事项的承诺。

第十九条 房地产广告中涉及物业管理内容的，应当符合国家有关规定；涉及尚未实现的物业管理内容，应当在广告中注明。

第二十条 房地产广告中涉及资产评估的，应当表明评估单位、估价师和评估时间；使用其他数据、统计资料、文摘、引用语的，应当真实、准确，表明出处。

第二十一条 违反本规定发布广告，依照《广告法》有关条款处罚，《广告法》无具体处罚条款的，由广告监督管理机关责令停止发布，并可对违法行为人处以三万元以下的罚款。

第二十二条 本规定自1997年2月1日起施行。

参 考 文 献

1. 邱沛篁等编著．实用广告学．成都：四川大学出版社，1993
2. 刘光超编著．A 管理模式．北京：企业管理出版社，1995
3. 郭志斌等编著．广告监督管理．北京：中国统计出版社，1994
4. 管幸生著．广告设计．台湾：三民书局，1993
5. [美] 罗勃特 J·莫克勒著．战略管理．北京：国际文化出版公司，1996
6. 李滨书．广告管理学．武汉：华中理工大学出版社，1995
7. 杨培青编．现代广告专业基础知识．北京：经济管理出版社，1993
8. 王军编著．广告管理概论．北京：中国政法大学出版社，1996
9. 何修猛编著．现代广告学．上海：复旦大学出版社，1995
10. 许小君主编．广告法律与案例．北京：中国广播电视出版社，1995
11. 赵洁编著．广告经营管理术．厦门：厦门大学出版社，1996
12. 陈季修主编．广告监督管理．北京：北京工业大学出版社，1996
13. 张冀等主编．全美企业家超越 MBA 商务全书．北京：经济日报出版社，1997
14. 蒋济等主编．民法通则学习简表．上海：同济大学出版社，1987
15. 周三多主编．管理学原理与方法．上海：复旦大学出版社，1993